北京教育学院继续教育成果

U0627999

成长的足迹

——第二期北京名校长发展工程课题研究成果集

胡淑云　刘博文　主编

首都师范大学出版社
CAPITAL NORMAL UNIVERSITY PRESS

图书在版编目(CIP)数据

成长的足迹:第二期北京名校长发展工程课题研究成果集/胡淑云,刘博文主编. —北京:首都师范大学出版社,2023.7

ISBN 978-7-5656-7669-7

Ⅰ.①成… Ⅱ.①胡… ②刘… Ⅲ.①中小学－校长－学校管理－北京－文集 Ⅳ.①G637.1－53

中国国家版本馆 CIP 数据核字(2023)第 132214 号

CHENGZHANG DE ZUJI
成长的足迹
——第二期北京名校长发展工程课题研究成果集

胡淑云　刘博文　主编

责任编辑　陈娇娇

首都师范大学出版社出版发行

地　址　北京西三环北路 105 号
邮　编　100048
电　话　68418523(总编室)　68982468(发行部)
网　址　http://cnupn.cnu.edu.cn
印　刷　中煤（北京）印务有限公司
经　销　全国新华书店
版　次　2023 年 7 月第 1 版
印　次　2023 年 7 月第 1 次印刷
开　本　710mm×1000mm　1/16
印　张　18.25
字　数　300 千
定　价　53.00 元

版权所有　违者必究
如有质量问题　请与出版社联系退换

序

　　北京市名校长发展工程是我院为落实中共北京市委教育工作委员会、北京市教育委员会《关于实施北京市中小学名师名校长发展工程的意见》（以下简称《意见》），是按照"加强北京市中小学高层次人才队伍建设，大力营造有利于高层次人才快速成长与脱颖而出的环境，努力造就一支与首都教育事业和经济社会发展相适应、教育教学思想先进、创新能力突出的高层次人才队伍"的目标和任务要求举办的北京市最高层次的校长研修项目。同时，该项目也是中国教育学会 2019 年教育科研重点规划课题"从名校长到教育家型校长的发展路径研究"（课题编号 201900312204A）进行实践探索的重要依托。

　　该项目采取 CORE 培养模式。CORE 依次为 Critical（关键的）、Original（根本的）、Refined（精炼的）、Exact（准确的）的首字母。此模式旨在于"务本求精"，是以《意见》为政策依据，以成人学习规律和中小学校长专业成长规律为理论基础，遵循"务本"思维逻辑，合理定位名校长培训价值，聚焦培训关键需求，抓住名校长成长的根本性问题，设置精练的培训课程，采取精准的培训方式，坚持发展性评价，帮助培养对象深知真教育、研究真问题、提炼真思想、实践真创新、展示真成果，提升理性思考能力和专业发展水平，使其成为在北京市乃至全国基础教育领域具有较高知名度的校长，进而促进北京中小学名校长、教育家型校长群体的形成，促进一批学校进行前瞻性、创新性的教育教学改革实践，促进北京基础教育均衡、优质发展。具体而言，希望达成以下目标。

　　1. 提升教育管理理论素养。通过理论和实践结合的多种方式的深度学习，引导校长学员对教育、学校教育、基础教育中最根本性的问题进行审慎追问，帮助其对教育的本质、对基础教育的本质、对中小学课程与教学等根本问题有更全面、更深刻的理解，促进其教育思想的升华和更合乎教育本真的办学实践创新。

　　2. 实践研究，提升思辨素养、研究素养和问题解决能力。通过导师有针

1

对性的个性化指导，帮助校长围绕基础教育中根本性问题进行深入的理论研修和实践探索，帮助其提升理性思考能力、问题研究能力和实践创新能力，系统总结办学经验，梳理教育思想，形成较高水平的实践创新成果。

3.实践变革，增加办学实践力，扩大校长和学校影响力。通过整合资源，建立有效机制，为学员扩大办学思想和实践创新成果的影响面搭建平台，发挥辐射作用。

4.政策法律研修，提升依法办学和政策实施能力。通过有关政策法规和案例的学习，帮助校长提高依法治教、依法治校的水平。

项目实行有效助力中小学校长快速成长的人才培养模式。项目团队开展教学与双导师跟进指导相结合的培养方式。项目团队设项目负责人、首席专家和学术助理，负责项目方案设计和全部课程的教学组织。双导师即项目为每位学员配备理论导师和实践导师各1名。项目团队和双导师发挥导师榜样示范、言传身教的作用。同时，坚持导师团集体指导与主责导师个别指导相结合。诊断和引领研修需求、深度的理论学习、重难点问题研讨，以及研究选题、开题、重要研究环节等重大研修活动，实行导师团集体指导，发挥导师团集体智慧和资源优势。主责导师在《培养基地实施方案》这一总体框架下自主开展指导活动，对学员个性化研修方案的制定以及个性化的理论学习、跟岗研修、课题研究、实践学习、学习方法、思想凝练、论文撰写等研修活动进行全面指导。

本论文集是北京市名校长发展工程（第二期）学员学习期间开展课题研究取得的成果。这些成果，均为校长学员基于实际问题的研究所得，是校长学习、思考和实践的结晶，凝聚着校长们的教育情怀和办学智慧，也凝结着课题研究的实践智慧，希望对同行具有启发和借鉴意义。

肖韵竹

二〇二二年三月

目　　录

小学篇

"融创"校本活动课程建设的研究①

北京小学大兴分校　王　敏

　　"融创"校本活动课程是以学校办学理念为核心、以学校育人目标为指导，综合学生兴趣特长，注重学科知识的融合与实践，着力培养学生"博雅"素质。"融创"校本活动课程注重学生的生活体验和学习经验，课程实施中强调学生发展的主体性、主动性，关注每一位学生发展的差异性。通过"融创"校本活动课程的研究提升校长课程领导力，推动教师整体学科能力和综合素养的提升，改变教师现行的教学方式，改变学生的学习方式。通过学科的融合，通过学生的动手实践、教学方式的变化，实现教育观念的变革，推动教学改革走向深处、实处，积极探索发展学生核心素养的校本化实施方式，促进学生创新、创造能力的培养。凸显学校以"博雅"为核心的办学特色。

一、课题研究基本情况

(一)研究背景

1. 国家课程改革的趋势

　　2014 年，为把党的十八大和十八届三中全会关于立德树人的要求落到实处，充分发挥课程在人才培养中的核心作用，进一步提升综合育人水平，更

---

① 指导教师：北京教育学院李春山教授；北京小学李明新校长。

好地促进各级各类学校学生全面发展、健康成长，教育部印发《关于全面深化课程改革 落实立德树人根本任务的意见》(以下简称《意见》)，强调要着力实现"五大统筹"，其中统筹各学科，特别是德育、语文、历史、体育、艺术等学科。充分发挥人文学科的独特育人优势，进一步提升数学、科学、技术等课程的育人价值。同时加强学科间的相互配合，发挥综合育人功能，不断提高学生综合运用知识解决实际问题的能力。《意见》为新时期学科育人指明了方向，通过统筹避免了学科间的相互割裂、各自为政，从而形成合力，发挥学科育人的优势。课程建设要在增强综合素质上下功夫，教育引导学生培养综合能力，培养创新思维。

2015 年，北京市制定《北京市实施教育部〈义务教育课程设置实验方案〉的课程计划(修订)》，文件中明确指出加强学科实践活动课程建设，认真落实北京市基础教育部分学科教学改进意见精神，中小学校各学科平均应有不低于10％的课时用于开展校内外综合实践活动课程。该类课程可以某一学科内容为主，也可综合相关学科开展。学科实践活动系列课程由市、区、学校三级共同组织开发实施，鼓励广大社会资源单位参与课程建设。对于实践活动课程在学时上可与劳动技术、信息技术、研究性学习、社区服务和社会实践活动等统筹使用，也可以与地方课程、校本课程统筹使用。学科实践活动课程由区、学校具体统筹安排，要做到因地制宜、灵活多样。课程计划强调充分发挥课程的整体育人价值，关注学生生命的价值和意义。提升校长、教师课程领导力，全面加强各级教育工作者的课程领导力。

2. 学校发展的需要

课程是学校教学活动得以开展的基础，课程建设则是学校教学建设的基本内容。北京小学大兴分校自成立以来就积极探索课程建设，最终构建起彰显学校特色的"博雅"课程体系。为了使课程的内容更加适合新时代的教育改革，学校与时俱进，在实践中不断评估学校现有校本课程的教育效果，发现有以下问题。

(1)学校现有校本课程的广度和融合度还有所欠缺

目前学校现有的校本课程，多为基于现有某一学科教学内容的延伸和拓展。涉及多学科知识综合运用的课程和案例较少；基于学生生活经验，融合各学科所学知识解决生活实际问题的课程较少。

(2)开设现有校本课程的时间受限

在保证开齐、开足国家课程、地方课程，又不给学生增加额外学习负担的前提下，逐一开展现有的校本课程，教学时间的安排存在很大挑战。为了培养学生综合应用所学知识解决实际问题的能力，按现在校本课程的模式需要分门别类开设很多课程，需要大量的课时，而且单一学科的实践还不能很好地培养学生的综合素养。

(3)学校现有校本课程未能很好地统筹全校优质资源

目前课程的开发是以研究能力较强的教师或学科小组协作，针对研究专长进行开发的。面对课程开发这样一个系统的工程，个体的力量毕竟是有限的，所以课程内容的深度挖掘和课程资源的整合就有所欠缺。虽然这些课程可以很好地培养学生的兴趣特长，但在学生的综合素养培养、学生解决实际问题的能力的提升，以及学生应用意识和创新能力的提升方面明显不足。

3. 关于"融创"校本活动课程的思考

为了适应新时代课程改革的要求，发展学生的核心素养，从学校办学理念的高度围绕育人目标进行统一规划，开发符合学生发展需求，有助于培养学生德智体美劳综合素养和实践创新能力的校本课程，成为学校课程建设的新课题。为了完成这个课题，学校以王敏校长为负责人，整合校内外课程资源，开发"融创"课程。"融创"是"融合、创新"之意。在课题研究过程中，产生如下几点思考。

(1)学科融合既是学科发展的趋势，也是产生创新成果的重要途径

学科融合是学习认知的必然要求。就目前的学生学习和探究而言，没有哪一项认知活动是单靠一门学科知识就能完成的。学生的学习和认知是一项综合性活动，需要多门类知识的参与，否则，则多是片面的、浅薄的，无法走向丰富和深刻。学科融合指的是多门学科的参与和介入，但不是简单的跨学科教育。从教育的目的和价值诉求来看，学科融合旨在通过多门学科资源的介入，有效地解决问题，更好地达成教学目标，并在问题探究的过程中全面培养和训练学生的学习能力和综合素养。学科融合在教学中有着特别的价值和意义。学科融合是学科教学的品质诉求。综观当下每一门学科，它们都不是孤立存在的。我们学习的任何一门学科，只要用心去阅读和思考，都能找到其他学科的影子，都有其他学科门类知识的介入和参与。

(2)学科融合要有机融合现有学科资源，创新教学方式

我们将融合小学阶段现有的语文、数学、科学、品德与社会、艺术、劳动等学科的资源，打破严格的学科界限，开发综合性的校本活动课程。在"融创"校本活动课程中会将多门学科内容组合形成有机整体，通过一些紧密联系

学生生活实际的案例和项目式学习方式，在动手实践的过程中，融合必要的知识与技能，渗透解决实际问题的方法与过程，为学生的创新意识培养和创新能力提升搭建必要的脚手架，以更好地培养学生的实践与创新能力。

（3）学科融合要突出校长领导力在课程建设中的作用

校长的领导力主要就是课程的领导力。校长具有自己的教育价值观、教育理想、教育信念和创新意识，能够带领教师、学生一起不断创新、发展课程，并为此果断制定清晰而长远的课程策略与目标。由校长作为负责人可以优化课程方案顶层设计。学校课程方案的顶层设计，涉及办学的发展定位、培养目标确定、课程资源整合、课程系统建构、课程建设的制度与管理、课程评价等诸多问题。由校长进行顶层设计与学校的办学理念更加契合，围绕学校育人目标构建活动课程，更具学校特色，更能把课程落到实处，为培养学生综合素养服务。以课题的方式来推动学科融合的研究，可以整合学校各方面资源，统一规划布局实现学科的高效深度融合。以此为突破推动整体教学改革，引领教师专业发展，为教师搭建发展的平台，有的放矢，使研究更有抓手。教师参与研究的全过程，也是把课程理念统一的过程，教师的专业发展、课程理念的认同最终会落实在教师课程执行力上，课程执行力的提升可以助推高品质的学校文化、教学特色、办学风格的形成和发展。

（二）研究现状

《学科融合不是简单的跨学科教育——学科融合教育的实践和思考》一文就从学科融合的内在要求及价值诉求入手，对学科融合的实践进行了探索和思考。学科融合的目的和价值主要体现在解决问题上，也就是说，学科融合的目的在于有效地解决问题。一切学科融合都是为解决问题服务，这是学科融合的根本取向。学科融合的最佳境界就是模糊学科界限，这在教学中就是分不出知识的学科来源，只是需要时信手拈来，恰到好处，发挥出学科各自独特的功能和效应。学科融合是时代发展的必然，也是新时期教师的必备素质和教学的努力方向。唯有坚持学科融合，我们的教学才会有真正的突破，并实现新的生长和跨越，也唯有这种教学，才能真正拓宽学生学习的路径，并培养出无愧于这个时代的创新人才。[1]

《学生创造力的培养与学科教学融合的研究》结合教育教学经验，对学生创造力的培养与学科教学融合进行了研究与分析。基于社会发展的需求，创新创造型人才的培养已成为当今教育教学改革的重点。创新创造型人才的培养要求教育教学目标、教学理念、教学模式与方法等方面都要及时革新，教育教学在强化学生知识掌握与运用的能力的同时，更要注重学生创造力的培养与提升。基于此，学生素养与学科教学的融合已成为教育界研究的重点课题之一。[2]

(三)核心概念界定

1. 校本课程

"校本课程"的概念是一个"舶来品"，在西方指的是学校自主开发的课程，在我国有两种不同的课程形式都被视为校本课程：一是指为满足具体学校的发展需求和学生的学习需求，充分利用当地和学校的课程资源而开发的多样的、可供学生选择的课程，是在国家课程之外的、由学校自主研制和实施的课程；二是指国家课程的校本化实施，即学校和教师通过选择、改编、整合、补充、拓展等方式，对国家课程和地方课程进行再加工，使之更符合本校和学生的需要。

本研究中的校本课程属于第一种。由校长和学校教师根据学生的需求而在具体教育情境中开发课程。校本课程的本质体现在：在课程权利方面，学校拥有课程自主权；在课程开发主体方面，教师是课程开发的主体；在课程开发场所方面，学校是课程开发的场所。我国的校本课程开发是在中小学多年来实施的活动课、选修课和兴趣小组活动的基础上继承和发展而来的。校本课程是在学校本土生成的，既能体现各校的办学宗旨、学生的特别需要和本校的资源优势，又与国家课程、地方课程紧密结合，具有多样性和可选择性。校本课程的主要功能，在于关照学生的个别差异，满足他们多样化的学习需求。国家课程和地方课程都面向数量庞大的学生群体，不可能关注每一个学生个体。而校本课程恰恰是学校基于发展学生个性化的学习需求而开发的。

2. 活动课程

活动课程的思想可以溯源到法国自然主义教育思想家卢梭。19世纪末20世纪初，美国的杜威(John Dewey)和克伯屈(William Heard Kilpatrick)发扬了这一思想。杜威强调儿童和社会的联系，认为在两者中有一个连接的共同要求，即活动。在杜威看来，无论是从经验论考虑，还是从心理学考虑，或从社会角度考虑，活动都是儿童认识世界的最主要途径。教学应该从学生的经验和能力出发，儿童和青少年在学校采用的游戏和工作的活动形式，要与其在校外所进行的活动形式相类似。他对传统课程忽视儿童的活动甚为不满，指出传统教育的特点在于"消极地对待儿童，机械地使儿童集合在一起，课程和教学法的划一"①。尤其是学校的重心在儿童之外，重心在教师，在教科书以及在教师所喜欢的任何地方，唯独不在儿童自己的直接的本能和活动。在对传统课程观进行批判的基础上，杜威确立了活动在课程中的地位，主要从其经验主义哲学观出发，来倡导活动课程。[3]杜威并未明确地提出"活动课程"这一概念，"活动课程"实际上是后人基于杜威对活动的重视而归纳出来的概念。

我国课程计划中所设的活动课程，作为课程的一种类型，并不反对分科课程，而是与分科课程相并列、供学生自由选择、以学生活动为主的课程。它也常常被称之为"儿童中心课程""经验课程"等。有些学者从不同角度研究活动课程的特性，如：活动课程以获得直接经验和感性认识为主；重视学生的兴趣、爱好、个性和特长；活动课程的弹性大、组织灵活；活动课程有利于学生自主活动。再如：有的学者认为活动课程具有实践性、综合性、自主性、创造性、超前性、广域性、多样性、实效性等特点。

3."融创"校本活动课程

综上所述，在本研究中认为，活动课程是多种课程类型中的一种。它是打破学科逻辑组织的界限，以学生的兴趣、需要和能力为基础，通过学生自己组织的一系列活动而实施的课程。它的核心是把课程视为"有计划地学习经验"，在国外也称经验课程。它根据学生所需要的经验和感兴趣的问题构成学习单元，主张让学生"从做中学"，帮助学生解决当前重要的问题，并扩大和加深学生已有的兴趣。活动课程的目的必须有弹性，既能指导活动，又能为活动所改变；内容必须是学生感兴趣的，与学生当前的经验发生联系；教学是从学生已有的经验开始，强调打破学科的界限；教学过程中强调儿童自主活动，教师从中发挥协助作用；教学评价侧重当前解决了什么问题，学生的兴趣有无扩大和加深。这类活动课的优点是可以较好地照顾学生的兴趣和爱好，密切与实际生活活动的联系，重视学生的自主性和创造性，课程弹性大、组织灵活，可以使学生获得即时信息等。可以看出，活动课程作为一种课程类型，具有相对完整的课程目标、课程内容和评价体系，在教学实施上是师生共同进行的教学活动中的一种，具有一套教学操作模式。"融创"校本活动课程是以"博雅"为核心，通过博雅教育致力于培养具有核心素养又全面发展的博雅之才。通过活动课程的形式，综合学生兴趣特长，注重多学科知识的

①　侯怀银：《杜威的课程观述评》，《课程·教材·教法》，1999 年第 10 期。

融合与实践，着力培养学生的创造力，使学生在充实快乐的课程体验中奠定一生的基础。落实学校"培养身心健康，基础扎实，博学雅正，具有国际视野的小学生"的育人目标。

(四)研究目标与研究意义

1. 研究目标

(1)构建"融创"校本活动课程。

(2)研究校长如何在"融创"校本活动课程建设过程中发挥作用。

2. 研究意义

"融创"校本活动课程是以学校办学理念为核心、以学校育人目标为指导，综合学生兴趣特长，注重学科知识的融合与实践，着力培养学生"博雅"素质，使学生在充实快乐的课程体验中奠定一生的基础。

(1)通过学科融合课程培养学生的创新意识和实践能力

学科融合是全面提升学生综合素质的需要，是培养学生创新能力的途径。学生综合素质的培养，要注重两个方面：一是加强多学科知识的融合，坚持感性与理性、人文与科学并重，切实培养素质全面的综合性人才；二是创新学科教学，注重培养学生的创新思维，要鼓励学生从多个角度去思考和解决问题，这是实施学科融合教学的关键。多学科融合开展教学，能够促进学生开展综合性学习，培养学生综合运用知识的能力；能够促进学生综合利用身边资源，培养学生搜集和利用资源的能力；能够促进学生联系生活实际，培养学生的应用意识；能够开阔学生视野，培养学生的创新能力和创新意识。"融创"校本活动课程在开发过程中适应新时代的特点、学生的需求，适应学生不同性格发展的需要，充分发挥学生的自主性、独立性，充分发挥其主体地位和主观能动作用，能更好地发展学生的特长和个性，培养学生的创新意识、创新能力。

"融创"校本活动课程注重学生的生活体验和学习经验，课程实施中强调学生发展的主体性、主动性，关注每一个学生发展的差异性，让每一个学生都成为与众不同的主体，满足每一个学生不同的发展需要，是为了学生的发展而存在。课程内容精选有助于培养学生终身学习必需的基本知识与技能，促进学生的德智体美劳全面发展。课程开发是动态的、不断完善的过程。课程内容和结构都是在师生互动中完成。在"融创"课程中给学生留下足够的空间，让学生充分操作、交流，允许学生犯错，改变传统评价中非对即错的标准，借鉴工程思维中没有唯一正确答案的标准评价学生，这些都为学生的个性发展和创新提供了自由的空间。

（2）提升校长课程领导力，推动教师整体学科能力和综合素养的提升

校长作为课题负责人，从学校文化、办学理念、育人目标、学校发展规划全方位统筹引领课题研究。以构建校本活动课程为载体，引领教师专业发展，提升教师课程执行力；[4]引领校本研修活动，提高课程研发力；建设校本研修团队，提高课程改革推进力；深化课堂教学改革，提升校长课程领导力；[4]同时总结在研究过程中校长的作用。在课程开发与实施这一项系统工程中，学校、教师等各方面共同努力，在学习中实践，在实践中反思，提升教师的知识技能素质。开展学科融合教育要求教师具备渊博的科学文化知识，特别是要掌握与本专业相关的新兴学科、交叉学科知识以及教育专业知识。教师要更新教育观念，改变传统的、僵化的教学方法，树立创新意识，注意发现、勇于创造和充分利用好的校本课程。

（3）深化教学方式变革，凸显学校办学特色

在课题研究过程中，改变教师现行的教学方式，改变学生的学习方式。研究的意义就是通过学科的融合，推动学生的动手实践、教学方式的转变，实现教育观念的变革，推动教学改革走向深处、实处，积极探索发展学生核心素养的校本化实施方式，促进学生创新、创造能力的培养。凸显学校"博雅"为核心的办学特色。

（五）研究内容与研究方法

1. 主要研究内容

（1）围绕学校的"博雅"办学理念，构建"融创"校本活动课程目标。

（2）研究"融创"校本活动课程内容。

（3）研究"融创"校本活动课程的实施方案。

（4）研究"融创"校本活动课程的评价标准。

（5）在实施"融创"校本活动课程中校长作用的研究。

2. 主要研究方法

课题研究过程中综合运用以下研究方法。

（1）行动研究法：我们采用"研究—行动—反馈—思考—调整"的过程进行研究。研究——研究与学习相关理论；行动——采取措施进行研究；反馈——调查研究环节中的利弊；思考——将反馈信息整理分析，得出新的方式方法；调整——将不同效果的方法进行归类，确定最佳方案。

（2）文献研究法：收集与课题相关的资料进行学习、研究。

（3）调查法：包括访谈、问卷、观察等调查方式进行评价。

二、研究成果

（一）"融创"校本活动课程结构

以"博雅教育"为核心的办学理念是我们进行课程建设的总的指导思想。在"课程生本化，滋育博雅人"课程理念的指导下，构建了北京小学大兴分校博雅课程体系。博雅课程体系划分为"健康雅体""修身雅行""育智雅思""多艺雅心""博采雅慧"五个板块，沿着五个板块纵向深化，建设起"基础课程""拓展课程""特色课程"三个课程梯次。在稳固基础的前提下，关注学生个体，根据学生兴趣、特长，对知识进行趣味性、探究性拓展（见图1）。

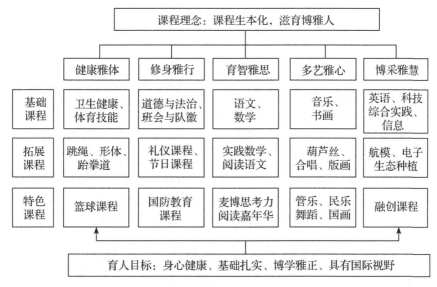

图 1　博雅课程体系图

"融创"校本活动课程属于博雅课程体系中博采雅慧板块的特色课程。"融创"校本活动课程按照学段分成两类：低年级段实验课——玩出的科学家；中高年级段工程课——项目制学习。

（二）"融创"校本活动课程目标

学校的课程总目标是"自主实践，博学雅正"。博采雅慧板块的情感目标：培养学生创新意识，开阔学生视野，拥有国际化的时代精神；能力目标：掌握一定国际文化知识，拥有科学探究与实践的能力和敢于创新、乐于分享、关注生命、服务他人的基本品质。

学校研究团队基于总目标和博采雅慧板块的课程目标引领，研究制定"融创"校本活动课程的目标：实践创新，博采融合。实践创新指通过简朴化、生活化的动手实践，培养学生的创新思维和创新能力。博采融合指加强学科内在联系，促进学科间交融互通，通过国内外教育理念与学习方式的比较，更新教师教育理念，优化我们的课堂结构，进一步培养学生知识的综合运用能力，提高分析问题、解决问题的能力。借此达成"培养身心健康，基础扎实，博学雅正，具有国际视野的小学生"的目标（见表1）。

表1 "融创"校本活动课程目标

目标	实验课——玩出的科学家	工程课——项目制学习
实践创新 博采融合	将认识自然、了解自我、贴近生活、走进社会与技术工程有机融合。从学生身边的现象入手，培养学生对自然科学的好奇心和求知欲，初步学习观察、调查、比较、分类等方法，能够利用科学方法和科学知识理解一些自然现象和解决某些简单的实际问题，从中体验到科学学习的乐趣和挑战性，进而更加热爱科学	将科技工程项目与基础科学有机融合，同时包含英语学习、社会探究和数学知识应用。增加学生的科技素养；提高英语能力；提升实践创造能力；提升个人解决问题能力和团队协作能力；提升学生自信

(三)"融创"校本活动课程的开发

学校研修团队把"融创"校本活动课程建设定位为学校的特色课程，在学科融合背景下开发出系列课程。融创校本活动课程按照学段分成两类：低年级段实验课——玩出的科学家；中高年级段工程课——项目制学习。

1. 实验课——玩出的科学家

把二年级的科学、道德与法治以及语文、数学、美术的学科知识进行整合，以学生能够感知的、生动直观的、有兴趣参与的重要内容为载体，从学生生活中常见事物或者日常科学现象入手，共设20个教学主题，每学期完成10个教学主题的学习，教学内容涉及人体、动物、植物、水、空气、声音、光、力与机械。培养学生对自然科学的好奇心和求知欲，初步学习观察、调查、比较、分类等方法，能够利用科学方法和科学知识理解一些自然现象和解决某些简单的实际问题，从中体验到科学学习的乐趣和挑战性，进而更加热爱科学。课程框架如下（见表2）。

表2　"实验课——玩出的科学家"课程内容(二年级)

序号	第一学期教学主题	序号	第二学期教学主题
1	人体密码——创意指纹画	11	溶解的秘密——泡泡水
2	眼睛中的秘密——立体眼镜	12	身边的空气——跳跃的小球
3	视错觉——晃动的"立方体"	13	空气作用大——气球小车
4	小猫的秘密武器——猫爪儿	14	声音的秘密——自制乐器
5	走进昆虫世界——模型拼插	15	认识平面镜——万花筒
6	奇特的植物——种下含羞草	16	磁铁的魔力——小车跑起来
7	各种各样的天气——我是小小记录员	17	探秘走马灯——自制走马灯
8	风的方向和大小——风速风向仪	18	钟表的结构——自制钟表
9	四季变化——神奇的四季动画	19	认识透镜——神奇的望远镜
10	大自然中的指南针——DIY指南针	20	齿轮转起来——电动门杆

2. 工程课——项目制学习

现代生活中，人们95％以上的时间都在接触科技成果。大到摩天大楼、飞机、高铁，小到电脑、手机，都是工程师们设计出的科技产品。这些产品满足了人们的不同需求。因此，要想更好地了解我们所生活的世界，培养孩子的科技创新素养尤为重要。幸运的是，孩子是天生的科技工程师——他们着迷于建筑，喜欢拆分东西，并探索它们如何运转。"工程课"的目的便是激发孩子们好奇的天性，促进他们更好地了解学习科技和工程。将科技工程项目与基础科学有机融合，同时包含英语学习、社会探究和数学知识应用。"融创"校本活动课程教师团队根据课程总体目标及学生特点，参考已经实施部分的课程效果，研发了完整的"工程课——项目制学习"。三年级课程内容研发了6个单元；四、五年级课程内容分别研发了4个单元。课程框架见表3。

表3　"工程课——项目学习制"课程内容(三至五年级)

单元	三年级	四年级	五年级
第一单元	姜饼人	地震及抗震建筑	设计潜水器
第二单元	小美人鱼	桥梁设计	设计降落伞
第三单元	三只小猪	风车设计	设计太阳能烤箱
第四单元	播种器	滤水器设计	设计膝盖的支架
第五单元	平台搭建	——	——
第六单元	滑梯运输器		

(四)"融创"校本活动课程实施

"融创"校本活动课程的实施是将课程目标及课程内容落地,是一个动态的、执行的过程。"融创"校本活动课程的实施主要从三个方面入手,即创建课程管理平台、培养教师课程意识、激发学生课程自主。

1. 创建课程管理平台

课程管理是促进课程实施的有效保障。

(1)建立管理机制。成立以王敏为组长、教学副校长与课程中心主任为组员的"融创"校本活动课程领导小组。组建课程研究团队,实行团队管理,领导包队制,制定"融创"课程管理方案,激发干部教师的主体性,加强课程管理。

(2)安排课程时间。课程中心与学校教务处研究决定,拿出自主安排课时中的 1 课时专门作为"融创"课程的课时。2018—2019 学年,"工程课——项目制学习"在三至五年级 15 个教学班全面开展。2018—2019 学年第二学期"实验课——玩出来的科学家"在一、二年级 9 个教学班全面开展,目前整合综合实践活动课时实施。"实验课——玩出来的科学家""工程课——项目制学习"都已经安排进入课程表,做好"融创"课程实施的时间保障。

2. 培养教师课程意识

教师的课程意识是保证课程实施的关键。

(1)理念引领培训

聘请前沿专家学者对教师进行新理念头脑风暴式培训,支持教师出境培训,学习前沿教改经验,破解中外教育理念的矛盾冲突,发扬传统教学优势,真正意义上实现理念变革。

(2)保障师资力量

以"融创"课程团队为核心,实行时时教研,随时调整,确保课程落地。课程实施团队由 2 名外籍教师(配有翻译助教)、15 名班主任教师、3 名科学教师、9 名数学教师、3 名美术教师组成。由外教主导教学,助教及时翻译一些特定专业词汇,方便学生理解。锻炼学生英语能力的同时保证沟通顺畅。各班班主任作为各班课程的总负责人,全程组织参与教学。班主任根据课程内容需要组织科学、数学、美术等各相关学科教师进行相关内容的辅助教学。

3. 激发学生课程自主

学生自主学习是课程实施的根本。

(1)保证学生参与

"实验课——玩出的科学家"保证二年级 4 个班学生全员参加;"工程

课——项目制学习"保证三至五年级学生全员参加。

（2）自主学习模式

"融创"课程尊重学生学习的主体原则，主动参与、主动实验，老师不过多评价好或不好，通过交流分享环节自主感悟，突出自主管理、自主学习、自主评价。

"实验课——玩出的科学家"采用实验式模式教学。以学生为中心，在整个教学过程中，教师起到组织者、指导者、帮助者和促进者的作用，利用情境、提问、实验、观察、描述、记录等学习步骤充分调动学生的好奇心、主动性和积极性，最终使学生有效地实现对生活中常见的事物以及身边的科学现象的认知。通过一个个生动有趣的科学实验，不断吸引学生的注意力，激发学生的求知欲，让学生快乐地畅游科学世界。课上人人动手实践，全员参与，让学生在"玩"中感受科学的魅力！

"工程课——项目制学习"采用支架式模式教学。以学生为中心，在整个教学过程中教师发挥组织者、指导者、帮助者和促进者的作用，利用情境、协作、会话等学习环境要素充分发挥学生的主动性、积极性和首创精神，最终达到使学生有效地实现对当前所学知识进行意义建构的目的。

具体步骤：

①情境学习：工程设计挑战，让学生认识到他们在学校所学的知识是如何与他们周边的事物紧密相连的。

②协同学习：课程活动中包含组内合作项目，学生们思考更多的问题解决方式并学会如何与他人合作。

③表达分享：培养学生们的沟通技巧，鼓励学生们用不同的方式分享自己的观点，包括发言、文字、绘画和建造。

④项目学习：项目设立，让学生们产生更多的探究欲望。独立分析资料和数据，做出关于自己设计的决定。学生们更好地理解所学内容，磨炼并提高批判性思维技巧，全身心投入自我学习中。

每学期末开展一次"融创"课程学生展示。部分学生把一学期学习的成果拿出来，供全校师生参观学习，学生主讲自己的学习、实验、制作过程中学到的知识、经验、教训以及多方面的感受，教师担任助教。

（五）"融创"校本活动课程评价

评价可以充分发挥导向、激励和改进的作用。

"融创"校本活动课程评价标准，从课程的开发—实施—效果的整体过程评价，通过此评价标准的使用，不断调控课程的实施过程，确保课程的实施效果。"融创"校本活动课程评价标准见表4。

表4　2018—2019学年"融创"校本活动课程评价标准

评价项目	评价要素	评价结果
课程开发的目的、意义	1. 体现国家课程改革的要求，促进国家、地方课程的校本化实施	
	2. 体现学校办学思想和育人目标，突出学校办学特色	
	3. 课程目标"实践创新，博采融合"的达成	
	4. 促进学生全面发展，满足学生个性化发展需要；落实对学生实践能力的提升和创新意识的培养	
课程目标	1. 课程目标符合国家课程标准，体现"课程生本化，滋育博雅人"的学校课程理念	
	2. 目标全面具体，维度清晰，知识与技能、过程与方法、情感态度与价值观全面发展	
	3. 目标多样化，面向全体学生，让不同的学生有不同的发展	
课程内容	1. 能促进学生良好人生观与价值观的形成	
	2. 课程内容体系完整，系统性强，立足学生长远发展	
	3. 贴近学生生活实际，符合认知规律，培养学生对自然科学的好奇心和求知欲，激发学生的学习兴趣	
	4. 能够利用科学方法和科学知识理解一些自然现象和解决某些简单的实际问题，培养学生的科技素养	
	5. 培养学生独立自主的学习能力、团队协作能力和解决实际问题能力；培养创新精神	
评价	1. 评价面向全体学生，面向学习全过程	
	2. 评价标准科学合理，可操作性强	
	3. 评价的激励作用明显，导向性强	

　　"融创"校本活动课程学生学习评价标准，主要是从管理信息、分析、思考、解决和决策，设计、创造性，协作、表达，自主管理等方面对学生进行评价。通过评价标准判断课程内容、模式是否科学合理以及和学生接受力是否对等，及时调整以保证课程实施效果。"融创"校本活动课程学生学习标准见表5。

表5 2018—2019学年"融创"校本活动课程学生学习评价标准

评价项目	评价要点具体描述（每项4分）	分值
管理信息	1. 提出并回答关于项目的问题	
	2. 开始计划	
	3. 按照课程指示推进活动任务	
	4. 在老师所提供的材料和资源中选择所需的信息，提出获取信息的方式	
	5. 识别和使用简单的方法来记录信息	
分析、思考、解决和决策	1. 细心观察并描述活动现象	
	2. 展示活动和信息的顺序时，能够看到整体和部分	
	3. 确定相同/不同的知识，并能将事物进行分类	
	4. 在实验之前能进行简单的预测，看到可能性	
	5. 提出关于项目活动中会出现的不同类型的问题，并能给出意见和理由	
设计、创造性	1. 对设计活动感到好奇并能积极主动提问	
	2. 提出关于项目活动的观点	
	3. 设计模型	
	4. 愿意接受挑战	
	5. 通过书写、绘制、标记和制作模型来验证自己的观点	
协作、表达	1. 学会和小组其他成员一起协作	
	2. 发展聆听、表达、分享和协作的能力	
	3. 能够学会演示和建模	
	4. 意识到自己的工作对其他人有一定的影响	
	5. 信任老师和同学	
自主管理	1. 谈论自己在这个活动中做了什么和学到了什么	
	2. 发展集中、专注和坚持的能力	
	3. 能够处理任务中的任何问题	
	4. 能够在活动中做出选择和决策	
	5. 在完成活动任务时敢于向老师和同学寻求帮助	

"融创"校本活动课程特别注重让学生动手实践创造，更侧重合作学习和

项目学习，因此有助于培养学生的创造思维和创造能力。在解决问题过程中交流、表达自己的见解，更突出了学生的主体地位。

"融创"校本活动课程课堂评价标准，主要是通过评价教师对于内容的设计、环节的设计、教学手段的实施、对学生自主学习的开放度等诸多方面，是否达成课程目标、教学目标、学生自主学习的目标等。2018—2019学年"融创"校本活动课程课堂评价标准见表6。

表6 2018—2019学年"融创"校本活动课程课堂评价标准

评价项目	评价要素	评价结果
内容设计	1. 正确掌握课程的基本理念和教学模式，坚持学生全面发展	
	2. 教学目标明确、具体、切实可行，符合小学生实际	
	3. 教学内容科学合理，生动有趣，有利于学习目标的达成	
教学组织与实施	1. 教学方法开放灵活、有实效，受学生喜爱	
	2. 保证多媒体和各种实验材料的使用安全、科学合理	
	3. 教学材料的准备充分，场地安排恰当，教学环境的设置利于师生互动和同学间的交流与沟通	
	4. 教师对课程内容把握准确，思路清晰，实施有效	
	5. 教学语言科学严谨，体现学科特点，有亲和力，能适时、及时评价学生并激励学生	
	6. 学生学习过程中有足够的时间和空间自主探索、合作交流、动手实践、分享评价、反思提高	
	7. 师生关系融洽，课堂气氛活跃，学生主动参与，学习达成度高	
	8. 能客观地进行反思，改进教学。提出课程整体或局部的意见，有利于课程的改进与提高	
实施效果	1. 能激发并维持学生对课程的兴趣，学生评价良好	
	2. 能及时收集、整理学生学习的过程性资料	
	3. 组织指导学生举行一定范围的展示活动	

(六)"融创"校本活动课程开发与实施中校长领导力的体现

国家对基础教育的培养目标和学校的办学目标的实现都需要保证课程实施这项中心工作的有序、有效实施，教师的专业水平的提升和学生的健康成长也需要通过课程的实施得以保证。课程实施在学校工作的中心地位决定着校长职责的本质内容，也决定着校长的工作价值取向。"融创"课程的开发、设计、组织、实施、评价、管理是学校课程建设工作的中心，也是课程研究的领导者——校长工作的重心。在"融创"校本活动课程研究中，校长充分发挥对于"融创"课程的领导力，保证了"融创"课程的研发与实施，并取得了一定的研究成果。

1. 在"融创"课程研究中发挥校长课程思想的领导力

在全国教育大会上，习近平总书记强调："坚持把立德树人作为根本任务，培养德智体美劳全面发展的社会主义建设者和接班人。"教育要从坚定理想信念、厚植爱国主义情怀、加强品德修养、增长知识见识、培养奋斗精神、增强综合素质六个方面下功夫。课程是学校教育的载体，校长课程思想的领导力决定着学校校本课程的方向，方向正确的校本课程，才能助力学校培养出满足国家发展所需要的人才。

校长作为"融创"课程研究的主要领导者，认真领会"十九大精神""全国教育大会精神"。把培养什么样的人、怎样培养人作为课程建设的主要价值，明确办学目标、培养目标和课程目标三者之间的关系，以立德树人作为教育的根本任务来统领"融创"课程建设。在国家课程以及地方课程有效实施的基础上，把握学校课程建设的思想方向，梳理博雅课程体系。"融创"校本活动课程属于博雅课程体系中博采雅慧板块的特色课程。

之所以决心开设"融创"课程源于我对当前教育思想的理解和学校教育的缺失的思考。首先，学校科技教育薄弱。一个国家的强大根本靠科技，而学校对于科技教育仍停留于实验、模型拼插、简单组合等过于死板的传统教育内容与模式，科学课仅仅盯住几个实验、几种自然现象；航模和电子两个社团也都是模型拼装和组装，科技素养培养远远不足。其次，学生创造能力严重不足。科技发达的今天，先进的科技手段过多地干预我们的课堂，一方面开阔学生的视野，帮助学生理解知识；一方面也使学生的创造思维和创造能力退化。"融创"课程的开发与实施，在培养学生创新实践的同时，更主要的是突出学生创造过程的体验，培养学生的创造能力，这与全国教育大会上提出来的劳动教育精神相吻合。保证了"融创"课程的方向正确，这就是校长的课程思想领导力体现。

2. 在"融创"课程研究中校长发挥课程文化的领导力

《基础教育课程改革纲要（试行）》中指出，"为保障和促进课程对不同地区、学校、学生的要求，实行国家、地方和学校三级课程管理。"学校的课程建设首先要充分保证国家课程和地方课程的全面实施，然后要结合学校的实际以及特色发展开发研究学校的校本课程，建立学校自己的三级课程体系。国家大力倡导各学校开展不同特色的校本课程建设，把课程开发与实施的自主权下放给学校，各种相关规定也相继出台，要求学校在课程开发中遵守法律法规、遵循国家意志、尊重学生发展规律。这就需要校长有足够强的学校文化领导力和课程文化领导力。

我在明确了"博雅教育"的办学理念的前提下，在"课程生本化，滋育博雅人"课程理念的指导下，构建了北京小学大兴分校博雅课程体系。"融创"校本活动课程属于博雅课程体系中博采雅慧板块的特色课程。基于总目标和博采雅慧板块的课程目标引领，"融创"校本活动课程的目标为：实践创新，博采融合。通过"融创"课程达成学校"培养身心健康，基础扎实，博学雅正，具有国际视野的小学生"的目标。这就是校长课程文化领导力的体现。正是校长课程文化领导力的作用，明确了"融创"课程在博雅课程体系中的位置，与学校课程融为一个整体，才能使"融创"课程可持续发展下去，助力学校发展。

3. 在"融创"课程研究中校长发挥课程规划的领导力

《基础教育课程改革纲要（试行）》同时指出："学校在执行国家课程和地方课程的同时，应视当地社会、经济发展的具体情况，结合本校的传统和优势、学生的兴趣和需要，开发或选用适合本校的课程。"这就需要校长具有一定的课程规划的领导力，才能保证校本课程与国家课程和地方课程的统一。以学校的办学理念为核心，认真研究国家课程、地方课程中教育资源的延展性，挖掘校内外一切可以利用的社会资源拓展学科知识，构建校本课程内容。"融创"校本活动课程中，融合小学阶段现有的语文、数学、科学、品德与社会、艺术、劳动等学科的资源，打破严格的学科界限，将多门学科内容组合形成有机整体，开发综合性的校本活动课程。通过一些紧密联系学生生活实际的案例和项目式学习方式，在动手实践的过程中，掌握知识与技能、学习问题解决的方法与过程，更好地培养学生的创新精神与实践能力。

校长课程规划领导力，是内容方向和结构引领。在"融创"校本课程开发的过程中，校长引领教师整合多学科的教学内容，建立起知识网络图，结合生活以及生产中常见的知识，研发各学段"融创"课程内容，方向明确，内容确定，后边的事情就水到渠成了。校长引领教师认识到"融创"校本课程开设的目的是拓宽学生所学知识的宽度，加大各学科知识内容融合的深度，拓展知识应用的厚度，在参与和体验中，学生能够学到适应终身发展和社会发展需要的品格和关键能力。例如，四年级融创课程——"地震仪的制作"，就融数学、美术、科学、语文于一体，在动手制作过程中，体验三角形稳定性在我们生活与生产中的广泛应用及其保护作用。校长站在学校的顶层，规划"融创"校本课程开设的层次性、连续性，以及与学校课程体系的对接，确保课程开发顺利。这就是校长在"融创"课程研究过程中，课程规划领导力的发挥。

4. 在"融创"课程研究中校长发挥课程实施的领导力

课程开发规划是课程实施的基础，真正的好的课程还是要看在实施过程中的效果。因此，课程的实施是最关键的环节。

首先是授课教师的选择。教师对课程理解准确，前期培训到位，首先保证了课程内容落地。"融创"课程实施团队由 2 名外籍教师（配有翻译助教）、15 名班主任老师、3 名科学教师、9 名数学教师、3 名美术教师组成。由外教主导教学，各班班主任作为各班课程的总负责人，全程组织参与教学。由班主任根据课程内容需要组织科学、数学、美术等各相关学科教师进行相关内容的辅助教学。

其次是课时安排。校长要统筹国家课程、地方课程和学校课程的课时分配。保障课程时间，课时安排要科学合理，不能过长过多，也不能不足。在"融创"校本课程的建设中，经过充分的调研和论证，利用三至五年级的自主安排课时，整合一、二年级的综合实践活动课时，做好课时上的保障。

再次是授课模式的确定，授课模式的确定决定着课程的效果。"融创"课程采用实验式、支架式教学模式，在整个教学过程以学生为主体，教师是组织者、指导者、帮助者，利用项目制学习调动学生之间的协作，通过汇报、表达充分发挥学生的主动性、积极性和创造精神与创造能力。

最后是经费保障。在课程实施过程中，资金保障很重要。校长调动校内外的人、财、物资源，保障外教师资使用资金，保证课程材料资金以及教师培训等全部资金到位。

以上"融创"课程所需保障，都需要校长进行准确判断，正确决策。充分发挥校长的核心作用，引导多学科教师开展跨学科的研究活动，激励各学科教师共同开发实施"融创"课程。只有校长具备较强的课程实施领导力才能保证课程顺利开展。

5. 在"融创"课程研究中校长发挥课程评鉴的领导力

课程评鉴的领导力的体现首先是校长要懂得课程管理。"融创"课程的管理首先是建立课程管理机制。"融创"课程建设中，通过建立学校的课程中心，整体组织协调课程的开发和实施。在具体管理中实行"两级聘任"制，首先由学校聘任优秀的学科组、教研组长，再由组长聘任各年级、各学科教师，中层领导深入各个学科组、教研组进行包段管理，以实现课程研究的自主管理。其次是加强对"融创"课堂教学过程的管理。课程管理小组深入课堂听课，通过配助教的模式，第一时间掌握课堂实施情况，及时研究出现的问题，制定整改措施，不断改进、完善"融创"课程。

有了课程管理的领导力做基础，再谈校长课程评鉴的领导力。课程评价是对课程实施的过程、方法与结果以及影响因素进行客观合理的评价。通过参与并领导决策"融创"课程的规划、开发、实施全程，校长积累了一手全面材料。其中，课程内容、时间、教师、助教以及师生获得对学校发展的助力等都起到了积极的作用，同时也存在着主教作用的发挥不够，本校助教极少数教师积极性不高，如何与自己教学融合、把好的经验应用到教学中等是值得注意的。"融创"课程研究过程中，在全体教师层面开设了教育论坛、学科融合论坛以及学科育人教育年会等，目的是通过教师的认识、收获、理念变化等来评鉴"融创"课程在我们的教育教学中的作用，事实胜于雄辩。当然评鉴的目的在于改进，是为了学校的课程建设可持续发展下去，从而更好地达成"融创"课程目标。这就是校长"融创"课程中的评鉴作用。

三、研究结论与反思

(一)主要研究结论与发现

1. 学校博雅课程体系进一步完善

(1)学校校本课程广度和融合度进一步改善

"融创"校本活动课程的开发与实施，完善了学校现有的博雅课程体系，补充了课程体系中"博采雅慧"这一板块内容的欠缺，同时补齐了学校科技教育的短板，拓宽了学校校本课程的广度，加强了学科间的融合度。

(2)学校开设校本课程的时间受限问题得到缓解

"融创"校本活动课程在保证开齐、开足国家课程、地方课程的前提下，不仅整合多学科的实践活动时间，大大减少无效的校本课程时间，也没有给学生增加学习负担，还培养学生综合应用所学知识解决实际问题的能力。提升了教师的综合素养，课堂实施过程不断反思，提高课堂质量。

(3)学校校本课程优质资源统筹方面梳理得更加清晰

"融创"校本活动课程涵盖了多学科教师，深度挖掘课程内容所涉及的学科资源，进行再融合，使内容更精炼，有效整合学科资源。在师资配置上打破学科界限，合理统筹校内外各学科优质教师资源，保障"融创"校本课程实施。

2. 学生实践能力和创新意识增强

"融创"课程中学生面对的是一个个来源于现实生活的实际问题，学生要先了解相关背景知识，提出自己的设计思路，和同伴进行交流研讨，动手操作，与组员合作，在实践中实现自己的设计，再次交流研讨，改进自己的方案。整个过程中学生有大量的动手实践机会，并且在思维的碰撞中创新思路，寻找答案，解决问题。在"融创"课程中学生喜欢挑战，勇于探究。通过一个个项目的实践，获得了极大的成就感。实现了学校"博雅"教育中"培养身心健康，基础扎实，博学雅正，具有国际视野的小学生"的育人目标。全方位提高学生的素质，有效提升学生的核心素养，让"立德树人"在"博雅"教育中扎实推进。

3. 促进了教师的专业发展

开发特色校本课程培育出了一支高素质的教师队伍。在校本课程开发的过程中，提高了教师队伍素质，促进了教研之风、学习之风的形成。随着校本课程的不断开发和深入，教师的观念在不断转变，课堂教学水平在不断提高。通过实践探索，广大教师深深认识到自己所教的学科与学校整体的教育目标的关系、与学校发展前景的关系、与其他学科之间的关系，从而形成整体的课程观和整体的课程意识，真正实现"三全育人"的理念。在课题研究过程中增强了教师的研究意识和能力，校本课程开发要求教师研究自己的学生，研究教学内容，在这种研究过程中，教师们的研究意识和能力大大增强。教师参与课程开发，不仅能够加深其对本体知识的理解，而且能丰富知识，累积实践性知识，使自己的知识结构更趋合理与完善。

4. 提升了校长课程领导力

校长作为"融创"课程研究的主要负责人，在研究过程中，课程思想领导力、课程管理引导力、课程实施领导力、课程评鉴领导力都有了不同程度的提升。校长课程领导力提升，增强学校课程实施的整体效应，从而促进课程管理品质的提升。使"融创"课程在学校博雅课程体系中的位置发挥应有的作用，学校的特色课程实至名归。

5. 为学校的特色发展、可持续发展注入活力

"融创"课程的实施，提升了学校特色课程的品质，学校的课程建设上了新的台阶。同时也得到区教委领导和市区专家的充分肯定与鼓励。"王敏校长

办学思想研讨会""博雅少年强，奋进新时代"师生综合素质展演活动、校本课程成果汇报等活动使社会各界及家长对学校的工作给予了高度的评价和认可，产生了很好的社会影响，推动了学校整体工作的开展。在学校处于高水平发展的道路上，特色课程建设为学校发展提供了新的内驱力。

(二)研究反思

1. 学科间的融合得到突破，但是教师间的融合还不明显。教师参与过程中，各学科老师还是分管一段，不能主动打破自己学科的界限，还不敢把手伸出边界，惧怕打乱正常的教学程序。

2. 更新教师理念，与国际接轨，是"融创"课程建设的主要任务之一。目前参与教师或多或少都受到了一定的影响，但是如何让全校的教师都能接受还有待研究。

3. 外教是"融创"课程的重要师资，是否能够长期适用，是我们今后研究的问题之一。

4. 由于理念的差异，外教主教的"融创"课程教学时间的有效性问题存在争议，下一步我们要研究论证，得出结论。

参考文献

[1]陆启威．学科融合不是简单的跨学科教育——学科融合教育的实践和思考[J]．教学与管理，2016(32)：6．

[2]赵峥，黄岳明．学生创造力的培养与学科教学融合的研究[J]．课程教育研究，2017(11)．

[3]侯怀银．杜威的课程观评述[J]．课程·教材·教法，1999(10)．

[4]郑志湖．我是这样解读校长课程领导力的[J]．教育家，2017(35)：42—44．

附录 1："实验课——玩出的科学家"课程框架

序号	教学主题	教学目标
1	人体密码——创意指纹画	1. 借助工具观察及收集不同人的指纹，发现指纹的形状可以分为三种：斗形、箕形、弓形； 2. 学习指纹的特性，从而理解生活中指纹应用在解锁、破案中的原因； 3. 利用多彩印泥创作指纹画，提升学生的学习兴趣和创造力

续表

序号	教学主题	教学目标
2	眼睛中的秘密——立体眼镜	1. 通过对比实验让学生感受立体与非立体的视觉差异，调动学生的探究兴趣； 2. 通过小实验让学生充分明白，我们眼睛观察物体有立体效果的原因； 3. 借助立体眼镜观看立体图片，通过有趣的图案内容吸引学生，使其进一步了解立体电影的基本原理
3	视错觉——晃动的"立方体"	1. 知道眼睛是我们感知世界的主要感觉器官，但有时也会在特定条件下产生错觉，提供给我们错误信息； 2. 通过各种观察对比活动，了解常见的视错觉，并分析其原因； 3. 通过制作晃动的"立方体"，体验视错觉的乐趣，从而更多地了解生活中利用视错觉的实例
4	小猫的秘密武器——猫爪儿	1. 观察、讨论，认识猫爪儿的结构特点； 2. 通过鸡蛋击桌及落地实验，感受猫爪儿中肉垫的静音及缓冲作用； 3. 利用实验材料制作猫爪儿饰品，从而更加深刻地了解结构与功能之间的关系，激发学生对身边小动物的热爱之情与探究热情
5	走进昆虫世界——模型拼插	1. 通过文字信息及图片内容知道昆虫是动物中数量最多的一种群体； 2. 通过拼插昆虫模型，发现并总结昆虫的共性特征； 3. 认识身边的常见昆虫及其特性，激发学生对动物界持续探究的热情
6	奇特的植物——种下含羞草	1. 了解一些奇特的植物，能说出它们有哪些有意思或神奇的特性，让学生在学习中感受生命的神奇； 2. 种下含羞草，观察它的生长过程，培养学生长期观察记录的坚持精神
7	各种各样的天气——我是小小记录员	1. 学生能够说出身边常见的天气现象，能说出天气变化对人类生活及动植物的影响； 2. 结合各种天气特点，创作属于自己的天气符号，方便后期记录天气变化； 3. 利用自创天气符号对天气变化进行长期观察记录，发现天气随时间推移的变化规律，培养学生养成长期观察、记录某项事物的学习习惯

序号	教学主题	教学目标
8	风的方向和大小——风速风向仪	1. 通过对比实验让学生发现风的形成是空气流动的结果； 2. 在实验中让学生感受风有方向和大小，并学会判断风向及风力的方法； 3. 制作风速风向仪，让学生学会利用仪器观察风向和风速，丰富学生对观察工具的认知
9	四季变化——神奇的四季动画	1. 认识四季的形成和变化规律，通过简单语言描述各个季节的特点； 2. 能描述出季节变化的现象，并举例说出季节变化对动植物和人类生活的影响； 3. 通过科技小制作，感受季节变化，增强学生对生活中的事物进行探索的意愿
10	大自然中的指南针——DIY指南针	1. 学习怎样利用星座、树冠等辨认方向，从而认识到大自然中有很多让我们辨别方向的方法，培养学生认真观察的态度； 2. 学习方向工具——指南针如何辨认方向，认识指南针指示方向的原理，并进行简易指南针的制作
11	溶解的秘密——泡泡水	1. 通过实验认识到有些物质易溶于水，如食盐和白糖等；有些物质不能溶在水里，如沙、积木等，让学生能够列举几种常见的易于被水溶解和不易被水溶解的物体； 2. 了解生活中物体溶解在水里或其他物体中对我们生命及生活的意义或影响； 3. 利用溶解的特性，制作泡泡水，体验溶解的乐趣，培养学生乐于动手实践的科学态度
12	身边的空气——跳跃的小球	1. 通过收集并观察空气，描述出空气的颜色、状态、气味等特征； 2. 在探究中认识空气具有流动性，且占据一定空间； 3. 动手完成小制作，观察小球跳跃的现象，能利用所学知识加以解释，并与生活现象相结合
13	空气作用大——气球小车	1. 通过实验现象，认识到空气占据一定的空间，但可以被压缩； 2. 知道被压缩的空气力量增大，能列举人们利用空气力量的实例； 3. 制作气球小车，初步了解气球小车能运动起来的原因；在锻炼学生观察和表达能力的同时，培养学生学习科学的兴趣

续表

序号	教学主题	教学目标
14	声音的秘密——自制乐器	1. 通过实验感受和观察实验现象，知道声音是由物体振动产生的； 2. 亲历小实验，了解当物体振动的快慢不同时，产生的声音高低不同； 3. 利用不同长度的管制作乐器，能说出乐器发出高低不同声音的原因，在制作中激发学生的探究兴趣，并进一步巩固所学知识
15	认识平面镜——万花筒	1. 认识平面镜，能说出平面镜的特点； 2. 知道在平面镜中观察到的物体是像，探究平面镜成像的规律； 3. 利用平面镜制作万花筒，体验平面镜成像的神奇效果，锻炼学生的动手能力，激发学生的学习兴趣
16	磁铁的魔力——小车跑起来	1. 通过实验现象认识到磁铁总是同时存在着两个不同的磁极，磁铁磁极处的磁性最强； 2. 知道同极相斥、异极相吸的性质，会利用这个性质解决小车的动力问题； 3. 在认识现象后让学生加以设计利用，激发学生对科学学习的热情
17	探秘走马灯——自制走马灯	1. 通过实验让学生感受热空气的流动； 2. 通过杯子"跷跷板"的实验，学生知道热空气会上升； 3. 通过制作走马灯，知道走马灯的结构特点，知道是上升的热空气推动走马灯转动，感受中国古代人的智慧
18	钟表的结构——自制钟表	1. 学生通过制作钟表，能够知道钟表的结构； 2. 在使用钟表的过程中，发现钟表各部分结构的作用； 3. 激发学生对生活中的科学现象的探索兴趣
19	认识透镜——神奇的望远镜	1. 让学生认识凸透镜和凹透镜，并了解它们的区别； 2. 通过不同的透镜组合，探究透镜组的作用，并找到能看清远处物体的透镜组合方式； 3. 利用适宜的透镜组合方式制作伽利略望远镜，培养学生的观察能力和动手能力，激发学生学习科学的热情
20	齿轮转起来——电动门杆	1. 观察后让学生能够说出齿轮的外形特点； 2. 实验中探究齿轮传动的特点及作用； 3. 动手制作电动门杆，发现更多齿轮在生活中的应用；锻炼学生的动手能力，培养学生善于观察和思考的好习惯

附录 2："工程课——项目制学习"三年级课程框架

单元名称	课程小节	涉及学科	内容简介
第一单元：姜饼人（所属领域：英语和数学）	1. 导入课程：英文绘本故事导入	英语	通过观看小视频和阅读英文绘本故事，认识关键英文单词。学生可做小组角色扮演活动，部分复述
	2. 测试：一口可以咬掉多少？	英语、数学	每位学生利用姜饼人饼干，按照自己的喜好咬掉一口，在指导教师的带领下统计全班咬掉同一部分的人数
	3. 制作模拟姜饼人	英语、数学	指导教师提出基于绘本的问题，不断引导学生进行拓展思维，例如，姜饼人遇到什么问题？如果没有遇到狐狸会怎样？他会用什么办法过河？让学生了解问题解决的方法，介绍工程设计步骤
	4. 制作完成及展示	英语、数学	指导教师用吹风机检测各组姜饼人是否可以渡过假设的河流，各组展示并分享自己的经验
第二单元：小美人鱼（所属领域：自然科学）	1. 导入课程：英文绘本故事导入	自然科学	指导教师通过介绍学生熟悉的绘本故事，介绍风力和航海的相关知识。引导学生分享自己认为制作帆船的重要点。引入本单元要设计制作的工程项目，解释需要完成的目标
	2. 设计帆船	自然科学	根据小组获得的材料设计帆船的风帆位置和面积，画出设计图
	3. 制作帆船	数学、建筑工程	小组成员按照自己的设计，进行制作、测试，并在指导教师的帮助下改进
	4. 制作完成及展示	数学、建筑工程	作为最后一节课，教师要创造一个最终成果展示和分析说明的机会。让各组之间互相观摩和交流、分享和学习，以便让学生更深刻地理解工程设计流程中的每个环节在设计制作过程中的重要性，引导他们及时给予反馈和思考
第三单元：三只小猪（所属领域：建筑工程）	1. 导入课程：英文绘本故事导入	建筑工程	指导教师通过介绍学生熟悉的绘本故事，引导学生分享自己认为建筑物最重要的性能；引入本单元要设计制作的工程项目，解释需要完成的目标
	2. 按照三种材料分别设计	数学、建筑工程	根据小组获得的材料，利用数学能力，计划材料消耗，依次设计三种不同材料造的小猪屋子

续表

单元名称	课程小节	涉及学科	内容简介
第三单元：三只小猪（所属领域：建筑工程）	3. 制作房屋	数学、建筑工程	小组成员按照自己的设计，进行制作、测试，并在指导教师的帮助下改进
	4. 制作完成及展示	数学、建筑工程	作为最后一节课，教师要创造一个最终成果展示和分析说明的机会，让各组之间互相观摩和交流、分享和学习，以便让学生更深刻地理解工程设计流程中的每个环节在设计制作过程中的重要性，引导他们及时给予反馈和思考
第四单元：播种器（所属领域：自然科学）	1. 导入课程：介绍春天里植物播种的不同方式	自然科学	用图片和小视频介绍大自然中不同植物的播种方式，引导学生分享自己在日常观察到的植物播种方式，引入本单元要设计制作的工程项目，解释需要完成的目标
	2. 选择适当的材料，设计播种器	自然科学	指导教师展示不同的播种方式：以水为媒，以风为媒，以接触为媒；各小组选择三种方式中的一种，拿到材料后，开始设计该播种传播方式的播种器
	3. 制作播种器	自然学科	小组成员按照自己的设计，进行制作、测试，并在指导教师的帮助下改进
	4. 制作完成及展示	自然科学	作为最后一节课，教师要创造一个最终成果展示和分析说明的机会，让各组之间互相观摩和交流、分享和学习，以便让学生更深刻地理解工程设计流程中的每个环节在设计制作过程中的重要性，引导他们及时给予反馈和思考
第五单元：平台搭建（所属领域：建筑工程）	1. 导入课程：展示生活中各种平台	建筑工程	指导教师展示小视频，介绍生活中可以见到和使用的平台，例如，地铁、高铁站台、舞台、码头、游戏设施登录台等，解释本单元需要完成的工程项目
	2. 设计平台图纸并完成初步框架	数学、建筑工程	融入学生的数学能力，合理利用分配给各组的材料，进行计算和划分，设计功能性平台
	3. 制作平台	数学、建筑工程	小组成员按照自己的设计，进行制作、测试，并在指导教师的帮助下改进
	4. 制作完成及展示	数学、建筑工程	作为最后一节课，教师要创造一个最终成果展示和分析说明的机会。让各组之间互相观摩和交流、分享和学习，以便让学生更深刻地理解工程设计流程中的每个环节在设计制作过程中的重要性，引导他们及时给予反馈和思考

续表

单元名称	课程小节	涉及学科	内容简介
第六单元：滑梯运输器（所属领域：自然科学和建筑工程）	1. 导入课程：学习功能型装置的设计	自然科学、建筑工程	简述本单元的目标，即制作一个能够传送水和一个小玩具的滑梯运输器。学生在前几个单元已经建造过以水为媒的工程，并且掌握了工程造价、质量的知识。本单元让学生将前几单元所学会的技巧进行一个综合性的使用
	2. 设计图纸并完成初步的框架	自然科学、建筑工程	建造的要求为牢固、不漏水，并且有足够的空间运送玩具；在运送过程当中，玩具不能在中途滑落；根据小组分到的现有材料，按照工程设计图纸，完成工程的设计
	3. 制作滑梯运输器	自然科学、建筑工程	小组成员按照自己的设计，进行制作、测试，并在指导教师的帮助下改进
	4. 制作完成及展示	自然科学、建筑工程	作为最后一节课，教师要创造一个最终成果展示和分析说明的机会，让各组之间互相观摩和交流、分享和学习，以便让学生更深刻地理解工程设计流程中的每个环节在设计制作过程中的重要性，引导他们及时给予反馈和思考

附录 3："工程课——项目制学习"四年级课程框架

单元名称	课程小节	涉及学科	内容简介
第一单元：地震及抗震建筑（所属领域：自然科学和城市工程）	1. 导入课程：了解地震发生时的情形及危险	科学和城市工程	阅读和看视频导入：让学生读有关地震的篇章和（或）看 2010 年海地地震，学习地震的常识以及通过真实案例了解地震的危害性；让学生记录下本组对于地震测量的想法，为下一节课的学习任务做准备
	2. 搭建建筑物框架模拟	科学和城市工程	引导学生搭建各组的建筑物单元模块，告诉他们将这些单元模块按一定方式堆叠搭建起来，就可以模拟建筑物框架结构；让学生学会使用振动台
	3. 设计搭建抗震楼	科学和城市工程	指导学生继续小组合作，根据教师提供资料选择各组的抗震楼形式；同时也鼓励学生自创抗震楼形式。让学生设计搭建可以抵抗 7.0 级地震的抗震楼模型

续表

单元名称	课程小节	涉及学科	内容简介
第一单元：地震及抗震建筑（所属领域：自然科学和城市工程）	4. 改进抗震楼设计	科学和城市工程	引导学生更进一步了解工程师的工作，通过提问让学生参与建筑稳固性的设计，让学生更积极思考并改进抗震楼的设计方案
	5. 小组总结制作展示海报	科学和城市工程	小组成员分工合作，将完成工程设计步骤的顺序以及完成情况，所采用的材料和设计思路用海报的形式展示出来，并模拟演讲
	6. 抗震台展示	科学和城市工程	作为最后一节课，教师要创造一个最终成果展示和分析说明的机会；让各组之间互相观摩和交流、分享和学习，以便让学生更深刻地理解工程设计流程中的每个环节在设计制作过程中的重要性，引导他们及时给予反馈和思考
第二单元：到达河的另一边——桥梁设计（所属领域：城市工程）	1. 故事导入：赵州桥以及其他著名桥梁	科学	本节课授课教师将通过使用绘本故事，用英语向学生讲述故事。在故事讲述的前、中、后期适时提出一系列问题，以鼓励学生探究科技和反思故事中的科技内容，同时也强化了英语听、说、读、写能力
	2. 桥梁设计领域知识扩展	数学科学	教师讲述桥梁设计领域的相关知识点，给予演示，让学生模仿桥梁设计工程师的做法，探讨推力、拉力对桥梁结构的影响，讨论土木工程师为了维持桥梁的坚固和稳定性将如何应对推力和拉力。介绍三种基本桥梁类型
	3. 三种桥梁测试、数据收集和整理	数学、工程学	在教师的指导下，搭建三种不同类型的桥梁，进行承重测试、数据收集和整理
	4. 设计并制作桥梁	数学、工程学	小组合作，进行桥梁设计，按照设计方案制作，并完善和改进桥梁，教师进行协助和辅导
	5. 小组总结制作展示海报	科学、工程学	小组成员分工合作，将完成工程设计步骤的顺序以及完成情况，所采用的材料和设计思路用海报的形式展示出来，并模拟演讲
	6. 桥梁展示	科学、工程学	作为最后一节课，教师要创造一个最终成果展示和分析说明的机会；让各组之间互相观摩和交流、分享和学习，以便让学生更深刻地理解工程设计流程中的每个环节在设计制作过程中的重要性，引导他们及时给予反馈和思考

续表

单元名称	课程小节	涉及学科	内容简介
第三单元：神奇捕风机——风车设计（所属领域：自然科学和能源工程）	1. 导入课程：什么是风能	科技、工程学	通过视频介绍风能是什么？如何捕捉风能？风能能转换成何种能量等知识，尤其是风车和风力涡轮机是怎样利用风能完成发电和研磨谷物等工作的
	2. 谁是机械工程师	科学、工程学	引导学生以机械工程师的视角来分析开罐器、胶棒和自动铅笔等机械产品，引导学生在此基础上讨论每种机械产品的优缺点，动手制作风速仪
	3. 设计风车	科学、工程学	指导学生能很好地利用工程设计流程图的步骤去进行头脑风暴、计划、制作、实验检测并改进他们各自的风车叶片
	4. 风车制作	科学、工程学	在教师的协助和辅导下，学生运用学到的知识进行小组合作，设计出一个高效可提升重物的风车
	5. 小组总结并制作展示海报	科学、工程学	小组成员分工合作，将完成工程设计步骤的顺序以及完成情况，所采用的材料和设计思路用海报的形式展示出来，并模拟演讲
	6. 成果展示	科学、工程学	作为最后一节课，教师要创造一个最终成果展示和分析说明的机会，让各组之间互相观摩和交流、分享和学习，以便让学生更深刻地理解工程设计流程中的每个环节在设计制作过程中的重要性，引导他们及时给予反馈和思考
第四单元：无处不在的水——滤水器设计（所属领域：环境工程）	1. 导入课程：水污染的危害	环境学、工程学	看视频导入：向学生引入环境工程学概念、有关水污染的全球性问题以及水污染解决方案
	2. 研究过滤材料	材料、工程学	让学生通过实验检测纱网、咖啡过滤纸和沙砾不同过滤材料的过滤功效；让学生了解评估过滤材料功效的三个标准：去除污水中颗粒的程度、过滤后水的颜色、污水通过过滤材料时的流速，并进行统计比较
	3. 设计水过滤装置	材料、工程学	根据数据统计结果，利用小组材料，通过小组协作讨论，设计单层或多层水过滤装置
	4. 制作水过滤装置	材料、工程学	在教师的协助和辅导下，学生小组合作，按照设计完成水过滤装置的制作，并进行初步测试

续表

单元名称	课程小节	涉及学科	内容简介
第四单元：无处不在的水——滤水器设计（所属领域：环境工程）	5. 小组总结并制作展示海报	科学、工程学	小组成员分工合作，将完成工程设计步骤的顺序以及完成情况，所采用的材料和设计思路用海报的形式展示出来，并模拟演讲
	6. 成果展示	科学、工程学	作为最后一节课，教师要创造一个最终成果展示和分析说明的机会，让各组之间互相观摩和交流、分享和学习，以便让学生更深刻地理解工程设计流程中的每个环节在设计制作过程中的重要性，引导他们及时给予反馈和思考

附录4："工程课——项目制学习"五年级课程框架

单元名称	课程小节	涉及学科	内容简介
第一单元：冒险——设计潜水器（所属领域：浮力和海洋工程）	1. 导入课程：探索神秘的海底世界	浮力和海洋工程	阅读和看视频导入：让学生观看关于海洋和浮力的影片，了解相关背景知识，引入浮力和密度的概念，引导学生了解潜水器的功能，在探测海洋底部的情况下发挥的重大作用。如何使用潜水器？浮力对潜水器起到何种作用？为下一节课的学习任务做准备。小组讨论我国关于潜水领域的进展，以及国内外著名的潜水器发明家都有哪些？
	2. 进入海洋深处	浮力、工程学	教师提问：浅谈潜水器工程师的工作有哪些？潜水器有哪些功能？介绍探测杆技术、声呐技术。讨论探测杆技术和声呐探测到的海洋数据和信息，两者进行对比，并解释使用不同技术探索海底分别有哪些优势
	3. 下沉的感觉	浮力、工程、科学	首先提出一些假设，为什么有些瓶子会下沉，有些瓶子会浮起来。讨论分析同学们提出的假设。预测各种各样的材料在水中浸泡或漂浮的情况。实际测试，做一个控制变量实验，观察质量和体积的变化怎样影响一个物体在水中漂浮或下沉
	4. 设计潜水器	浮力、工程学	使用工程设计过程来设计潜水器。小组成员分工合作，使用同学们在第三节课收集到的数据，以及他们学习到的漂浮和下沉的知识、潜水器的知识等。想象、计划、创造、制作、测试和改进他们的潜水设计

续表

单元名称	课程小节	涉及学科	内容简介
第一单元：冒险——设计潜水器（所属领域：浮力和海洋工程）	5. 小组总结，制作展示海报	科学、工程、艺术	小组成员分工合作，将完成工程设计步骤的顺序以及完成情况，所采用的材料和设计思路用海报的形式展示出来，模拟演讲
	6. 潜水器展示	科学、工程学	作为最后一节课，教师要创造一个最终成果展示和分析说明的机会。让各组之间互相观摩和交流、分享和学习，以便让学生更深刻地理解工程设计流程中的每个环节在设计制作过程中的重要性，引导他们及时给予反馈和思考
第二单元：漫长的下降——设计降落伞(所属领域：航空航天科学)	1. 导入课程：降落伞的特殊使命	航空航天科学	阅读和看视频导入：让学生观看关于天文学和航空航天学的短片，了解相关背景知识。引入大气和阻力的概念，引导学生了解降落伞的特殊功能，在紧急情况下发挥的重大作用。如何使用降落伞？大气阻力对降落伞起到何种作用？为下一节课的学习任务做准备。小组讨论我国关于航空航天领域的进展，以及国内外著名的航天员都有哪些
	2. 像航空航天工程师一样思考	航空航天科学、工程学	教师提问：浅谈航天工程师的工作有哪些？太阳系有哪些行星？探讨太阳系中行星的总体特征对航天器设计的影响。画出和标注出一个探索太阳系内行星的航天器设计图，解释航天器的特征如何与航天器将要降落的目的地行星表面阻力相匹配
	3. 设计制作降落伞	数学、工程学	观察并分析一个模型，演示不同厚度的大气对落体的影响。测试三个在降落伞设计中使用的独立变量。在班内讨论测试结果，分析数据，并确定降落伞的何种性能能使降落伞下降得更慢。引导学生按照工程设计流程图去完成特定太阳系内某行星降落伞这一设计方案
	4. 改进降落伞设计	数学、工程学	学生按照设计方案制作，并完善和改进降落伞设计，教师进行协助和辅导
	5. 小组总结制作展示海报	科学、工程学	小组成员分工合作，将完成工程设计步骤的顺序以及完成情况，所采用的材料和设计思路用海报的形式展示出来，并模拟演讲

续表

单元名称	课程小节	涉及学科	内容简介
第二单元：漫长的下降——设计降落伞（所属领域：航空航天科学）	6. 降落伞展示	科学、工程学	作为最后一节课，教师要创造一个最终成果展示和分析说明的机会。让各组之间互相观摩和交流、分享和学习，以便让学生更深刻地理解工程设计流程中的每个环节在设计制作过程中的重要性，引导他们及时给予反馈和思考
第三单元：现在开始烹饪——设计太阳能烤箱（所属领域：能源和绿色工程）	1. 导入课程：什么是绿色能源	工程学	看视频导入：学生通过观看小视频，讨论什么是绿色能源？了解各种不同的能源的作用，讨论使用普通能源和清洁能源的不同效果，讨论能源工程师都做些什么？举例说明生活中的能源
	2. 美好的生活	科学、工程学	在教师的引导下，学生识别什么是太阳能；太阳能在生活中的应用；讨论科技发展怎样影响环境；讨论什么材料是导热体和绝热体；了解纸的生命周期，确定和讨论在生产和使用纸时所需要的资源和对环境的影响；收集和分析关于班级纸张的使用情况，集思广益怎样减少使用纸张对环境产生的影响
	3. 什么是热	化学、工程学	在教师的引导下，学生进行对照实验来确定不同的材料作为热绝缘材料的性能；探究怎样改变材料的配置能够改善材料的绝缘性能，分析不同的材料对环境的影响，按照工程设计步骤，讨论发现切实可行的太阳能烤箱
	4. 设计太阳能烤箱	科学、工程学	在教师的协助和辅导下，学生运用学到的知识进行小组合作，设计出一个安全、环保节能的太阳能烤箱
	5. 小组总结制作展示海报	科学、工程学	小组成员分工合作，将完成工程设计步骤的顺序以及完成情况，所采用的材料和设计思路用海报的形式展示出来，并模拟演讲
	6. 成果展示	科学、工程学	作为最后一节课，教师要创造一个最终成果展示和分析说明的机会。让各组之间互相观摩和交流、分享和学习，以便让学生更深刻地理解工程设计流程中的每个环节在设计制作过程中的重要性，引导他们及时给予反馈和思考

单元名称	课程小节	涉及学科	内容简介
第四单元：没有骨头——设计膝盖的支架（所属领域：人体和生物医学）	1. 导入课程：艾瑞克意外扭伤	生物学、工程学	看视频导入：学生通过观看小视频，介绍组成人类膝关节的几个部分，包括肌腱、韧带、肌肉和骨骼，讨论各部分不同的作用如何工作
	2. 步入生物医学工程	生物医学、工程学	在教师的引导下，扮演一个由运动鞋公司雇佣的生物工程师的角色，检查自己和同学的脚，看看脚的形状、大小和足背高度，使用他们的数据设计不同种类的鞋子
	3. 振作起来	生物学、工程学	在教师的引导下，观察膝盖的运动范围；比较一个受伤的膝盖模型和健康的膝盖有什么不同；确定所需的材料和它们的性质，设计膝关节；头脑风暴如何在膝盖支架设计中使用不同的材料
	4. 设计一个膝盖支架	生物学、工程学	在教师的协助和辅导下，学生小组合作，运用了解到的关于膝盖的知识来设计膝盖支架；在选择设计材料时，充分了解材料的特性；评估膝盖支架的性能和耐用性，并改进设计
	5. 小组总结制作展示海报	科学、工程学	小组成员分工合作，将完成工程设计步骤的顺序以及完成情况，所采用的材料和设计思路用海报的形式展示出来，并模拟演讲
	6. 成果展示	科学、工程学	作为最后一节课，教师要创造一个最终成果展示和分析说明的机会；让各组之间互相观摩和交流、分享和学习，以便让学生更深刻地理解工程设计流程中的每个环节在设计制作过程中的重要性，引导他们及时给予反馈和思考

附录 5："融创"校本活动课程实施方案

一、指导思想

认真贯彻十九大精神、全国教育大会精神、北京教育大会精神以及《基础教育课程改革纲要》的精神，确立现代教育观、课程观、质量观，优化学校课程结构，以"博雅教育"为核心的办学理念是我们进行课程建设的总的指导思想。在"课程生本化，滋育博雅人"课程理念的指导下，研究实施"融创"校本活动课程。

二、实施目标

基于总目标和博采雅慧板块的课程目标引领，研究制订"融创"校本活动课程的目标：实践创新，博采融合。实践创新指通过简朴化、生活化的动手实践，培养学生创新思维和创新能力。博采融合指加强学科间内在联系，拓展学科间交融互通，通过国内外教育理念与学习方式的比较，更新教师教育理念，优化我们的课堂结构，进一步培养学生知识的综合运用能力，提高分析问题、解决问题的能力。借此达成"培养身心健康，基础扎实，博学雅正，具有国际视野的小学生"的目标。

三、"融创"校本课程组织机构

1. 课程领导小组（负责课程的初步审议）

组长：王敏（校长）

副组长：马莉（书记兼副校长）、许健（教导处副主任）

组员：综合学科组长、校外机构课程中心主任、英语组长、数学组长

2. 课程开发研究小组（负责课程的具体开发）

组长：许健（教导处副主任）

副组长：综合学科组长

组员：科学、数学、英语、美术等学科相关教师；外教教师

3. 课程实施监察小组（负责课程实施的督察）

组长：王敏（校长）

副组长：赵海丽（教导处主任）

组员：班主任、各相关学科组长

四、课程内容

融创校本活动课程按照学段分成两类。

低年级段"实验课——玩出的科学家"。把二年级的科学和道德与法治以及语文、数学、美术的学科知识进行整合，以学生能够感知的、生动直观、有兴趣参与的重要内容为载体，从学生生活中常见事物或者日常科学现象入手，共设 20 个教学主题，每学期完成 10 个教学主题的学习，教学内容涉及人体、动物、植物、水、空气、声音、光、力与机械。

中高年级段"工程课——项目制学习"。将科技工程项目与基础科学进行有机融合，同时包含英语学习、社会探究和数学知识应用。"融创"校本活动课程教师团队根据课程总体目标及学生特点，并参考已经实施部分的课程的效果，研发完整的"工程课——项目制学习"。

五、具体措施

1. 根据学校实际，组织教师、学生座谈，聘请专家论证，最终确定融创

课程的开发方向、开设内容和开设时间。

2. 制订"融创"课程的实施计划表。

3. 加强"融创"校本课程研修。每月初一次课程内容分析，每月末一次集体教研，总结不足，提出修改意见。

4. 加强教师培训，每年一次赴境外培训，每学期两次全校教研培训(聘请外教培训)。

5. 建立奖励机制，研究成果按不同级别给予一定奖励。

6. 在开展课程研究的过程中，请有关专家和上级领导及时指导、帮助，使课程研究获得成功。

六、课程评价

(一)对课程的评价

每学期结束时，学校要召开任课教师会议，听取任课教师对课程建设的意见，聘请区域课程中心人员进行评估，及时修正不足，完善方案。同时，要对实施的年级进行问卷调查或召开座谈会，关注学生喜好的程度，听取学生、家长、社会人士的建议和意见。

(二)对学生的评价

在该课程中，对学生的评价主要是过程性评价。一是建立成长档案袋，让学生自己收集学习过程中反映自己成长的资料，如学习时收集到的故事、照片、海报，写的日记、调查报告，家长、教师、社会人士的评价等。二是教师根据教学内容设计相应的评价表，随时进行评价。最后在一学期结束时，进行终结性评价，评价的形式根据教学内容的不同，体现多样性。比如作品展、学习过程介绍、感受、变化，等等。

(三)对教师的评价

一是教师自我反思性评价：每一个主题内容的教学完成后，教师认真进行反思总结。

二是教学督察评价：学校重点检查备课、教师收集的资料及课堂教学。

北京城乡接合部地区家校共育有效途径的研究[①]

回龙观第二小学　郑金霞

小学生的健康成长需要家校双方合力打造良好的育人环境，施以共同的影响。本研究结合北京城乡接合部地区的特点和本校发展的实际需要，探索出家校共育的三条途径：首先要形成家校间共同育人价值取向以及提升育人能力；其次是优化家校间原有沟通方式，增进家校间的相互了解，增强信任；最后要搭建家校合作平台，让家长走进学校，促进家校深度互动，形成教育合力，从而发挥出家校教育的最大优势。

一、课题研究基本情况

(一)研究背景

1. 社会教育的现状

随着基础教育改革的不断深入，学校教育的开放程度也在不断加大，教育的各种矛盾也越来越多，孩子的教育仅靠学校单方面的教育是很难完成任务的。因此，在教育过程中，学校应加强与家长的沟通合作，以人为本，使每个学生都得到全面、健康、和谐的发展。家校合作正是为了更好地发挥学校和家庭的优势，用家庭教育的优势来弥补学校教育的不足，用学校教育来指导家庭教育，使家庭教育对

---

① 指导教师：北京教育学院迟希新教授；北京小学李明新校长。

学校教育形成强大的支持。最终使双方优势互补，为孩子健康成长营造一个良好的教育合力。

著名教育家苏霍姆林斯基说："儿童只有在这样的条件下才能实现和谐的、全面的发展，就是两个'教育者'——学校和家庭，不仅要一致地行动，要向儿童提出同样的要求，而且要志同道合，抱着一致的信念，始终从同样的原则出发，无论在教育的目的、过程还是手段上，都不能发生分歧。"由此可见，家庭和学校是青少年儿童成长的两个最重要的场所，两者对青少年儿童的成长影响最大，也最为直接。

联合国教科文组织、国际教育发展委员会编著的《学会生存——教育世界的今天和明天》一书指出："明天的教育要试图使家长能够直接参与学校结构，共同制订教育计划，并共同实施。"

2004 年，中共中央、国务院发布的《关于进一步加强和改进未成年人的思想道德建设的若干意见》明确指出："家庭教育在未成年人思想道德建设中具有特殊重要的作用，要把家庭教育、社会教育和学校教育紧密结合起来。"《教育部关于印发〈中小学德育工作指南〉的通知》提出：要坚持协同配合，发挥学校的主导作用，引导家庭、社会增强育人责任意识，提高对学生道德发展、成长成人的重视程度和参与度，形成学校、家庭、社会协调一致的育人合力。

《北京市中小学养成教育三年行动计划》中指出：坚持协同育人。发挥学校的主体作用、家庭基础作用、社会支持作用，形成学校、家庭、社会育人合力，加强家庭教育指导，帮助家长树立正确的教育理念、掌握科学的教育方法。

由此可见，家校共育已经成为当今世界教育改革中不容忽视的课题，欧美发达国家为确保教育质量的提高，一直在努力争取影响学生成长中的关键力量——家长的支持。我国也已经把学校、家庭、社会合作的必要性高度重视起来，一些文件、政策相继出台，学校在这方面也做了很多的尝试，希望通过家校合作，促进学生的健康成长，同时提升家长、教师的育人水平，促进学校的可持续发展。

2. 学校教育的现状

（1）地域特点

回龙观第二小学地处回龙观，是昌平区的一所普通小学，位于昌平区最南端，紧邻海淀区，南距德胜门约 16 千米，北距昌平城区约 18 千米，属于城乡接合部地区。镇域面积 30.6 平方千米，全镇社会总人口 43.9 万人，常住总人口 41 万人，常住外来人口 21.7 万人，本地户籍人口 7.5 万人，农业户籍人口为 3992 人。本地区包含各种阶层的居民——高端引进人才、普通工薪阶层和低端产业从业人口，还有因为疏解城市功能，由西城区搬迁过来的居民等，人员的构成比较复杂。

（2）周边学校的情况

回龙观地区现有 8 所小学，有最早成立的回龙观中心小学，有 2000 年初成立的昌平实验小学和昌平第二实验小学，还有后来引进的首都师范大学附属育新学校等，在当地都有一定的影响力。回龙观第二小学于 2009 年建校，属于镇管、非区直属，在当时的百姓心目中无形就低了一个层次。可当地绝大多数家长对教育的需求都比较高，这么一所学校如何生存，如何起步、腾飞，是摆在学校管理者面前的一道难题。

（3）本校家长的情况

本校学生家长有高学历的引进人才，属于高精尖工作者；有普通工薪阶层，也有学历不高的低端产业从业者。他们对教育的认识、对学校工作的理解存在差异，对孩子学习的重视程度不同，再加上新媒体时代带给家长的负面影响，也对学校教育产生了一定的压力。如何让家长与学校同心、同力、同行，支持、理解学校教育，最终形成教育的合力，是我们一直在思考的问题。

（4）研究起始情况

学校已成立 8 年，在学校干部教师不懈的努力下，学校发生了可喜的变化，教育教学等工作取得了突出的成绩，学校声誉逐年提高，终于能和周边其他学校一起前行。为了促进学校更好发展，办让人民满意的教育，这几年，学校除了重视教育教学质量的提升外，也非常重视家校共育的问题。但是由于学校年轻老师居多，平均年龄只有 30.5 岁。如何让这些年轻、有激情、爱学习、工作积极性高，但是经验不足的年轻教师们的教育教学工作得到家长的认可、支持、配合，充分发挥学校的"指挥作用"；有效引导家庭、社会按照学校的教育意图和计划，完成各自无可取代的特殊教育任务；让家校教育不脱节，为学生创设校内外和谐健康成长的良好环境，推进本地区的教育发展等都是我们一直在思考、研究的问题。

通过对本校及所处地域情况的分析，发现由于学校地处回龙观，属于城乡接合部，紧邻经济和教育都比较发达的海淀区，所以家长总会用海淀区的教育做比较，反映出家长对该地区学校缺少信任感。再有本地区人员构成复杂，对"好教育"的理解也存在着差异，也就是教育观念、价值观不一致。造成这种状况的原因之一就是学校与家长的沟通不足，需要加强其联系。家长多是通过成绩单、家长会等方式了解学生的在校情况。如今的家长对孩子的关注超乎以往，可信息的来源有限，不一定准确，导致其缺少安全感，家长与学校的心理距离使得他们习惯于以督察者的身份挑毛病。

儿童在校是学生，在家庭中是宝贝孩子。其言行举止是家校共同作用、社会环境影响的共同结果。为此，我们不推诿，主动提出家校加强沟通，实现携手共育，对儿童施加积极影响。正如习近平总书记所说："家庭是社会的基本细胞，是人生的第一所学校。"家庭教育是基础教育，更是终身教育，对孩子的影响是最大的，是一生的。因此在教育过程中，也希望通过家校共育助力学校的发展。通过以本校家校共育的研究，以期探索出具有相同性质的家校共育的有效途径。

(二)研究综述

1. 国外研究现状

(1)家庭与学校关系的研究

英国学者卡罗尔·文森特(Carol Vincent)在其《家长和老师：权力和参与》(*Parents and Teacher*)中认为：家长与公立学校的关系可以看作公民与社会福利机构的关系，即家长对孩子学校教育的介入是他们应当具备的权利。[①]巴西学者迪·卡维尔豪(Maria Eulina de Carvalho)则在《重新思考家校关系：对父母参与学校教育的批判》(*Rethinking family—School relations*)中指出："家校合作的核心，是把学校看作一个能够包容多元文化的重要场所，因此学校需要向家庭学习，更要参与到社区活动中去。[②]"爱泼斯坦在总结了先前研究的基础上指出，在孩子接受教育的过程中，家庭和学校的关系是不断变化的，两者关系可以归结为三种类型：相互独立的责任、共同分担的责任、相继的责任。她还指出两者关系也是一种有部分责任相互重叠的关系。

(2)家校共育类型的研究

美国学者兰根·布伦纳和索恩·伯格把家长在家校关系中的地位分为：家长作为支持者和学习者、家长作为学校活动的参与者、家长作为学校教育的参与者三类。英国北爱尔兰大学教授摩根按照家长参与学校活动层级的高低分为：低层次的参与、正式组织的参与、高层次的参与三类。低层次的参

---

① Vincent C. *Parents and Teachers*：*Power and Participati*，Roudledg，2013.

② De Carvalho M. E. *Rethinking Family—School Relations*：*A Critique of Parental Involvement in Schooling*，Routledge，2000.

与：访问学校、参加家长会、参加学校开放日等活动；正式组织的参与：家长咨询委员会等；高层次的参与：经常性的家访、家长参与课堂教学和课外活动等。

2. 国内研究现状

(1)对家校共育模式的研究

季诚钧在《现代家校结合模式探讨》(1997)中提出："以家长学校为主体，以家长委员会为主线，辅之以家访、家长会、教育会诊、家庭教育档案等形式的系统的、整体的、联系的家校合作模式的建立将势在必行"。马忠虎在其《基础教育新概念——家校合作》(1999)一书中，将家校合作的模式分为"以校为本"和"以家为本"两种模式。

(2)对家校共育中存在的问题的研究

马忠虎在《对家校合作中的几个问题的认识》(1999)中指出：家校合作中存在着"随意性强""计划性差""单向灌输多、双向交流少""阶段性强、连续性差"等层面的问题。华东师范大学张瑜的硕士论文《我国基础教育阶段家校合作的问题及对策研究》(2008)通过对大规模调查问卷的统计，总结出家校合作的主要问题在于缺乏正确的家校合作观、系统的实践模式和明确的角色定位。刘小洪则在《家校共育的现状及提升路径》(2017)中，明确指出目前家校合作中的问题：认同度高，行动的落实却良莠不齐；形式多样，作用的发挥却参差不齐。

(3)对家校共育的地区性研究

刘启蒙在其文章《城镇中小学生家校共育问题及其对策》(2014)中阐释了城镇中小学家校共育的问题及解决的途径。城镇中小学生家校共育现状主要是不重视且有对立；原因主要在于家庭教育方式和育人理念以及教师的学生观和家校沟通渠道等方面；途径有开办家长学校、提升教师素质等。李治刚在《"互联网＋"时代，城郊小学生家校共育实践研究》(2016)中，从转变观念，撬动家校共育拓展路径、开辟家校共育新渠道、良性互动，见证家校共育成果三个层面，阐释了城郊小学如何在"互联网＋"时代开展家校合作。

(4)对家校共育的中外比较研究

王艳玲在《英国家校合作的新形式——家长担任"教学助手"现象述评》(2004)一文中分析了英国家长担任教学助手现象的背景，并以赫里福郡为例介绍了这一家校合作形式的具体措施和进展；北京师范大学贾莉莉在硕士论文《美国家长参与学校教育研究》(2005)中，对美国家长参与学校教育制度的历史变迁、具体实践、发展动向等方面进行了系统的分析和处理；史景轩在《日本 PTA 研究》中，介绍了日本 PTA（家长、教师和社会热心人士组成的团体）发展历程和在学校、家庭及社会关系上的理论与实践，进而揭示了 PTA 在教育改革和教育实践中的重要作用。华东师范大学徐玉珍在《中美中小学家校合作比较研究》（2006）中，指出了中美两国家校合作的差异，并提出了一些有效建议。

综上所述，可以看到：尽管国内外教育者在家校共育方面做了很多研究，比如家校关系、各参与者的角色定位、家校合作活动分类、存在的问题及其影响因素，等等，但以某一区域为例，如以城乡接合部地区为研究对象的研究还比较少。从前人的研究中可以看到，家校共育的理论研究有很多，但是落实到具体的实践中有哪些有效的途径还很少。为此，本课题拟定从这一角度出发，以期在家校共育视域下，探讨北京城乡接合部地区家校共育有效开展的途径。比如：从学校角度来说，正确认识、尊重家庭教育力量，主动采取一些举措，建立家校研修学院等，促进共同育人价值取向的形成，促进双方育人能力的提升。其次加强沟通与加大开放的力度，适时家访、改革"两会"（家长会、家委会），让家长走进学校，了解学校的理念、做法，观察孩子在学校的生活学习状态，让家长安心、放心，从而增进家校之间的理解与信任。再有就是争取家长各种优质教育资源的支持，参与学校的管理、活动的策划指导等，形成家校间的深度互动，形成教育的合力，从而发挥出家校的最大优势，促进学生的健康成长和学校的快速发展。

（三）核心概念界定

"共育"就是共同培育，具有合作的属性，指的是双方有一致的教育观念和教育方法，也就是有着共同的教育价值观，从而共同实施教育。"家校共育"是指在教育学生的过程中，家庭和学校以及社会一道形成的教育合力。学校主动争取并指导家庭的支持和配合，家庭积极参与学校的管理和教育，目标一致，优势互补，为学生的健康成长营造良好的环境。

学校是有组织的群体，家长是因其家庭成员在校学习而产生家校关系的散点式的群体。这两个群体之间要合作实现共育儿童的任务，是需要具备一定条件的：一是要有共同的目标，且合作者对为什么要达到和怎么样达到共同的目标有共同的看法。家校共育意味着家校建立平等的互相尊重的合作伙伴关系，统一的认识和规范、密切配合、步调一致，共同促进学生的发展。二是合作双方要具备与合作项目有关的知识与技能。三是彼此信任，行动上相互配合，即相互帮助、相互鼓励与支持。创设共育的条件，关键在于理解和沟通。

途径，在现代汉语词典中是指方法、路径，指从某点出发到达目的地所经历的路径。有效途径，是指操作性强，使一件事物与另一件事物确切发生联系的方法、路子。本研究的有效途径指的是家庭和学校之间共同育人的路径是便捷的、有成效的，双方之间如建起了一座高速通路，产生了 $1+1>2$ 的效果。

(四)研究目标与研究意义

1. 研究目标

(1)探索出北京城乡接合部地区开展家校共育的有效途径。

(2)提升教师和家长的育人本领，创造家校合作的条件，形成教育合力，实现家校共同培育。

2. 研究意义

(1)理论意义

近年来我国教育界对家庭与学校在儿童教育方面的合作问题已形成一定共识，有了相应的研究，但还不是很全面，丰富目前家校研究的领域和内容，特别是城乡接合部这个地域的家校共育的研究，更有其特殊的意义。

(2)实践意义

本研究努力为处于城乡接合部地区的学校如何做好家校共育献计献策，为教师提供经验帮助。通过总结梳理北京城乡接合部地区家校共育的有效途径，完善现有的家校合作方面的研究，努力做到具有一定的经验推广性。

(五)研究内容与研究方法

1. 主要研究内容

(1)回龙观第二小学家校共育发展现状的调查

(2)探索城乡接合部地区小学家校共育的有效途径

城乡接合部地区小学如何实施家校共育，是我们需要探索的重点以及研究的难点。我们从以下几方面开展研究。

①关于家校间共同育人价值取向的形成以及育人能力提升的研究。

②关于优化原有的沟通方式，增进家校之间的理解与信任的研究。

③关于搭建家校合作平台，促进家校深度互动、形成教育合力的研究。

2. 主要研究方法

(1)行动研究法

本课题采用教育技术专家指导，在校老师进行实践研究，通过实践、指导、交流、反馈等方式，探索出家校共育的有效途径。

（2）文献研究法

在本课题的研究中，以多样的文献资料为参考，大量阅读、研究与课题有关的文献。

（3）调查研究法

本课题通过对家长、教师的问卷调查、访谈，为研究提供了一定的依据。

二、研究成果

（一）调查结果

本课题以回龙观第二小学为例，通过家长问卷调查和与访谈教师等方式，了解小学家校共育的现状。通过汇总问卷调查，发现93%以上的家长知道家校共育，97%以上的家长认识到家校共育的重要性，96%的家长认为学校、班级组织的家校合作活动对自己对学生有帮助，86.3%的家长认为家校之间要想更好地合作，双方愿意沟通且经常联系很重要，80.3%的家长认为家校相互协助很重要，85%的家长主动或是听从安排参加过学校的活动。家长们还给出了自己心目中家校共育的一些方式。

通过与教师访谈，发现语文老师（班主任）、数学老师、英语老师、体育老师与家长互动得比较多，其他学科教师则与家长沟通交流得相对少些。

通过日常观察、访谈以及问卷调查，发现存在以下几个问题。

一是与学校教育的指导思想存在差异。有的家长受传统教育思想的影响；有的家长一方面只关注学生的学业成绩，另一方面却错误地认为教育孩子是教师的事，将自己置之度外，没有过多关注家校合作。

二是教师和家长之间缺少有效的沟通方式，容易因为沟通方式不恰当，产生不必要的矛盾；教师也常有"孤军奋战"的感觉。

三是部分家长的教育能力、教育方式存在问题。一些年轻教师指导家长育人的能力也存在不足。

四是家校之间有合作，学校或是在一些班级开展了一些活动，但还停留在浅层次的参与上，实效性低。

（二）探索城乡接合部地区小学家校共育的有效途径

1. 家校间共同育人价值取向的形成以及育人能力提升的途径

（1）建立学校"班主任工作室"并发挥其引领辐射作用，促进班主任、学科教师的育人能力和家校沟通能力的提升。

俗话说，"打铁还需自身硬"。为了更好地做好家校工作，就必须要提高老师的业务能力，更要提升其家校工作的水平，特别是和家长、学生打交道最多的班主任的工作水平。为此，学校成立了"阳光心语班主任工作室"，由学校的首席班主任担任室长工作，带领业务能力强、学习意识强、渴望成长的年轻教师们开展研究工作。工作室与学校的班主任教研日有机结合，工作室的引领作用得到了充分发挥。

一是常规活动重实效。工作室两周一次活动，每次活动设一个主持人，主持人围绕本学期研讨的重点，组织开展相关研究活动。活动先是主持人跟大家分享《班主任》杂志里的文章，谈分享的原因，以及文章中提及的一些方法和理念，在班级里进行了怎样的尝试，产生了怎样的效果，或者有什么样的不足，等等。随后，两位老师围绕本学期的研究重点，进行班级管理亮点或小智慧大道理的分享。最后，从工作室成员收集起来的案例"我该怎么办"中，选取共性的案例，进行案例分析，尝试着用集体的智慧解决在班级管理中遇到的问题。采取"问题解决模式"开展探究工作，找出问题，分析归类，研究对策，提供参考，借鉴提高。每学期初，工作室主持人会组织班主任开展调查研究，收集问题，并进行梳理和实践探究。通过从老师们手中收集上来的问题，以及在平时管理中出现的问题，探索如何与家长沟通，是现阶段我校老师的重点难点问题。工作室成员在德育处以及室长的带领下，通过强化学习家校共育理论知识，分析家校沟通案例，讲述我与家长的故事、班级管理，以及家校协同育人妙招分享、家庭教育主题活动设计、家校共育你问我答等方法和形式，占领家校共育制高点。

二是"走出去，引进来"，开阔视野促提升。组织教师赴西安、嘉兴参加新时代中小学班主任专业素养和能力提升研讨会。参加北京教科院组织的关于幸福教育的系列培训；参加北京市优秀班主任工作室每月两次的活动；参加区内工作室活动以及各校间的交流；邀请北京市昌平区教师进修学校的周学荣老师、北京市德育教研中心的秦庭国博士、《班主任》杂志社的曲怀志老师、北京教育学院的张红老师等给教师做讲座和培训；还组织工作室的核心成员参加了由《基础教育参考》编辑部组织的"家校协同研究首届理事会暨改善学生学业状况研讨会"的学习活动。理论引导加实践运用，促进了老师们育人水平的提升，为做好家校工作打下了坚实的基础。

三是组织有针对性的主题研讨、分享。开学初，针对新接班班主任比较多的情况，进行了"新学期，我们这样初见"的分享交流。学期中开展了"紧抓犯错契机，锻炼解决问题能力"的案例分享和班级管理经验交流活动。学期末开展"妙招分享"活动。除了主题研讨之外，最常用的就是线上线下的及时分享。为此，学校给老师们搭建了交流锻炼平台——"教育智慧大家谈"，让老师们把学到的知识、研究的成果，在全体教师会的阳光教师讲坛时间，跟全体教师进行交流，使老师们在相互学习中提升家校沟通及家校共育等能力。

工作室成绩：工作室成员研究的班级管理成果《以小学生综合素质评价手册为载体，全面提升学生综合素养》在北京市优秀班主任研讨活动中做交流，获好评，入选国家教育行政学院远程培训中心、全国教育干部管理学院课程资源库，用于全国教师网络培训学习。工作室的研究成果"雪泥鸿爪"已经整理完毕。工作室成员赵慧超老师荣获2018年第三届北京市中小学班主任基本功大赛一等奖，姚冬老师荣获北京市学生"最喜爱的班主任"称号，还有多名老师获区级奖项。"阳光心语班主任工作室"不仅在校内产生了辐射作用，更是走向了全区以及北京市，工作室室长和老师多次到兄弟学校交流工作、参加市内的活动交流等。2019年，赵慧超老师还应邀参加了全国优秀班主任讲坛的活动。

在学校班主任工作室的带动下，首席学科教师工作室也陆续成立（见表1）。

表 1　教师工作室概况

室长	工作室	级别
颜志耘	阳光心语班主任工作室	区级
王　励	阳光新蕾教科研工作室	校级
王会红	阳光苗圃融合教育工作室	校级
李春红	阳光阅读悦成长工作室	校级
曹茜梦	阳光 e 课堂 pad 教学工作室	校级

学校的老师在学科教学中也是喜获丰收，市区级奖项的获得让老师们更自信、更努力，更是赢得了家长的认可，为家校共育工作打下了坚实的基础。

（2）成立家长研修学院，提升家长的育人理念，指导育人行为，形成家校间共同的育人价值取向。

在人的一生中，不论是出生前（胎儿阶段），还是出生后（婴幼儿时期、学生阶段到长大成人），都要接受来自家庭成员、成长环境等潜移默化的熏陶和影响，在这一过程中获取知识、形成情感、养成习惯，可见家庭教育的重要性。教育家蔡元培先生说："家庭者，人生最初之学校也。"清晰认识家庭教育的重要作用，对于我们每个人、每个家庭乃至整个社会都有着十分重要的意义。但是，家庭教育课程的缺失却是我们面临的一个现实问题，有的专家、代表曾呼吁：在大学里增设这门课程，或是由中小学校开设家长学校补上这一课。习总书记也曾多次强调家庭教育的重要性。教育的最大特点是不能等待，所以我们学校在多次研讨的基础上，由德育处牵头成立了"家长研修学院"，目的是通过我们的努力，为家长补上这一课，共同托起明天的太阳。

2018年9月，学校通过调查、访谈，了解家长的需求、家长现有的育子专业知识和实践案例等，策划成立研修学院，设置合理的课程体系，聘请指导专家。由德育主管、年级主任和家委会会长组成了管理委员会。

经过一个多月的准备，在10月17日周三晚上6：30—8：00，开始了第一次的家长研修课程"自理能力与学习的关系"，自此，周三晚上就成了家长提升育子能力、学习专业知识的小课堂，家长们亲切地称为"家长夜校"。先后开展了"父母教养方式与儿童成长""学生学习素养的培养""认识青春期，和孩子一起成长""换个角度看学习"等培训。聘请了首都师范大学的张玫玫教授，北京体育大学的张凯教授，家校协同项目组的袁庆祝教授，中国关心下一代工作委员会的王宝珍老师，还有家长们。从理论到实践，给家长提供了专业的育子知识，家长们反响很好，每次活动几乎都是全员参与，并在结束后写下自己的收获和宝贵的建议。

比如，三年级家长教师研修系列课程，围绕着主题"学生学习素养"，也是家长们最关心、最希望学习的内容。从"孩子的作业，您了解多少？""换个角度看学习""学习素养的分析与构建""不忘初心，陪孩子共同成长"这四个方面来展开讲解，结合当下三年级学生的实际情况，袁庆祝教授从根源上分析学生学习上的一些困难，并带着家长展望几年后，孩子会变成什么状态。如果家长们换个角度看学习，从三年级开始慢慢培养孩子良好的学习习惯，使孩子对学习产生浓厚的兴趣，有自觉性，如此良性循环，孩子会变得越来越优秀。从具有价值的数据上分析得出：小学生学习素养的培养至关重要。润物细无声，培养学生的学习素养离不开家长的陪伴、关爱与教育。家长不断学习，才能真正懂孩子；做好自己，就是对孩子最好的教育；家校协同，才能事半功倍；不忘初心，方得始终。其中，三年级（4）班某生家长在收获单上是这样写的，"此次针对三年级的家长教师研修学院的课程，让处在中年级阶段焦虑的我真的平和下来了。孩子在升入三年级后，面对学业难度和压力的增大，我们家长和孩子之间进入了特别紧张和不安的家庭氛围中，这样的状态一直让我觉得应该马上调整。正巧，学校邀请专家为我们答疑解惑，让我们科学地客观地认识到作为家长存在的问题，应该用开阔的视野看待成长中的孩子，着重培养孩子的学习素养，和孩子搭建良好的亲子关系，引导孩子提高自身与老师、同学以及校园环境的适应能力。此次讲座还特别强调阅读对孩子的深远影响。此次专家的课程让人意犹未尽，由于时间关系，让我们这些家长们大呼不过瘾。关于孩子学习素养方面的培养和养成，良好学习习惯养成的方法等问题，都是我们这些家长迫切想知道的。强烈请求学校可以继续开展这样的课程，让我们有足够的知识储备，带着孩子们天天向上。再次感谢学校老师的辛苦付出，为家长们争取到这样好的学习机会。"由此看来，家长研修学院真的让家长们收获很多，一定程度上解决了家长们在教育的过程中存在的困惑和不解。

为了便于家长们能系统地学习家庭教育相关知识，在德育处的引领下，我们组织学校一线班主任研发了《回龙观第二小学家长读本》等校本教材，作为家长学校的固定教材，便于家长较为系统地学习家庭教育相关知识。家长学校的研修课程，切实提高了学生家长的家教水平，促使家庭教育更好地成为学校教育和社会教育的基础和纽带，促进孩子的健康成长和全面发展。

2. 家校间原有沟通方式的优化以及进一步促进相互了解的途径

(1)改进家长会的召开方式，增进每一位家长对学校工作的全方位了解，为家校共育夯实基础

家长会每学期都要开，而以往的家长会一般是"三多三少"：老师告状的多、提要求的多、讲学习成绩的多；老师表扬的少、家校信息传递的少、家长讲的少。

家长会如何才能开出质量、开出水平呢？为了利用好家长会这一平台，让家长更好、更快地了解学校教育，认可学校教育，与老师达成教育上的共识，课题组成员进行了深入的思考、大胆的改革。

首先改变单一说教，变成互动、共同参与的家长会。有五种方式：一是"亲情式"的家长会，体现的是真诚，可以采用谈心谈话的方式；二是"颁奖式"的家长会，体现的是自豪，老师为表现优秀的学生颁奖、学生为辛勤培育他们的父母颁奖；三是"主题式"的家长会，体现的是轻松，大家围绕主题谈，讲经验方法、育人故事等；四是"网络型"的家长会，体现的是自由，可以通过QQ群、微信群等进行，不受时空的限制；五是"展示型"的家长会，体现的是分享，学生展示、家长展示都可以。

在实践的过程中，我深深感受到，开家长会，不仅要让家长们真正地了解学校，更要支持和认可学校。首先是精心准备，要知道家长想了解什么，感兴趣的是什么，也就是会前要了解家长的需求，有利于班主任在召开家长会时做到胸中有数，避免班主任因家长提出的尖锐问题答复不上而尴尬，还能提升家长会的效果。

①"亲情式"家长会

五年级把家长会开成相亲相爱的谈心会，家长欢坐在一起，毫无拘束地畅谈自己对孩子教育的认识和理解，这样就能卸掉家长的疏离感、焦虑不安，甚至敌对情绪，营造温馨和谐的谈心氛围，使家长们敞开心扉，畅所欲言，获得充分的被尊重感。有的根据班级情况，在形式和布置上也进行改革和创新，召开"圆桌会议"式家长会，采用这种方式，进一步拉近教师与家长之间的关系。现在许多家长素质较高，他们有自己的教育方法和教育理念，通过"圆桌会议"，教师与家长的观点产生碰撞，不断更新彼此的教育理念，真正做到畅所欲言，探讨彼此对孩子教育问题的困惑或心得。班主任付老师为了在家校合作之间营造一种轻松、自由、亲切的氛围，使家长们能在一个轻松愉悦的环境中说出自己的育人困惑，分享育人经验，探讨育人的有效方法，在黑板上写上了一个大大的"家"字，还在桌上摆放了瓜子、橘子和茶水等，并在教室里放了背景音乐，缓解了家长的局促感和紧张情绪。大家围坐在一起，像亲人一样，一起探讨教育孩子的妙招。

②"颁奖式"家长会

学期末，王老师的班级召开了隆重的"颁奖式"家长会。第一环节学科老师们为各方面表现优秀的学生发奖，同时也提出了新的希望。第二环节，每一位学生都要为自己的家长颁奖(奖项内容由学生自己设定、奖状由学生自己设计，颁奖这一环节是学生和老师瞒着家长准备的)，当家长们接过孩子送上的勇敢奖、勤劳奖、最美妈妈奖、最帅爸爸奖时，激动得眼泪花直转。当孩子念完颁奖词时，有的家长已是热泪盈眶。最后一个环节是让家长在孩子的本上写下希望，让学生知道父母对他们的期许。这样的家长会增强了亲子间的良好关系。

③"主题式"家长会

刚接班的姚老师以"理解与支持"为主题，让孩子们在黑板上精心写出明亮、醒目的主题，并配上了精美的插图。为了让家长们了解自己的教学及班级管理教育理念，快速得到家长们的理解与支持，姚老师让家长以小组合作方式就座，最后让家长们以小组合作模式把对学校、对班级、对老师的肯定、希望与疑问经商讨后写到了纸条上。再有学困生的家长总认为自己的孩子都是缺点，要试图让他们找出孩子的优点，从而树立教育孩子的信心。要让家长们明白，要坚信任何孩子都是有优点的，主要是探讨接下来该怎么做让他们更优秀。班主任赵老师在家长中间做了有关家长会的调查问卷，她了解到许多家长在家庭教育方面有不少困惑。于是，利用家长会这个契机，赵老师下载了育儿专家"知心姐姐"卢勤的家庭教育视频在家长会上让家长观看，因为正是自己困惑的问题，所以家长们听得专注，并且受益匪浅。

④"网络型"家长会

这种类型的家长会也是目前老师和家长常常采用的一种方式，便捷灵活。

其次改变的是家长会召开的时间，各年级根据需要进行，每学期可安排1—2次；家长会规模也由各个班级自己定。家长会方式和形式的改变，增进了每一位家长对学校工作的了解，而且方便家长更全面地了解孩子在校的情况，为家校共育夯实了基础。

⑤"展示型"家长会

六年级让家长会成为展现班级成果的最佳舞台，让家长在家长会上观看孩子的表现，自己去发现问题。例如六年级（4）班，班级黑板报由孩子布置，家长会由孩子参与主持。孩子们介绍自己的班级、介绍班级文化的形成以及发生的小故事。家长会上还安排了孩子们的演讲，班级吟诵社团的《中国少年说》诗歌朗诵和学生读自己创编的小诗，班级话剧社团的学生还表演了他们自己改编的、有着育人哲理的话剧《墨子怒耕柱子》等。这些精彩表演都深深地吸引着家长，家长们非常惊喜，因为他们看到了自己的孩子在舞台上落落大方的表现。活动的结尾还有家长育人小妙招经验交流展示，也有学科老师有话要说等环节。内容充实，实效性强，很受师生的欢迎。

（2）改进家委会参与方式，引导家长参与学校管理，让家校之间互动与合作更有效

《国家中长期教育改革和发展规划纲要（2010—2020年）》提出，建立中小学家长委员会，引导社区和有关专业人士参与学校管理和监督。为加强家庭教育指导，发挥家长作用，促进家校合作，学校已经将家长委员会纳入学校日常管理体系，制定家长委员会章程，不仅成立了学校层面的家委会，每一个年级、班级也组建了年级家委会和班级家委会。

现在学校的每一个年级、班级，每一位老师都非常重视家委会的建设，

在家委会的组建上、活动的开展上、班级的管理上都在认真思考：如何借力、使力，共同做好携手育人的工作。比如，三年级成立了家长特色小组，分别是：科学实验小组、阅读小组、学习小组、话剧小组、影评小组、劳技小组和健体小组。这些特色小组的组长由不同的家长担任，同学们根据兴趣报名加入，大约一个月举办一次活动，各小组组长编辑每次小组学习内容，学期末还要挑选出优秀小组进行汇报。

家委会成员享有参与学校管理的权利，比如对学校工作计划和重要决策，特别是事关学生和家长切身利益的事项提出意见和建议，对学校教育教学和管理工作予以支持，积极配合。对学校开展的教育教学工作进行监督，帮助学校改进工作。还可以参与教育工作，发挥家长的专业优势，为学校教育教学活动提供支持；发挥家长的资源优势，为学生开展校外活动提供教育资源和志愿服务；发挥家长自我教育的优势，交流宣传正确的教育理念和科学的教育方法。家委会成员还起到沟通学校与家庭的作用，向家长通报学校近期的重要工作和准备采取的重要举措，听取并转达家长对学校工作的意见和建议等，也就是在学校和家长之间架起了一座桥梁，促进学校和家庭的相互了解与理解。

（3）真诚家访让学校和家庭之间增进了解和信任，达成教育共识，形成教育合力

学校教育需要社会的配合，更需要家长的信任和支持。家访则是沟通学校和家庭联系的一种行之有效的方法。勤于家访、善于家访有助于加强教师和家长的联系，密切师生关系。

家访不是走形式，应是工作的内在需求。所以，学校对家访也进行了改革，让家访回归"家"的温馨。分为线上及时访和线下重点访。线上（QQ、电话等）及时访，能更快更方便地和家长沟通，第一时间了解问题、解决问题；线下访重点针对特殊情况，比如特困、孤儿、单亲、留守、外工、再婚、家长对孩子漠不关心或丧失信心等情况；人际适应困难的学生，比如人际关系协调差、心理情绪不稳定、言行异常、性格特殊等；在学习等方面存在障碍的学生等，采用的都是走进家庭。

学校制定了家访注意事项，特别是线下访，一是要把握时间，二是孩子在场，三是以关心鼓励为主，四是为家长提供教育咨询。这样就改变了以往家访批评多鼓励少，单项多互动少的局面，让家访变得温暖，让家校关系更融洽，促使学校与家庭之间形成了良好的协作关系，增强教师与家长的情感。

如我校三年级付老师的班里，有一个叫达达的孩子，身上总有一股异味，他还喜欢把同学的东西偷偷地拿来扔掉，把它当作一件非常好玩的事情，所以班里的孩子都不愿意和他接触。付老师看到这些异样，马上把情况反馈给达达的妈妈，可他母亲刚开始认为老师太敏感了、管得太多，这都是男孩子的天性使然。直到有一天，付老师告诉她达达在卫生间毫不在意地喝小便池的水，并告诉她孩子在跟人交流的时候，总不看对方眼睛，好像总是沉迷在自己的世界里，这是有问题的。听到这些，孩子的妈妈着急了，去医院检查后，确诊为中度自闭症倾向。看到这个诊断报告，达达妈妈觉得整个世界都崩溃了，家长的这种状态自然影响到了孩子。这时候，付老师利用周末的时间，买了礼物到达达家里进行家访，并真诚地对他父母说："我想让达达享有同样在蓝天下幸福生活的权利，请你们积极地配合我，及时与我沟通，达达年龄越小纠正的概率就越大。"

后来，付老师又咨询学校里其他"随到随读"的孩子家长，问是否有这方面的康复训练的机构，随后打听到了某康复机构做得很好，于是马上把这个消息告诉了达达妈妈，当得知达达已经在康复治疗的时候，为了让康复效果更好、更显著，付老师周末有时间就会陪着孩子和家长一起进行训练，更认真地随时关注孩子在班级中的点滴，还及时把自己所关注到的情况与训练中心的老师以及达达家长进行沟通，并虚心向训练机构的老师请教学校应该如何配合进行教育和相关治疗。

接下来的日子里，付老师又多次去达达家里家访，在多次的家访过程中，通过交流，付老师发现达达父母对孩子的关爱特别少，而且家庭环境比较脏乱。于是付老师开始与其父母进行相关家庭教育理论的沟通和建议，让达达妈妈首先从个人卫生和形象、家庭卫生方面进行改变。经过长时间的家校沟通后，达达的妈妈发生了变化，原来比较邋遢的达达妈妈每天会把自己收拾得干净利落，家校共育使孩子也发生了里程碑式的变化：因为达达经常洗澡换衣服，他身上没有了异味，慢慢地学会了主动跟老师们打招呼，上课能够举手发言了，敢大声说话了。有一次，在路上，他竟然会看着老师的眼睛，主动说："付老师，您今天穿得真漂亮。"系列的家校共育举措让这个患有自闭症的孩子封闭的心灵打开了一个缝隙。

看到了自己孩子的变化，达达的妈妈很是激动和感谢，并默默地给昌平区教委和学校送来了感谢信，正是因为老师们在家校共育上的执着，他们看到了达达的未来。达达的家长因此也变得阳光了、积极了，还被评为学校的

"阳光家长"。付老师每周都风雨无阻地陪孩子进行治疗，这种不是亲人胜似亲人的举动更是感动了达达妈妈，她开始接受老师，不再认为老师是故意针对她和她的孩子，而是开始积极配合老师的工作，也开始积极参加学校的各种活动，还经常主动给那些班里不支持老师工作的家长做解释，并积极带领、组织班级家长参加社区和学校的志愿者活动，如学校的跳绳比赛、跳蚤市场等。

达达妈妈不仅自己做公益活动，还带着达达去参加，如到地铁站摆放自行车，参加回龙观春晚志愿者活动、北医三院志愿者活动等。在这样多角度、全方位、深层次的活动中，孩子变得更开朗了，家长也在无形中改变自己的行为。2017年，达达还被评为昌平区"美德少年"。2018年6月，达达妈妈被回龙观地区工委评为"2018年度观里好人"。

家访活动的开展，不仅增进了家校间的了解和信任，更为重要的是达成了教育共识，形成了教育合力，从而让家校共育的效果最大化。因为家校共育的开展，不仅促使孩子们健康成长，更在改变和影响着我们的家长、老师。面对这些特殊的学生，每一位老师都应积极开展家校互动活动，给家长专业指导，让家长全面地了解自己的孩子，更有效地参与孩子的成长过程。

学校通过各种培训、研讨，让老师们提高了对家长会、家委会、家访等常见沟通方式的认识与技术，带来了意想不到的效果，也让老师们更加坚定了"改进在日常"的工作理念。

3. 家校合作平台的搭建以及促进家校深度互动、形成教育合力的途径

(1)成立"阳光旋律志愿服务队"，家长参与学校管理，让校园更和谐

为合理、充分利用家长资源，构建和谐校园，在家长教师协会的领导下，家长"阳光旋律志愿服务队"成立了，目前设立了三个项目组，分别是家长护学岗项目组、学生课后托管项目组、亲子阅读项目组。通过发布邀请函，让家长们了解活动的意义和价值，采取自愿参加的形式，学校老师和家长们一起讨论工作的计划、要求，做好细致的安排。每个服务组都设有组长，建有QQ群，每次服务活动结束后，组长都会在群里进行总结。有什么新的任务，队长也会在群里提示，家长们都是积极响应。

①护学岗

每天早上护学岗的家长们早早地来到学校门口，穿戴整齐，挥舞着小红旗，指挥送学生上学的家长车辆，这样做确保了车辆即停即走，避免了早高峰学校门口的秩序混乱，为"平安校园"的创设起到了很好的作用。不管是严

寒酷暑，家长和学校的干部都坚守在岗位，为每一个孩子的安全保驾护航，这也为其他家长树立了榜样。他们当中，有妈妈，有爸爸，他们工作在各自的岗位上，跟所有北京上班族一样，每天早上他们要准时出现在公司，时间和精力是他们最奢望与宝贵的东西，可是此刻的他们成了护学岗中的一员，站在学校门口守护着学生。志愿者中也有姥姥和奶奶，她们风雨无阻，7：10准时出现在学校大门口，红色的旗子，黄色的马甲，这道红黄组合构成了学校门口最亮丽的风景线，也成为学校家校携手合作的一张闪亮的名片。家长代表张爸爸更是用这样一句话来传达出所有志愿者家长的心声：我们不需要奖牌，不需要鲜花，不需要掌声，我们只是在做孩子的榜样，做文明的传递者。一件事做一天简单，做一个月不难，但是要坚持做下去，这靠的不仅仅是毅力，更是家长们对于孩子的一分发自内心的真爱。这是一群可爱可敬的家长，这是一群默默奉献的家长，更是一群传递出满满正能量的家长。护学岗的活动，在社会上产生了很大的反响，昌平区教委后勤管理科的科长和区交通队的领导亲自带队（带领区内中小学的安全管理干部）到学校了解情况，并为家长们讲授规范的动作、手势等，还配发了交通安全志愿者服装。现在，区内有好多学校都开展了护学岗活动。

②课后托管

放学后，托管服务项目组的家长们进校了，他们负责周一和周五两天的学生托管班，让老师们能有时间安心教研。这些家长志愿者们像老师一样负责，走进班级，维持学生秩序，看护学生安全，有条不紊地组织学生自主学习。每天放学后直到送走最后一个孩子才放心地回家。家长们在看班的过程中，深切地感受到了管理孩子的不易。

③亲子阅读

周末，亲子阅读项目组的家长们开始工作了，因为学校的图书馆周六对全校的家长和学生开放，需要家长们来管理，确保到学校看书的家长和孩子能有一个安静的读书环境。家长志愿者们还自发地开展了绘本讲读小课堂，给亲子阅读的孩子们讲绘本故事，从故事中悟道理，很受孩子们的欢迎。大量研究表明，即使孩子已经具备独立阅读的能力，但亲子共读的重要性却不容忽视。亲子共读能激发孩子对书籍的喜爱，能让孩子在与成人建立亲密互动关系时发展读写能力。

2018年底学校开展了家校携手感恩有你——家长志愿者总结表彰会，总结了一个学期以来各个服务队为学校所做出的贡献。在交流中，家长激动的心情无以言表，精心的准备、诚恳的交流，也感动着我们在场的每一个人，我们就是一个大家庭，我们共同呵护着孩子的健康成长。

通过开展家长志愿者的项目活动，让家长们有机会走进老师们的课堂，参加学校的常规管理，如让家长们参加学校一、二年级乐考的筹备工作。低年级的乐考活动都是由家长志愿者担任闯关项目的评审。不同的教室有着不同的主题，每个主题涵盖了不同方面，全部用游戏进行，难度系数各异。家长们在担任考官的过程中，真正了解了孩子们的学习情况以及在校的表现，对学校的教育教学工作、对孩子的实际情况有了深入的了解。再比如参与"端午亲子同乐包粽子"之类的主题综合实践活动等，零距离接触我们的老师和学生，让家长们更好地了解了我们的学校和老师，消弭了家校间的不和谐。家长作为志愿者，也为孩子树立了榜样，孩子们以父母为荣，积极参与学校的各项服务活动中。"小小志愿者""小小督导员"开始了服务学校、自主管理的活动。家长志愿者项目的实施，有效地促进了家校之间的深度合作交流。

（2）开展"今天我是老师"活动，让家长走进学生、走进课堂，真实参与教育教学工作

①开展"家长讲堂"

每个班级或是年级通过邀请各类职业的家长走进课堂，让同学们体验到不同于老师日常教育的课程，开阔了学生的视野，感受到师生在课堂上的不容易，又让学生感受不一样的课堂。从一年级开始，学生们每周都会迎来一位特殊的客人，他们充分发挥自己的聪明才智，制作多媒体课件、小视频，准备教具，走进每一个温馨的大家庭。"特殊的老师们"投入讲课中，用亲和的态度，友善的笑容，一起与学生互动，一起游戏。

家长们是丰富的"大森林宝库"，医生、警察、律师、培训师、IT师、军官、工程师等，三百六十行，每一行鲜活的知识和不被我们了解的奥秘，都将在我们的家长讲堂上得到精彩生动的解读，孩子们的眼睛可以看到更大的世界。在一节又一节精彩的课堂里，我们看到了孩子们求知若渴的眼神，积极参与的状态和热情。我校今年家长参与课堂50多节，一年级的"啄木鸟的制作""动物3D纸面具做起来""雷电防护安全知识""机器人知识进课堂""科学小实验""揉纸画""消失了的恐龙""探索昆虫世界""手工黏土生肖龙""规则意识与自我保护""扇面压花小画的制作""善待身边的每一个人""趣味运动会"；二年级的"中西方文化差异""认识人民币""茶文化小知识""趣味实验课——神奇的干冰秀带你'嗨翻'课堂"；三年级的"未来有意思的新技术"；四年级"有

趣的 3D 打印"等。课程涵盖了手工制作、科学实验、法律知识、科技知识、传统文化等领域，给孩子们提供了丰富精彩的课堂。

比如，一年级(2)班张爸爸给孩子们讲《画画的故事》，讲如何才能看懂画家的作品，他从原始人画在岩壁上的野牛讲起，到《蒙娜丽莎的微笑》的神秘，再到毕加索的与众不同，乃至现在的巴黎时装周。同学们踊跃地举手发言，参与讨论时既大胆想象，又脚踏实地，同学们接受、表现出良好的美学素养。能够识别美、了解美的同学们才会成为"雅行自信、健康快乐"的阳光儿童。

一年级(1)班赵爸爸为孩子们讲述"探索海洋世界"，先是做了抽样调查，看看孩子们的兴趣所在，知识掌握程度。他参观了国内外的大型海洋馆，亲身体验了海洋中各种鱼类的外貌特征，搜集了丰富有趣的图片、视频素材。赵爸爸向同学们提出了几个关于鲨鱼的问题，孩子们踊跃举手，大胆发言，在赵爸爸的讲解过程中，同学们对鲨鱼有了更深的了解。原来以为的鲨鱼仅仅是大、会吃人。现在还知道了鲨鱼会换几次牙齿，是软骨鱼类等。大家听得聚精会神。家长还为同学们准备了精美的海洋鱼类模型，孩子们爱不释手，觉得海洋里知识真是多，海洋里的鱼类也很多，孩子们都下定决心好好学习，学习更多的海洋知识，去保护我们的大海，保护我们的朋友——海洋里的鱼类。

家长讲堂不仅给孩子们带来课外知识，也促进了家校合作，有利于家长和老师之间相互理解，增进班级凝聚力；改善了家长和孩子的关系，利于亲子教学；提高了学生素质，促使了学生爱好多元化；同时也促进了家长素质的提高。

②做"一日班主任"体验活动

"一日班主任"体验活动目的是让家长通过亲身体验班主任的一日工作、参与学校管理，了解学校、了解老师、了解学生。每一位参与体验的家长，都会提前熟悉由学校提供的"一日任务清单"(见附件)，体验结束后再填写好"一日班主任"体验活动日志，内容包括：体验内容、角色感悟和工作建议。

体验活动给家长、学生和老师都带来了不小的触动。对老师而言，家长的体验就是对学校工作的检阅。所以每位老师都积极行动起来，把教育教学中最好的一面表现出来，希望得到家长们的认可。对于学生而言，家长的体验是对他们的支持和鼓励，孩子们都积极表现，希望给家长，特别是给自己的家长留下深刻的印象。家长们的感受更是最深，一是没想到当"一日班主任"这么累，和想象中的完全不一样，当老师很辛苦；二是学生会有各式各样的问题出现，有些是预想不到的，同时管理三四十个小孩真是一种挑战，当老师实在不容易；三是感受到了孩子的童真与童趣，感觉自己一下子又年轻了。做完"一日班主任"的家长们感触颇多，相互间也在交流方法。

俗话说不了解就会不理解，不理解就会产生误解。家校合作平台的搭建，使得学校、家庭能够手挽手一起走，既共同促进了孩子的健康成长，又促进了教育的和谐发展。

(三)提升了教师和家长的育人本领，形成教育合力，实现了家校共育的目标

1. 提升了教师队伍的整体水平和教育科研能力

在课题研究期间，课题组的教师综合能力有了很大提高，教师德育工作水平也有了很大提高。广大教师根除了不注重家校联系，不重视开展各种家校联谊活动的思想，教育孩子时更全面、客观地分析问题，更注意考虑家长的教育期望值。许多班主任不再将家长会开成"批判会"，将打电话打成"告状"，可以说，各位教师在研究中发现，在发现中进行实践，在实践中获得经验，并且把经验与教育教学理论相结合，创作了多篇学术论文，在各类征文比赛中取得优异的成绩。

颜志耘老师的论文《巧用新媒体让家校合作无缝对接》在"互联网＋"时代班级日常文化创新研讨会征文评审中荣获三等奖；王萌老师的论文《"互联网＋"班级日常生活管理——架起家校的"心灵桥梁"》，于慧老师的论文《让网络助力家校合作》在第七届全国班主任工作研究室年会征文评审中获三等奖；李薇老师的《用两点融化冰点——焦点解决评价在家校合作转化学生中的运用》在昌平区 2017—2018 学年度学生综合素质评价"我的评价故事"评审活动中荣获优秀案例二等奖；姚冬老师的《家校合作表格式自我评价——陪伴是最好的教育》在昌平区学生综合素质评价"我的评价故事"评审活动中获优秀案例二等奖；卢新元老师的《扬帆起航　乘风破浪——基于家校合作视角下的综合素质评价》在昌平区 2017—2018 学年度学生综合素质评价"我的评价故事"评审活动中荣获优秀案例一等奖。

2. 帮助家长提高了家庭教育水平，树立新的教育理念

通过开展形式多样的家长活动，拉近了教师与家长之间的距离，更是调动了家长参与学校工作的热情，很大程度上提高了家长对于家庭教育的认识。在学校教师的指导影响下，家长的教育素养明显提高，家庭教育的办法多了，也逐渐科学了。很多家长能正确使用奖励和惩罚，在孩子犯错误或是考试不及格时不再是对其进行简单的训斥，而是帮助孩子找原因，吸取教训。家长

帮助孩子指出新的奋斗目标，不再滥用物质刺激。当父母在教育意见不一致时，他们也注意不在孩子面前互相指责。对孩子的无理要求也多采取断然拒绝和说服引导相结合的办法。很多家长不仅重视"言传"还更加重视"身教"，有些家长过去说脏话，喜欢打麻将，现在也有了很大的改变。有些家长动笔总结教育孩子的经验和想法，积极参加征文活动并且获得优异的成绩。比如赵妈妈在参加了家校合作共促成长——北农附小"家校携手，共育阳光少年"家校协会培训会议之后所写的心得体会，是那样真实和充满感情。其中提到何云轩教授送给家长们的"四把金钥匙"，即兴趣、习惯、方法和目标。兴趣是成功的第一把钥匙，孩子学习会碰到挫折，需要用成就来提升他们的学习动力，因此，家长要学会换一个角度看待孩子的学习，学会换一种说法鼓励自己的孩子，使孩子对自己充满信心，对学习产生兴趣。父母是孩子的第一任老师，孩子习惯的养成很多来自于家长的示范，因此，家长一定要注意自己的一言一行，发挥楷模作用，让孩子从小养成良好的习惯。当孩子在学习上出现问题的时候，家长要学会运用排除法，找到孩子的问题所在，运用正确的学习方法来提高孩子的学习成绩。最重要的是家长们要注意对孩子的品质教育，学习要鼓励，坏习惯要及时纠正。何教授与老师、家长开展互动，就如何关心儿童的成长、如何关注孩子的心理变化等问题进行长时间的交流。崔妈妈提到，从学校出来，呼吸着清新的空气，看着蓝蓝的天空，顿时觉得教育孩子的路上有这么多人的帮助，心中充满了感激，看到了希望，对以上方法要行动、落实。何教授、李主任教给我们的，我觉得最主要的还是要学会沟通，家长和孩子要多沟通，走进孩子的心里；家长和学校要沟通，站在同一阵营。作为家校委员会的一员，我们要建立好家长与学校之间的桥梁，做好这个纽带，同学校老师携手共同创造良好环境，让我们的孩子健康快乐地成长。教师、家长认识水平和育人能力的提升，让我们看到了家校共育的美好前景。

三、研究结论与反思

（一）主要研究结论

家校共育的三条有效途径，推动了学校家庭共育工作的深度发展。

1. 初步形成了家校间共同育人的价值取向以及提升了家长、教师的育人能力

一是发挥学校"班主任工作室"辐射引领作用，促进了班主任、学科教师的育人能力和家校沟通能力的提升。二是通过成立家长研修学院，提升了家

长的育人理念，指导了育人行为，使家校共育效果最大化。三是参与课题研究的老师在研究过程中认真、负责，对自己的研究部分进行有效的整理和归纳，各成员之间互相交流、讨论，形成了许多具有独特思维的研究成果。他们不仅努力研究家校育人的方法，更是带动了自身教学水平的提升，因为"打铁还需自身硬"，教学水平的提升会让老师们更加自信，也更容易得到家长、学生的认可，从而也助力了家校共育工作的深入开展。四是提升了家长的育人理念，指导了家长的育人行为，家校共育已见成效。通过家长研修学院、家委会和参加学校组织的一系列活动，更新了家长的育人观念，让家长在育人策略上能与学校保持一致性，他们对学校的教育也有了更多的了解、理解，共育的理念和行为推动了学校工作更好地开展。多篇家长的文章获奖，这也充分说明了共育的理念走进了家长的心里，也指导了家长的育人行为。

2. 优化了家校间原有的沟通方式以及进一步促进了相互了解

一是改进家长会的召开方式，增进每一位家长对学校工作的全方位了解，为家校共育夯实基础。二是分级设立家委会，积极引导家长参与学校管理，让家校之间互动与合作更有效。三是真诚家访，让学校和家庭之间增进了解和信任，达成了教育共识，形成了教育合力。

3. 家校合作平台的搭建促进了家校深度互动，形成了教育的合力

一是成立"阳光旋律志愿服务队"，家长参与学校管理，让校园更和谐。二是开展"今天我是老师"活动，让家长走进学生、走进课堂，真实参与教育教学工作。因为了解，所以有了更多的理解。

4. 增强了家长与学校的密切联系，心力合一，共育阳光少年

学校重视与家长的联系，发挥家长的资源优势，为家长提供参与学校活动、参与学校管理的机会；家长真正地走进了学校、走进了老师、走进了学生，确切地说是走进了教育。学校、家庭有了真正意义上的合作，老师、家长心力合一，共同培育阳光少年。

本研究努力为处于城乡接合部地区的学校如何做好家校共育献计献策，为教师提供经验帮助。通过总结梳理北京城乡接合部地区家校共育的有效途径，完善现有的家校合作方面的研究，努力做到具有一定的推广性，为处于城乡接合部地区的学校做好家校共育提供参考、借鉴。

(二)研究反思

本课题探索出了家校共育的三条有效途径，取得了实际效果，但也需要注意一些问题。

1. 家长育人观念的改变不是一朝一夕的事，随着一届届的学生毕业，又会迎来一届届的新家长，所以这是一个长期的工作，任重而道远。因此要树立良好的服务观念，本着一切为学生、为家长的思想，让家长认可学校、理解学校，才能相互支持，才能共同做好育人的工作。

2. 要提高家长水平，转变家长的育人观念，仅靠学校力量还显单薄，需要全社会的关注和努力，在全社会营造家庭育人氛围。

3. 还需进一步完善家长志愿者进校园的管理方式和制度等，通过一系列举措，增强家校教育的实效性。接下来，就要继续深化研究，修订完善相关管理和评价方法，针对新形势下的新问题，不断创新工作模式。

4. 进一步挖掘开发家长研修学院的教育资源，优化家校间的教育环境，创新家校教育活动的形式和内容，充分开拓家校教育空间。

5. 重视抓好家校教育的科研工作，以科研提高老师的素质，充分发挥家校教育工作在素质教育工作中的重要作用。

总之，本课题还需要进行长期的实践，在不断的实践、思考中完善家校共育的途径与方法，发挥出家校共育的最大价值，促进学生的健康成长。

参考文献

[1]樊健. 家校共育：为了每一个儿童的成长需要[J]. 江苏教育，2017(6)：24.

[2]流翠兰. 教学合作及其理论依据[J]. 现代中小学教育，2005(10)：6.

[3]林悦. 国外小学家校合作研究及对我国的启示[D]. 大连：辽宁师范大学，2011：5.

[4]罗雪梅. 家校共育：助力儿童成长的双引擎[J]. 华夏教师，2017(7)：93.

[5]刘小洪. 家校共育的现状及提升路径[J]. 教育科学论坛，2017(3)：7.

[6]金存雯. 家校共育，和谐发展——创新小学办学特色[J]. 教学与管理，2016(10)：275.

[7]朱赛红. 教师与家长关系的现状分析[J]. 当代教育科学，2004(2)：12.

[8]谢宝富. 中国城乡结合部地区政府管理体制创新初探——以北京市城乡结合部为例[J]. 政治学研究，2010(1)：59.

[9]王红. 我国家校合作问题及对策研究[D]. 长春：东北师范大学，2006：17—21.

[10]贾莉莉. 美国家长参与学校教育研究[D]. 北京：北京师范大学，2005：1.

东风小学教育集团三年发展规划研究①

本研究基于义务教育优质均衡发展的时代需要，考虑文化升级、课程创新、资源整合、教师专业化发展等目前集团教学和管理工作中的现实问题，着眼于更高的集团发展站位和集团品牌打造，详细梳理和分析了国内外关于"学校发展规划"的研究和结论，旨在探索出集团未来三年实现优质教育均衡发展的有效途径，促进各校区教学质量的全面提升，推动集团的高位优质发展。研究采用文献研究法、调查研究法、思辨研究法，对集团发展背景、发展目标、发展战略进行了细致分析和深刻思考，最终形成了《东风小学教育集团三年发展规划（2019—2021）》《东风小学教育集团校区优质均衡发展研究报告》以及集团发展规划实施的管理保障体系。

一、课题研究基本情况

（一）研究背景

1. 基于时代发展的需要

2017 年 9 月中共中央办公厅、国务院办公厅印发的《关于深化教育体制机制改革的意见》中明确提出"探索集团化办学"的改革任务。按照深化教育体制机制改革的总体要求，为进一步扩大优质教育资

---

① 指导教师：北京教育学院胡淑云教授，北京市史家教育集团王欢校长。

源，促进义务教育优质均衡发展，2018 年 9 月北京市教育委员会颁布了《北京市教育委员会关于推进中小学集团化办学的指导意见》（以下简称《意见》），按照《意见》要求，今后中小学集团化办学的主要任务是：加强统筹、优化集团化办学布局；规范发展，完善集团治理结构；促进共享，发挥资源辐射作用；改革创新，激发集团发展活力。在强调个性化、多样化、体验化、终身化的"智能教育新时代"，要想完成上述任务，首先需要加强顶层设计和统筹规划，科学制定发展规划，以政策的红利、时代的号角撬动集团发展的未来，提升集团整体与各校区的办学质量，这是合理布局教育集团优质资源，实现集团高位优质均衡发展的重要保证。

2. 基于现实发展的需要

东风小学于 1960 年建校，2004 年 9 月将原建新小学、裕龙小学与东风小学重组为东风教育集团，2012 年 10 月仓上小学加入东风教育集团。2014 年 9 月随着办学规模的扩大，东风教育集团的办学模式再一次进行调整，形成拥有四校五址的办学格局。目前已成为顺义区规模最大的一所集团学校，承载着顺义区教委以及区域内众多学生和家长的殷切期望。随着集团化管理逐步深化以及教育理念的不断更新，集团面临包括文化升级、课程创新、资源整合、教师专业化发展等诸多改革头绪，在实际工作中也存在着"集而不团""责权不对等"等问题。这种教育现状迫切需要加强教育集团发展规划的制定，有针对性地解决学校已存在的问题和矛盾，全面激活办学内在活力，以更高的站位和动态的眼光明确未来三年的发展定位，并在定位之下系统、精准谋划学校整体发展的思路、战略和举措，真正体现"东风"的品牌内涵。

(二) 研究综述

1. 国内外对学校发展规划的研究现状

关于"发展规划"的理论和实践论著，大部分都是在探讨如城市规划等物质空间形态的规划，但是对中小学阶段的战略性、综合性规划关注相对较少，主要集中于对大学发展规划制定的理论性探讨。

国内有关基础教育阶段学校发展规划的研究仍然处于萌芽阶段，学者大多偏重对"学校发展规划"进行宏观描述和原则要求，研究内容上概念化的东西较多，规划程序、内容和方法等操作性问题研究较少，对学校发展规划的探讨以"应然"层面为多，以"实然"层面为少。

通过借鉴和引入企业战略规划与管理理论，国外在学校发展规划研究方面取得了较为丰硕的成果，这些成果已经趋向于体系化，并且强调对学校发展规划的研究和制定应当更关注过程，特别是要关注如何使学校组织内成员（包括教师和行政人员）在战略形成和实施过程中合作的方法。

2. 国内外对学校发展规划的研究结论

尽管国内外研究成果五花八门，但在这些研究中可以发现一些有关学校发展规划的共性结论。

(1)学校发展规划应具有前瞻性或未来导向性

规划必须面向未来，是对未来的设想和安排。这种未来导向将学校的关注点引向未来的某个特定时间段和未来的某个关键行动。规划是对未来的一种谋划、安排和部署。总之，它是关于时间和空间的一种安排，具有时间性和空间性。

(2)学校发展规划必须具有可操作性

学校制定的发展规划涉及文化、课程、课题、评价、行政管理等多方面，各种目标之间存在内在关联并相互影响。对于学校管理者来说，规划不仅要澄清发展目标，还要指明为实现未来目标应该采取的行动、措施或方案。

(3)学校发展规划的制定既是结果更是过程

过程比方案本身更为重要，参与式规划理论认为：规划本身应该是一个政治动员过程。学校制定发展规划的过程，本质上就是统一思想认识、统一话语体系、凝练校本价值观、形成共同目标的过程，这才是学校制定发展规划的核心。

(三)核心概念界定

1. 规划

著名的教育战略学家罗伯特·卡尔森(Robert Carlson)和卡利亚·阿弗德曼(Cary Awderman)认为："规划旨在为个人、团体、组织和社会创造一种美好的未来。规划涉及到哪里去，为什么到那里去，并为决定什么时候到达提供基本准则。"

《现代汉语词典》(2016年第7版)将规划定义为："比较全面的长远的发展计划；做规划。"即：基于过程而定义的动词——"做规划"；基于内容而定义的名词——比较全面的长远的发展计划。作为名词，"规划"是一个组织的长远发展设想或计划，属于文本层面。作为动词，"规划"是一个动态的过程，是思考和制订组织发展战略目标的持续行动过程，需要组织的各方成员的共同参与。就过程而言，"规划"属于一个组织的集体行动。

2. 教育集团

《教育学基础》(教育科学出版社，2002年)一书将"教育"定义为："教育是在一定社会背景下发生的促使个体的社会化和社会的个性化的实践活动。"

《现代汉语词典》将"集团"定义为："为了一定的目的组织起来共同行动的团体；由若干同类企业联合起来而形成的经济实体。"

教育集团就是优质名校或其他优质教育资源(如大学或教研机构)与一所或多所普通中小学以达成一定的目标而集合在一起,遵循相同的办学宗旨,奉行相同的办学理念,形成具有共同品牌标志和治理关系的教育组织联合体,以促进学生由"自然人"向"社会人"的转化。

3. 学校发展规划

学校发展规划(School Development Planning)于20世纪80年代中期兴起于英国,它主要是通过制定和实施学校发展规划的过程以实现学校教育的发展和提高,是一种政府间接管理学校的较好的方式。

教育专家张岚在《学校发展规划50问》一书中对"学校发展规划"做出了定义,即:"学校发展规划是指一所学校根据国家或地区教育发展战略规划的要求,系统地分析学校发展现有的基础及所处的环境,确定学校'规划年'(指规划执行的起止年月)内要达到的主要目标和发展途径,把握学校的优先发展项目,并按照自己的价值观,通过学校共同体成员的共同努力,挖掘自身潜在资源,采取各项有效措施,提高学校的管理效能,最终提高学校的办学水平和教育质量,推动学校的可持续发展。"

4. 集团学校发展规划

本研究所指"学校发展规划"是"集团学校发展规划",定义为"对集团发展进行的具有全局性、战略性和长远性的设计与谋划,并确保这一设计与谋划产生效果带动各校区教育教学质量提升"。发展规划的制定和实施的完整过程要求集团在各方广泛参与的基础上,找准问题,集思广益,形成一致的战略决策,使战略规划真正成为集团共同体的集体行动。

(四)研究目标与研究意义

1. 研究目标

明晰东风小学教育集团发展方向,形成适切的《东风小学教育集团三年发展规划(2019—2021)》。努力探索校区优质教育均衡发展的有效方式和路径。

2. 研究意义

研究制定《东风小学教育集团三年发展规划(2019—2021)》,有利于全面规划、优化教育集团的管理,在综合考量各校区教学水平、组织管理、师资规模、教学设施等方面实际情况的基础上,科学合理地配置集团教育资源,更好地促进教育集团内部各校区教育均衡、协调发展,提升教育集团管理质量和教育教学质量,保障并促进整个教育集团的战略性发展,进而使教育集团教师和学生也得到更好的发展。

（五）研究内容与研究方法

1. 主要研究内容

《东风小学教育集团三年发展规划（2019—2021）》的研究，主要包括五方面的内容。

（1）东风小学教育集团发展现状分析。

（2）东风小学教育集团校区优质均衡发展的有效方式和路径。

（3）东风小学教育集团未来三年发展目标。

（4）东风小学教育集团未来三年发展战略和具体计划。

（5）东风小学教育集团未来三年发展规划实施的管理保障体系。

2. 主要研究方法

（1）文献研究法

通过文献法收集整理国内外有关学校规划的理论成果，从中找到拟研究的问题和研究的思路框架，进行理性建构。收集和整理国内外名校在教育改革方面的真实案例，从中汲取优秀经验。

（2）调查研究法

通过问卷调查和访谈揭示学校发展历史进程中存在的主要问题，诊断原因，提出改进策略，为后续研究提供现实依据；通过走访一些校长、规划专家，广泛听取有关学校发展的意见，为发展战略模型构建提供宝贵资料。

（3）思辨研究法

在已有知识和实践的基础上，针对集团发展现状与调查结果，采用判断、澄清、归纳、推理等逻辑形式培养理性思考和辩证思维，从而对集团未来发展的核心议题形成基本思想观点，并通过语言形式将头脑中产生的理性思辨分析表达出来。

（六）研究思路与实施路径

1. 研究思路

对《东风小学教育集团三年发展规划（2019—2021）》这一课题的研究，分为"三步走"。

第一步，集团发展背景的研究。其一，对集团发展现状进行内部调研，通过一对一访谈、焦点座谈、问卷调研相结合的方式，了解集团的内部发展现状。其二，对集团发展现状进行外部分析，通过政策解读、标杆剖析的方式，了解集团的外部教育生态。其三，对集团发展现状做出 SWOT 诊断分析，对集团发展的优势、问题、机遇、挑战进行系统研判。

第二步，集团发展目标的制定。其一，明确集团发展目标，为各校区指明共同努力的方向。其二，考虑集团法人结构的特殊性，秉持"和而不同"的原则，梳理适合各校区校情发展的质量提升目标。

第三步，集团发展战略的构建。其一，根据发展定位与发展目标，构建集团未来三年的发展战略。其二，提出具有科学性、前瞻性、逻辑性的具体发展任务及工作计划。其三，构建起便于集团干部教师理解的集团发展战略模型。

2. 实施路径（见图 1）

成立党政办公室和课题研究团队，对实施路径进行反复研讨、斟酌与确定。按照"发展背景研究、发展目标制定、发展战略构建"三个研究阶段，实施路径分为两条线：一条为研究内容线，制订每个阶段要完成的研究任务计划，制订清晰的实施步骤；另一条为研究方法线，对完成每个研究任务将要采用的研究方法进行预设，充分调动集团内外干部、教师、专家资源，广泛吸收各方意见，确保发展规划制定的科学性。

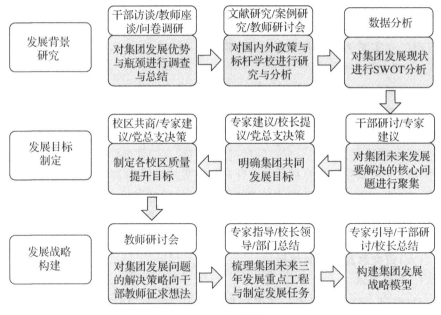

图 1 课题研究实施路径导图

二、研究过程与研究成果

(一)研究过程

1. 发展背景研究：内部与外部并重的 SWOT 分析

(1)开展访谈、座谈

通过对各校区法人、管理干部的一对一访谈以及对骨干教师代表开展的焦点座谈，了解集团在学校体制改革、集团品牌建设、学生一体培养、教师团队发展、课程改革进程、教科研建设、学校资源整合、学校管理与后勤服务等方面的发展现状。集团在办学规模、地理位置上相对优越，自建校以来始终坚持军旅奋斗精神，多年来形成了"老牌名校"的东风品牌优势，吸引了更多优质的生源和师资。自集团化办学以来，集团在教师交流、学生互动、管理模式创新上进行了一些探索，然而集团化办学的优势并未完全激发出来，各校区仍各自为政，如何实现校区之间教育教学资源的共享流转，促进校区均衡发展，是亟待解决的问题。

（2）进行教师及家长问卷调研

在调查问卷中，围绕"集团特色现状、集团管理现状、集团育人现状、集团师资现状"设计问题，从问卷数据统计和分析结果中了解到集团目前发展存在的优势与问题。在集团特色现状方面，集团"体验教育"办学特色深入人心，但缺乏对"体验教育"的内涵挖掘，导致各校区在特色建设上缺乏主要的抓手；在集团管理现状方面，集团实行"三会一协调"（校长办公会、集团全体干部会、校区全体教师会、校区班子协调会）的指挥系统，形成了"三统一"（绩效统一分配、行政统一管理、教育教学统一协调）的管理架构，初步解决了四个校区组织管理中统一领导与民主分权的关系，但集团在管理上仍缺乏科学性，校区在执行集团决策上未形成规范的制度流程；在集团育人现状方面，东风小学凭借多年来优秀的办学成绩积累了良好的口碑，吸引了优秀生源，但在学生行为习惯培养上存在校区衔接不畅的问题；在集团师资现状方面，集团拥有一支具备端正教学态度和优良教学技艺的教师队伍，教师主动成长诉求较强，但对新时代教师角色的认识还比较传统。

（3）解读国家教育政策及全球教育发展趋势

在明晰集团发展的优势与问题后，我对与集团特色建设、集团管理、学生培养、师资发展相关的国家教育政策、全球教育发展趋势进行了解读与剖析。北京市教委出台的《关于推进中小学集团化办学的指导意见》和《顺义区"十三五"教育发展规划》均指出，教育集团要健全资源共享机制，搭建资源共享平台，鼓励校际教师流动和联合"教科研训"，鼓励学生互动，实现互联互通，建立横向和纵向贯通的人才培养模式，形成以区域为依托的学校、家庭、社会协同育人的格局。因此，如何最大限度发挥集团化办学体制优势是未来三年实现集团发展拥有的最大机遇。此外，在教育法治化时代、新智能时代、全球化时代下，如何进行集团教育教学管理模式的创新是未来三年集团需要面对的最大挑战。

(4)剖析国内外优秀标杆学校做法

为保证集团发展规划在具体执行过程中能够顺利实施，我对国内外20多所优秀的集团化学校及未来学校在办学模式、管理体制、育人方式、师资培养方面先进的做法进行了研究与剖析，这其中包括努艾瓦学校（Nueva School）、辛克全球学校（Think Global School）、萨米特公立学校（Summit Public Schools）、新泽西高科技高中（High Tech High）、史家教育集团、北京十二中教育集团、北京实验二小教育集团、中关村二小、杭州求是教育集团等，从这些标杆学校的做法中汲取了在集团化办学优势发挥、管理体制创新、学生一体培养以及教师联动发展方面的有益经验。我渐渐认识到，在集团治理上，要坚持党的集中领导，把党组织建在集团教育教学关键业务链上。同时，要建立起行政纵向管理、业务横向管理的立体管理网络，并建立一套规范的管理制度流程，确保科学决策的高效执行，让"管学校"渐渐转变为"集团自觉治理"。

(5)基于内外部研究对集团发展现状进行SWOT分析

经过对集团内部发展情况进行访谈调研与问卷数据分析、对外部教育政策及国内外标杆学校进行系统剖析，我对集团发展应发扬的优势(S)、突破的劣势(W)、把握的机遇(O)、直面的挑战(T)逐渐清晰，并进行了总结梳理，如图2所示。

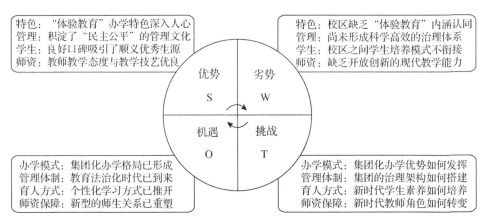

图2　对集团发展现状的SWOT分析

我对集团发展现状进行了"辩证式"分析：从优势中虚心地、客观地发现劣势，挖掘集团未来三年发展的潜力；从机遇中积极地、全面地迎接挑战，思考集团未来三年发展的空间。通过 SWOT 分析，集团当前的发展图景清晰地印刻在我的脑海中，激发我去进一步思考三年后的集团能实现多大的发展。

2. 发展目标制定：共性与个性并存的目标体系

(1)确立集团层面的发展目标

实现高位优质均衡发展是集团化学校的办学追求，制定发展规划的当务之急是先确立各校区共同的发展目标，也就是集团发展目标，让集团成为校区特色的"蓄水池"，促使各个校区发挥所长，贡献力量，实现各校区特色的互融、互促、互生、互长，进而将校区优势拧成一股绳，发挥校区特色的合力，使得校区特色集成，并升级为集团特色。

(2)制订各校区的质量提升目标

我认为，集团化办学的最大意义是为各校区搭建一个发挥自身优势的公共平台，它尊重校区特色，而非对特色的"去差异化"。各校区在未来三年发展中要各美其美，美美与共，因此依据集团共同发展目标，细化各校区的提升方向，以求校区特色发展与提升办学质量，实现校区教育优质均衡发展。

3. 发展模式构建：规划与治理并行的发展战略

(1)思考集团发展指导思想

集团发展指导思想是发展规划制定和实施的基本理念，贯穿战略思维形成的始终。指导思想应与办学理念一脉相承，它继承与体现办学理念的核心精神，并应该结合集团未来发展定位，对办学理念的内涵进行深入解读与创新发展。为此，构建发展模式的第一步，我在重新解读办学理念的基础上，对集团发展的指导思想进行了揣摩与思考。

(2)构建集团未来发展模式

在明确了集团发展定位、发展目标和发展指导思想后，经过综合、系统的思考，我提出了集团未来的发展模式，并通过构建逻辑清晰的发展战略模型，让集团上下教职工一目了然地了解集团未来三年要解决的重点问题、发展的重点方向、完成的重点任务。

(3)研究设计集团治理架构

科学严谨的管理体系是集团发展模式运行最重要的保障，在研制发展战略模式的同时，我意识到对集团治理架构的研究是刻不容缓的。为此，我开始对国内外同类教育集团管理模式进行系统研究，发现集团治理架构一般分为决策层、管理层、执行层三个层级。其中，中关村二小、杭州十五中教育集团等集团化学校形成的"条块结合"的扁平化管理组织架构对我启发甚大。

在理论与实践研究的基础上，通过专家引领，我开始构思集团治理架构的设计。

(二)研究成果与成果形式

1. 基础理论成果：形成《东风小学教育集团三年发展规划(2019—2021)》及论文

(1)提出了集团发展的指导思想

指导思想站位要高，定位要准，围绕"基础教育奠基础，体验教育淀特色；现代教育助发展，未来教育筑未来"的办学理念，立足"教育深化改革、学校办学特色、学校现代管理、时代发展趋势"四个视角，提出了集团发展应坚持的四个教育：夯实"基础教育"，推进集团办学的均衡化和优质化；打造"体验教育"，推进集团办学的个性化和特色化；追求"现代教育"，推进集团办学的规范化和法治化；开拓"未来教育"，推进集团办学的全球化和智能化。根据集团未来四个教育的发展趋向，具体明确了集团发展的指导思想，即：发挥"基础教育"的奠基功能；发挥"体验教育"的引领作用；发挥"现代教育"的治理优势；发挥"未来教育"的驱动力量。

(2)制订了集团共同发展目标

本着"特色集成、优势共生"的目标制定原则，制订了"打造思想领航、文化融萃、学习变革、学术创新的现代优质教育集团"的集团共同发展目标。思想领航、文化融萃、学习变革、学术创新，是对东风校区、仓上校区、裕龙校区、建新校区各校区特色的提取与提升，在各校区既有优势与特色的基础上，融入教育现代化发展因素，使集团未来三年能够借助"时代东风"实现突破性发展。同时，各校区要实现优质均衡发展，在学生和教师的培养上也应朝着一个方向努力，于是，围绕"和时代东风，育知行少年"的集团发展定位，在广泛征求集团师生意见的基础上，进一步提出了"育致知格物、笃行日新的知行少年"的集团学生成长目标和"做鉴往知来、志洁行芳的知行教师"的教师发展目标，从集团特色"体验教育"知行合一的教育内涵出发，明确了学生和教师的发展方向。

(3)细化了校区质量提升目标

为扎实地实现各校区为集团发展思想赋能、文化赋能、教学赋能、科研赋能，我多次组织各校区校长研讨会，并在专家引领下，为各校区的特色发展制订了具体的质量提升目标：东风校区的目标是"做优，提高品牌美誉度"；仓上校区的目标是"做实，提高社会满意度"；裕龙校区的目标是"做新，提高模式认可度";建新校区的目标是"做强,提高学术辐射度"。

(4)提出了集团未来三年发展模式

经过数次研讨与专家论证,提出了"东风入律,双轴四驱"的集团发展模式,确定了同源异构的特色发展战略、横纵交织的现代治理战略、贯通无界的学生培养战略、论学标新的教师成长战略 4 大发展战略下的 15 个重点工程,并将每个工程在 2019 年、2020 年、2021 年分别要完成的具体任务、负责的具体部门和具体负责人进行了明确划分,让工程的落实变得更有操作性。

(5)构建了集团未来三年发展战略模型

为对发展模式进行逻辑清晰地表达,我以"汽车"构造为原型构建了战略模型(如图 3 所示),寓意着集团未来强劲的发展势头:集团未来发展需以时代东风作为战略方向,它是推动集团发展的动力;需以集团发展定位统领下的目标体系作为定位目标,它是撬动集团发展的杠杆;需以推动集团各项工作开展的关键策略作为发展战略,它是驱动集团发展的车轮。

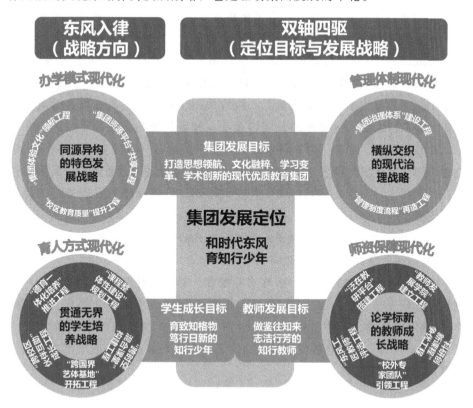

图 3 东风小学教育集团"东风入律,双轴四驱"发展战略模型

(6)研制了三年发展规划文本

经过反复研讨与修订，研制出了《东风小学教育集团三年发展规划（2019—2021）》文本。主要包括 4 个部分 10 章内容：第一部分为发展背景，包括内部基础与潜力、外部挑战与机遇；第二部分为发展思路，包括指导思想、发展模式、校区目标；第三部分为发展任务，包括"同源异构"的特色发展战略（3 个工程）、"贯通无界"的学生培养战略（5 个工程）、"论学标新"的教师成长战略（5 个工程）、"横纵交织"的现代治理战略（2 个工程）；第四部分为实施保障。

(7)撰写了课题研究的相关论文

我将本课题研究过程与成果进行高度总结，形成了两篇论文：一篇为《集团化办学三年发展规划研究与发展模式建构——以东风小学教育集团为例》；另一篇为《集团化办学治理模式创新与治理体系构建——以东风小学教育集团为例》。

2. 软科学成果：形成《东风小学教育集团校区优质均衡发展研究报告》

在课题研究前期，为研究集团现状和校区优质均衡发展的有效方式和路径，形成《东风小学教育集团校区优质均衡发展研究报告》，主要内容包括：各校区的发展基础与特色优势；各校区发展面临的主要问题；史家教育集团、北京十二中教育集团、北京实验二小教育集团、杭州求是教育集团等典型教育集团各校区发展的主要思路及实践做法；校区优质均衡发展路径的研究启示。在校级领导、中层干部、各校区教师三个层面召开研讨会，对《东风小学教育集团校区优质均衡发展研究报告》进行学习与研讨，不断质疑、完善与打磨，以求严谨、科学、客观，为三年发展规划、发展战略与发展措施的提出提供支撑。

3. 实践衍生成果：形成集团发展规划实施的管理保障体系

(1)设计了集团三级治理架构

为保证发展规划的有效落实与实际操作，对集团化学校治理体系的构建进行持续研究与思考，通过专家认证，提出了"集中决策、分工协作、规范操作"的集团治理理念，并创新性地设计了"横纵交织"的三级治理架构（如图 4 所示），从横向上促进业务发展，从纵向上提升管理效能，保证集团各项工作的高效运转。

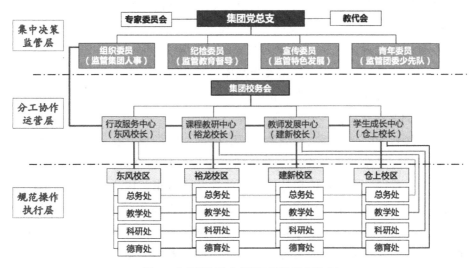

图 4　集团"横纵交织"三级治理架构图

（2）编写了《东风小学教育集团管理汇编手册》

为确保三年发展规划各项工程的细节落实，编写完成了《东风小学教育集团管理汇编手册》文本。主要包括 4 个部分 12 章内容：第一部分为集团治理思想篇，包括集团章程、治理理念、组织架构；第二部分为集中决策监管篇，包括重大事项的集中决策、党总支委员的监督管理；第三部分为分工协作运营篇，包括行政服务中心的现代保障、课程教研中心的整体规划、教师发展中心的专业引领、学生成长中心的一体培养；第四部分为规范操作执行篇，包括各校区重要岗位及部门职责、各校区办学特色的和而不同、各校区教学质量的协同提升。其中共包括 18 个重要岗位职责与 37 项关键制度，如"集团文化品牌建设制度""集团资源整合共享制度""集团教师联合教研制度""集团学生贯通培养交流制度""集团课程建设开发制度""办学质量监测与评价制度"等，让集团各校区、各中心、各部门、各岗位权责分明，各司其职，使集团教职工采用流程化的工作方式，精简、高效地完成各项任务。

三、研究结论与反思

（一）主要研究结论与发现

1. 集团发展规划的"三段式"研究法

研究与制订集团三年发展规划的过程，我将其总结为"三段式"："一段"为内外研究，具体是梳理集团发展优势、挖掘发展潜力、剖析发展问题、分析发展机遇、明晰发展挑战的过程，这是发展规划制定的准备和基础；"二段"为目标制定，具体是思考发展定位、提出集团共同发展目标、制订校区特色质量目标的过程，这是发展规划制定的前提和条件；"三段"为模式构建，具体是明确发展指导思想、提出发展战略、细化发展任务、搭建战略模型的过程，这是发展规划制定的关键和重点。

2. 集团发展规划的"一个同步"工作

发展规划不应成为束之高阁的"集团文件"，它的意义在于真正地对集团方方面面的发展发挥指导作用。在集团三年发展规划制定与落实的过程中，我发现，应特别注重集团治理体系的同步建构，这正是因为集团治理是推动集团学生一体培养、集团课程整体性建设、集团教师联合发展、集团优质资源共建共享、集团特色品牌建设发展等重要战略工作开展的重要保障，唯有理顺了集团内部科学健康的运行秩序，才能确保各项战略工程与具体任务的顺利完成。

(二)研究反思

1. 研究发展规划要以发展问题为导向

三年发展规划研究要以解决集团发展问题为导向。集团发展规划的制定，一定要基于集团的发展现状和发展问题，不能避开集团现有的发展优势、发展瓶颈去谈规划，那样的规划一定是不适合集团发展的，发展规划要讲求"量体裁衣"，要从问题出发，从发展痛点出发，规划中的每一个战略和工程都要有所指向，对优势进行继承发扬，对问题进行有力回应。

2. 制定发展规划要以校长领导力为核心

校长领导力是考量发展规划制定效果的关键因素。发展规划并不是简单写几页纸的事情，这里面承载着集团的基础优势、教职工的真切想法、家长的殷切期待、专家的智慧建议、对集团未来发展的科学评估与长远构想等丰富内涵，而要将这些内容融汇到发展规划中，就特别考验校长的组织能力、协调能力、分析能力、思考能力、决策能力等。校长要善于在这个过程中将公众的意见转化为集团未来发展的策略，通过调动一切可以利用的资源与智慧，高瞻远瞩地针对集团发展问题制定出合适、合理、合宜的发展措施。

3. 实施发展规划要以管理体系为保障

集团管理体系的构建是发展规划实施的重要保障。发展规划的落实离不开科学有效的管理组织架构的保障，因此在制定三年发展规划的同时，我花费了大量的时间去研究集团化治理的问题，试图通过搭建一个适合集团发展的治理体系，并制定有关集团重要发展事项的关键制度与流程，将发展规划中的每一个战略、每一个工程、每一重点环节考虑进去，为规划的实施落地创造条件和平台。

参考文献

[1]楚江亭.学校发展规划：内涵、特征及模式转变[J].教育研究，2008(2).

[2]高书国.教育战略规划——复杂简单理论[M].北京：教育科学出版社，2009.

[3]郝克明，谈松华.中国教育发展战略研究：走向21世纪的中国教育[M].贵阳：贵州出版社，1997.

[4]H.明茨伯格.规划：发现战略的力量[M].陈正侠，译.北京：企业管理出版社，2004.

[5]愧梅，陈建华.参与式规划与学校发展[M].北京：北京大学出版社，2010.

[6]联合国教科文组织.教育规划(1962)[M].赵中建，主译.北京：教育科学出版社，1999.

[7]乔治·凯勒.大学战略与规划[M].别敦荣，译.青岛：中国海洋大学出版社，2005.

[8]王鹏.中国大学战略规划的有效性研究——基于集体行动理论的视角[D].武汉：华中科技大学，2012.

[9]肖昊.教育发展[M].武汉：武汉大学出版社，2004.

[10]徐虹.教育预测与规划[M].沈阳：辽宁大学出版社，2000.

[11]杨东平.教育战略规划与管理[M].重庆：重庆大学出版社，2010.

[12]杨伟民.发展规划的理论和实践[M].北京：清华大学出版社，2010.

良乡小学百年学校文化传承与发展的研究①

房山区良乡小学　赵文红

学校文化传承与发展对于学校发展至关重要。作为一所具有百年历史的老校，良乡小学的文化传承与发展策略和经验具有一定的借鉴意义。研究遵循"为何要研究学校文化传承与发展问题""如何研究学校文化传承与发展问题""学校文化怎样传承和发展问题"这一基本思路，结合良乡小学的历史沿革中文化传承与发展的主要事件和影响因素等丰富资料，提炼出学校文化传承与发展的有效经验，以实现学校文化建设，促进学校发展，办人民满意的学校。

一、课题研究基本情况

(一)研究背景

1. 政策依据

(1)党的十九大报告对文化建设的重要定位

坚定文化自信是党的十九大报告中文化建设的关键词。"没有高度的文化自信，没有文化的繁荣兴盛，就没有中华民族的伟大复兴。"文化自信是更基础、更广泛、更深厚的自信，文化自信是更根本的自信。

---

① 指导教师：北京教育学院胡淑云教授；北京市中关村第三小学刘可钦校长。

(2)培育和践行社会主义核心价值观的要求

党的十九大报告指出，培育和践行社会主义核心价值观，要以培养担当民族复兴大任的时代新人为着力点。充分发挥社会主义核心价值观的引领作用，充分发挥中华优秀传统文化的滋养作用。

(3)积极传承和发展中华传统文化

《完善中华优秀传统文化教育指导纲要》明确指出"加强对青少年学生中华优秀传统文化教育，要以弘扬爱国精神为核心，以家国情怀教育、社会关爱教育和人格修养教育为重点，着力完善青少年学生的道德品质，培育理想人格、提升政治素养"。

(4)优秀的学校文化是落实立德树人的"载体"

教育部《关于全面深化课程改革 落实立德树人根本任务的意见》文件指出：全面贯彻党的教育方针，遵循教育规律和学生成长规律。大力弘扬中华优秀传统文化，把培育社会主义核心价值观融入国民教育的全过程。倡导富强、民主、文明、和谐，倡导自由、平等、公正、法治，倡导爱国、敬业、诚信、友善。要立足中国国情，具有世界眼光，面向全体学生，促进人人成才。

基于以上政策要求与形势分析，本课题提出"百年学校卓秀文化传承和发展"是学校办学实践中需要仔细思考的重要问题，也是学校在价值选择和立德树人过程中所必须积极思索的重要议题。

2. 理论依据

文化立校。文化立校是指以学校文化为主要抓手和线索，系统思考、改进、传承、发展，以形成价值驱动性学校为目的的建设策略。学校文化是学校建设和管理的重要内容，是弘扬学校精神风貌、展现办学特色、凸显教育教学理念的集中体现，更是一所学校办学过程形成的文化积淀，是学校的精神生命和灵魂。学校不仅是传承文化的场所，也在长期发展历程中积淀并创造着学校自身的文化。学校内的一切教育行为都是在学校文化氛围中进行的，师生都受到学校文化的影响。学校教育在传承文化的同时，其自身的文化建设也在不断的积累过程中厚积薄发，厘清学校文化发展的脉络，正本清源，有益于我们在传承的基础上建设适合学生发展的文化场所。

以上理论依据是本课题提出的"百年学校卓秀文化传承和发展"的基本理论导向，也是本课题开展的重要价值基准。

3. 现实依据

学校历经百年沧桑，对其长青常绿的文化根源进行持续追溯是学校的办学使命。良乡小学是北京市房山区的一所区教委直属小学，地处区政府的中心地带，是一所百年学校。2016 年 9 月被北京市教委认定为第三批"百年学校"，并挂牌确立。登高始见万物，追古方明自身。2014 年，学校文化领导小组开始了艰难的文化寻根之路。同年 9 月，在涿州市档案馆查阅资料时，从《光绪顺天府志》中查到学校最原始的记载。良乡小学起源于 1847 年的京师著名书院——卓秀书院，历经风雨，八易其名，迄今已有 170 多年的历史。百年沧桑磨砺出老校顽强蓬勃的生命力，斗转星移映照着书院一脉相承的卓秀精神。学校文化建设小组携领全体干部教师、学生和家长一起探寻学校文化内涵，又借助专家之力，历时两年时间，梳理学校办学历史，确立了学校卓秀文化建设方向，确立了"卓尔立 秀而实"教育价值追求。迄今为止，学校通过百年文化的寻根路径，找寻到了文化建设的起点，开始了学校办学理念体系和办学实践体系建设的起始性工作，走出了以文字为载体的理论性整体搭建工作的第一步。但在百年学校文化建设的寻找起点、梳理历史、再建体系、传承与发展的建设历程中，我们刚刚迈出一小步。

经过反复讨论，良乡小学学校文化建设小组形成共识：学校文化建设并非一朝一夕之功。文化立校，促进发展，我们刚刚迈出可喜的一步。传承和发展百年学校的卓秀文化是学校发展的必选项，更是我们今天的重任与担当。

在学校文化建设的艰难过程中，我们也深刻体会到：教育飞速发展的今天，现实记录下了这所百年学校对地区教育做出卓越贡献的同时，也向这所老校发出了时代的挑战——如何牢记先贤、继承传统、内涵引领、开拓未来？无疑，卓秀文化的传承与发展是学校再次腾飞的必经之路。

综上分析，百年学校的"卓秀"文化传承与发展研究是学校发展的新的突破口。在此课题中，我们将凝练和提升流传百余年的卓秀精神，用独特的卓秀教育文化提升学校整体办学水平，将卓秀基因植入整体课程建设，培育卓秀少年。用一代代卓秀人留给我们的宝贵的精神财富，碰撞出激励我们不断前进的心灵火花，助力卓秀少年成长，促进广大教师发展，将良乡小学建设成为师生向往的心灵家园。

以上现实依据分析，成为本课题所提出的"百年学校卓秀文化传承和发展"的实践需求。

(二)研究现状

1. 国内外关于学校文化的研究综述

(1)关于"文化"概念的研究

为了更好地理解学校文化，更多的时候是从"文化"的理解入手。张东娇教授在《学校文化建设北京经验》一书中，从泰勒给出文化定义以来所形成的200余种文化界定中，列举了12种看法和定义[1]：①一个民族生活方式的综合；②个人从群体那里得到的社会遗产；③一种思维、情感、信仰的方式；④一种对行为的抽象；⑤就人类学家而言，是一种对一群人的实际方式的理论；⑥一个汇集了学识的宝库；⑦一组反复出现的问题的标准化的认知去向；⑧习得行为；⑨一种对行为进行规范型调控的机制；⑩一套调整与外界环境及他人关系的技术；⑪一种历史的积淀物；⑫一幅地图、一张滤网和一个矩阵。

文化自有定义以来，众说纷纭。文化研究者威廉斯（Raymond Williams）就把文化看作一个整体的全部生活方式，认为文化是包括一切的一个抽象概念，指各种形态的生活、物质、知识和精神。通过对"文化"定义的梳理和解读，其中上述选取的①、③、⑤、⑪条定义更让我们从学校视角，对"文化"有了更深的理解，并从而对学校文化产生了更多的思考。

(2)关于"学校文化"界定的研究

①"学校文化"的含义

最早提出"学校文化"这一概念的是美国学者沃勒（W. Waller），他早在1932年《教学社会学》（*The Sociologe Teaching*）一书中，就曾经使用"学校文化"一词，他将学校文化定义为"学校中形成的特别文化。"[2]这一"学校文化"概念启发了以后对学校文化概念的界定，主要而言，有以下几种重要界定方式。

从"价值观念和行为形态定义"视角看，顾明远在《教育大词典》中指出："学校文化指学校内有关教学及其他一切活动的价值观念及行为形态。"[3]

从"生活方式说"视角来看，北京师范大学的张东娇教授在《研讨式评建——学校文化建设北京经验》一书中也指出："学校文化是学校全体成员共同创造和经营的文明、和谐、美好的生活方式，是学校核心价值观及其主导下的行为方式和物质形态的总和，包括学校精神文化、制度文化、行为文化和物质文化。"[4]

从"习得价值定义"视角看，郑金洲在其《教育文化学》中把"学校文化"定义为"学校中全体成员或部分成员习得且共同具有的思想观念和行为方式等。"[5]

从"物质精神总和定义"视角看，有人则认为学校文化是指学校全体师生在长期的教育教学实践和理论探索过程中共同创造而形成的物质财富和精神财富的总和。[6]

综上所述，无论是哪种学校文化的定义，其本质都是在各位作者的价值观指引下，分别站在不同视角对"学校文化"这一问题的分析结果，所反映出的观点具有相似性，即：学校文化都是一种由师生组成的群体性文化；都是经过学校自身长期发展过程中不断积累形成的行为观念和价值取向；都是多方面综合的复合体，是外在的行为和内在的理念的有机整体。而这几种定义也都从不同层面揭示出学校文化的基本属性，对我们理解和学习学校文化的特质具有很好的启迪作用。

②"学校文化"构成研究

目前，关于学校文化结构的研究也有着不同的分法：二分法、三分法、四分法和六分法等。[7]

二分法。二分法是比较流行的说法之一。一种说法是把学校文化分为精神文化层面和物质文化层面两部分。

三分法。学校文化三分法也是比较流行的一种说法，可以分为深层、中层和表层文化，即精神文化、制度与行为文化、物质文化。还有很多变式说法，如由器物文化层（表层）、制度文化层（中层）和精神文化层（底层）组成；或由物的部分、心物结合部分、心的部分组成。[8]

四分法。在学校文化三分的基础上，四分说做了更细致的区分。这种说法认为学校文化体系是由精神文化、制度文化、行为文化和物质文化四个层面组成的。或者把制度文化和行为文化合而为一，称作行为文化，学校文化就变成了三个层次。四分法和三分法本质上是相同的。[9]

六分法。王继华认为学校文化包括六种载体：环境载体，如校园设计、景观建筑；理念载体，如校训、校歌、校徽、教育理念、育人目标、价值追求等；活动载体，如校庆、纪念日、班队团会、升旗仪式、艺术节、运动会、兴趣小组、科技活动等；教学载体，如各科课堂教学；制度载体，如学生守则、文明公约、管理制度等；行为载体，如校长、教师、学生等的行为所体现出来的精神风貌：校风、教风、学风。[10]

谢翌、马云鹏在其论文中提出学校文化结构呈"冰山"样态，并用表格来描述其基本构成，见表1。[11]

表1 学校文化"冰山"样态表

基本成分	具体内容	主要特点
显性成分	1. 做事方式(待客方式、学校成员内部的互动方式、与上级部门互动方式、处理问题的自动化行为)； 2. 学校图腾、标语等； 3. 学校建筑与布置； 4. 典礼与仪式； 5. 榜样与故事； 6. 学校制度与规范(包括课堂规则)； 7. 课堂教学行为	可观察 可测量
灰色地带	学校传统	半显半隐
隐性成分	1. 学校成员共享的价值与观念； 2. 学校成员行为和价值观的前提和假设，它往往比价值隐藏得更深，需要做更细致和深入地挖掘； 3. 制度化行为的动机	需要经过长期的共同生活方可把握

综上，无论是二分法、三分法、四分法、六分法，还是所谓的"冰山"样态，分歧并不大。按照由内到外、由深及浅的变化过程，可以确认学校文化体系是精神文化、制度文化、行为文化和物质文化四个方面所构成的一个整体的结构。

2. 国内外关于学校文化传承与发展的研究综述

(1)关于"学校文化与传承"的理解

根据《汉语大词典》，传承意为"承接与传递"。发展即为事物由小到大，由简单到复杂，由低级到高级的变化。文化是人类在社会发展过程中所创造的物质财富和精神财富的总称，文化传承就是指这两种财富在上下两代人之间的传递和承接，并不断发展创新的过程，是文化在社会群体的代际成员间做接力棒似的纵向承接与传递的过程。

所谓学校文化的传承，更多指的就是学校对于办学历史过程中呈现出的文化特色进行承接与传递的过程，这种承接与传递不是单纯地代代相传，而是一种继承基础上的创新性行为，也即发展。文化传承与发展，需要的是言传身教、脚踏实地，需要鲜活的思想和生命。

（2）关于学校文化与传承经验的研究梳理

①问题梳理

认识误区：将学校文化等同于精神，是学校文化脱离实际。将学校文化视同为社会文化在学校中的应用，使之标准化、模式化。注重文化表层形式，忽视了学校文化的深刻内涵。

操作层面：拿来主义、肤浅的现象主义、作秀文化、评比主义等让学校文化在传承与发展中扭曲了实质。还有一些学校出现"浮气""俗气""匠气"，存在一味地照搬和模仿现象。

因此，康君明在《关于学校文化建设的文献综述》中总结道：学校文化建设重外化轻内化、重硬化轻柔化、重变化轻进化、重强化轻感化、重物化轻人化的"五重五轻"状态值得关注。诚如张东娇教授所述：学校文化整体上更关注内部发展，对外部环境敏感性差。学习文化更注重稳定和层级，缺少灵活性和创新。

②经验梳理

当然，在学校文化传承与发展中，有诸多学校摸索出适合学校发展的经验，值得借鉴。

经验之一：注重发挥校长的文化作用

校长在学校文化建设和传承的过程中起着举足轻重的作用，根据美国加州基础教育首席官员理事会（CCSSO）所建立的学校领导者资格认证标准，"学校文化的发展者"成为美国中小学校长的一项重要使命。有研究者通过对澳大利亚多所学校的实证研究指出，校长的支持是学校文化建设过程中最主要的影响因素之一，尽管这种影响可能是积极的，也可能是消极的，但是学校文化建设的确与校长的行为有着密切的联系。

我国国内的研究者也十分注重研究校长在学校文化建设中的作用。有研究者指出，学校文化建设过程中，首先需要行动起来的就是校长，他们要努力学习，研究学校的历史，发掘学校的优秀文化传统，思考学校的办学思路，统筹规划、全面策划学校的文化建设。很多中小学校长也逐步认识到校长在学校文化建设过程中的重要作用，并坚信校长对学校的领导首先是文化领导，其次才是行政领导，打造富有特色的学校文化，是每一位校长的神圣使命。有研究者则更直接地认为，校长本身就是学校文化的传承者和经营者，他们对于学校文化的建设和传承责无旁贷。

经验之二：重视学校文化建设的目标建设

在当今学校文化构建过程中，不少学校管理者都将目标聚焦式地指向于学校文化建设的过程与策略，而忽视了学校文化建设目标的创设。据此，有研究者指出，确立特色鲜明的学校文化建设目标应该成为学校文化建设的首要工作。而特色鲜明的学校文化建设目标主要反映在三个方面：其一是学校文化建设过程中形成的学校文化精神；其二是学校文化建设过程中规模、速度等方面的目标定位；其三是学校文化构建过程中的管理方式与运作机制。为了确定特色鲜明的目标定位，要以科学发展观指导学校文化建设的目标，重视学校发展需求的态势，重视同类学校文化发展的趋势，通过比较找出自己的优势与不足，使师生员工成为学校文化建设已有特色的传承者和新特色的创造者。

经验之三：强调学校文化建设应持之以恒

姚虎雄在《也谈学校文化的传承与创新》中谈道：用心做好学校文化传承，坚定办学使命，担负起文化传承之责，必须沿袭所有正确的思想和方法，不轻易使教育要求"一日数变""数日一变"。必须延续群体中的一切有利因素，利用师生的优质影响，铭记于心，越来越厚重。

(3)关于百年学校文化传承与发展经验的研究梳理

关于百年学校文化传承与发展的文献资料并不多，从可获取的文献资料中得到以下积极启示。

①理论借鉴

借鉴之一：历史自觉

刘建平、苏瑞霞在《百年老校的文化自觉与使命担当》中记录了浙江省杭州市拱宸桥小学面对学校发展的实际，紧跟时代的脚步，选择了"文化自觉与责任担当"的崛起之路。

沈曙虹在《文化传承：学校创新发展的必然课题》中强调，历史自觉是学校文化创新的内生动力。此处所指的"历史自觉"是指对学校传统资源及其价值的清醒、理性、能动的认识，是办学者充分了解学校发展脉络、重大事件，认识到学校发展、演变的规律与趋向，积极总结和审视传统经验并具备更新传统的自主能力，进而取得学校在创新发展选择中的自主地位。

可见，历史自觉是百年学校文化建设、传承、发展的内驱力与原动力。一旦办学主体在文化层面对学校历史形成了高度的自觉，就意味着学校发展具有了内源性和创生性。办学方向和办学特色的形成便有了内在的逻辑依据。当然，由于人的局限性，对学校传统的认识不可避免地有着自身的、时代的局限，因而，历史自觉将是一个不断超越既有认识的过程。

借鉴之二：当下语境

沈曙虹在《文化传承：学校创新发展的必然课题》中强调：当下语境是学校文化创新的思考点。"一切历史都是当代史。"在这样的逻辑下，我们应该认识到：我们对学校自身传统的接近，不是（也不可能是）原封不动地还原历史的"本来面目"，而是立足关注着当下的语境与过去的事件进行对话，是形成一种视界融合，是以今天人们对教育和文化的理解来对学校的历史事件、优秀传统做出当代解释。也就是说，我们对现在和未来的界定，决定了我们对传统的叙述，我们怎样理解和设计学校的未来，决定了我们怎样继承传统。因此，我们应立足于发展的基础上，合理利用办学传统中的有效资源，以时代精神更新和丰富其内涵，使其成为当下学校办学理念差异化、课程设置差异化、教学方式多样化、学校管理特色化、师生发展个性化的重要依据。

借鉴之三：文化转型

文化转型是学校文化发展的逻辑路径。所谓学校文化转型，是指学校在特定时期赖以生存的文化模式向一种全新的、更具时代精神的文化模式转向。它的实质是学校中人的教育观念，尤其是教育行为的根本性转变，是对学校主体的重塑。继续固守原有文化，最终导致在当今社会落伍。无视文化传统、割裂历史脉络必然是学校发展之大忌。但传承最终是为了发展和创新，如果从一个极端走向另一个极端，甚至走向故步自封的传承，这将是学校发展的重大阻碍。因此，文化转型不再是所有学校的必由之路，而是承载了过多文化积淀的历史老校的必由之路。只有正确理解、积极推动文化的转型，才能保持学校文化强健的生命力，在新的平台上持续发展。

综上所述，我们必须认识自己学校的传统文化，以及实现现代发展的历史依据，并做出符合时代要求的文化选择、文化组合、文化重构。这是时代的呼唤，也是学校自身发展的逻辑路径。

②实践借鉴

通过对当前研究文献的仔细梳理，不难发现当前关于百年学校文化建设的研究资料虽然并不充足，但关于百年学校文化传承与发展的研究成果却比较丰富。由此，我们可以看出：随着现代教育的发展以及人们对学校文化建设的日益重视，百年学校文化的传承与发展问题开始成为学校文化研究的一个重要问题。

就我国国内学者的研究看，从 20 世纪 90 年代末期开始，百年学校文化传承和发展逐渐成为中小学校关注的一个重点，学校的文化传承与发展已经成为学校教育发展改革战略的重要组成部分。此类相关研究开始逐渐占据学校文化研究的一席之地，就此类研究的研究人群看，主要集中于中小学的校长，常用的研究方式是对本校学校文化的传承问题进行总结与升华，旨在突出研究的实践意义。如成都双流县实验小学提出的以"一个都不能少"为核心的学校文化传承与创新策略、上海浦东新区东南路小学提出的"在学校文化的传承与创新中实现办学成功"的学校发展基本策略、王广喜撰写的《一所百年老校的文化传承——怀远一中校园特色文化建设探索》、唐会荣撰写的《百年老校文化建设的探索与实践》等，都展示了中小学校长关于学校文化传承的独到智慧。不过，纵观此类研究成果，大多带有明显的"校际"痕迹，将成果广泛运用于其他学校文化的传承与发展中必然存在很大的问题与障碍，但是，校长们提到的"故事叙述""校史研究""档案保存"等方式，却可以成为今后学校文化传承与发展研究可以借鉴的宝贵材料。

经过深入查阅资料，笔者发现有一小部分百年学校文化传承与发展的研究成果可供借鉴，对良乡小学学校文化传承与发展具有启示意义，如广州东山培正小学的学校文化传承与发展之路。广州东山培正小学是创建于清光绪十五年（1889 年）的一所百年名校。为传承与发展百年名校的文化，培正小学开展了以下行动：统整资源建立善正教育文化体系；重塑物质层面的善正教育文化；提升精神文化，颂扬善正风范；培育行为层面的善正教育文化。培正小学在传承和弘扬培正学校的传统文化的同时，通过以上举措，让该校的培正文化成为更为鲜活的教育资源，为培正教育品牌增添了特色和魅力。

通过同行交流，笔者发现北京地区在文化传承方面做得比较好的百年学校有：府学小学、黄城根小学、北京大学附属小学等。它们的共同点就是通过自然环境的熏陶、人文环境的影响来弘扬民族精神和民族文化，积极进行国学熏陶，形成个性鲜明的学校文化特色。

综合分析，笔者认为研究良乡小学这所百年学校文化的传承与发展既可以丰富我国关于百年学校文化建设研究，又可以给其他地区的百年学校的文化建设起到一定的辐射作用。

（三）核心概念界定

学校文化：学校全体成员共同创造和经营的文明、和谐、美好的生活方式，是学校核心价值观及其主导下的行为方式和物质形态的总和，包括学校精神文化（又称学校办学理念体系）、制度文化、行为文化和物质文化（后三者合称学校办学实践体系）。

文化传承与发展：据《汉语大辞典》，"传承"意为"承接与传递"，多用于对非物质文化信息的继承、借鉴和后传。"发展"，即为事物由小到大，由简单到复杂，由低级到高级的变化。

据此，所谓学校文化的传承，更多指的就是学校对于办学历史过程中呈现出的文化特色进行承接与传递的过程，这种承接与传递不是单纯地代代相传，而是一种继承基础上的创新性行为，"发展"是其基本内核。文化传承与发展，离不开言传身教、脚踏实地，以及鲜活的思想和生命的滋润。

（四）研究目标与研究意义

1. 研究目标

（1）完善和发展具有属我性的学校文化体系

通过卓秀文化办学理念体系向办学实践体系的落位实践与研究，系统创新各领域的行为支撑，通过系统思考、实践、整理，制定《良乡小学卓秀文化实施手册》，指导教师、家长、学生进行实践。让卓秀文化逐渐成为师生共同的价值追求。发展出符合学校发展实际的卓秀文化传承与发展的经验。

（2）构建并完善基于学校文化的卓秀课程体系

在学校办学理念和培养目标引领下，逐步完善学校文化与课程一体化建设，让卓秀文化基因如课程建设指向育人目标。形成完善的《良乡小学卓秀课程建设体系》，着力培养德才好、知行佳的卓秀少年。

（3）整理与丰富学校百年发展的重要校史资料

通过学校校史馆的完善与建设工程、学校发展志的撰写完善、续写学校校史，为后人留下宝贵的资料。

（4）梳理、整理、固化、提升文化建设成果

通过收集、整理、提升卓秀文化实践智慧，以著作的形式形成高质量的学校文化建设成果。

2. 研究意义

（1）理论意义

当前教育研究领域对于学校文化的研究多集中于理论的探索，关于学校文化的一整套理论体系在教育研究领域业已形成。但是，这种理论体系更多的是对学校文化及其构建过程中"共性"（普遍性）的认识，而对于"个性"（特殊

性)的认识尚显得比较缺乏。此外，通过查找有关书籍及学术论文，不难发现关于百年学校文化建设的文章较少。因此，通过研究良乡小学这所百年学校文化的传承与发展，对良乡小学及房山地区的教育都具有一定意义。对这一历史过程的深入研究能让我们认识到学校"卓秀"文化生成的历史背景和文化源流，深化了人们对于学校文化及其构建的理性认识，完善了已有的学校文化相关理论体系，做到学校文化建设中共性与个性的结合，从而更好地为我校的文化建设提供理论支撑，具有重要意义。

（2）实践意义

相比较于理论意义，本课题的实践意义显得更加突出。一方面，在我国小学学校管理的实践中，关于学校文化建设的探讨已经持续了多年，这些年中，良乡小学虽取得了不少的成果，但是学校文化建设中存在的问题依然显而易见，这其中有对学校文化的错误理解，有学校文化构建方式方法的错误，需要不断深思学校文化建设这一问题。我校经历了百年的发展历程，形成了富有特色的"卓秀"文化。在新的时代，如何继承与发展这种宝贵的文化财富，已经成为我们不得不努力思考的问题。本研究希望通过良乡小学个案研究，对具有普遍意义的学校现象与行为进行提炼，清晰地描绘学校文化的现状。在例行分析和系统思考的基础上，提出有效的学校文化建设策略。以期让优秀的文化精神作用于现代学校师生的行为，促进现代学校良好精神风貌的形成，从而促进师生和学校整体发展。让百年学校永远青春不老、生机益然。随着研究和实践的深入，当前学校的发展已经开始呈现出新的活力。

（五）研究内容与研究方法

1. 主要研究内容

本研究以本校发展史为例，人人都是研究者，也是被研究者。学校的建成和发展史可以追溯到清朝末年，170多年的学校发展史离不开社会大背景的变革，而学校的经久不衰与一代代教育者们不懈的努力、默默的奉献密不可分。

（1）百年学校的历史的再挖掘。包括：学校建立之初及各个阶段的样貌；学校初名"卓秀书院"的由来和寓意；学校的历史、名人故事；学校对良乡地区教育的影响等。

（2）学校卓秀文化体系的再完善。在学校办学理念和培养目标引领下，逐步构建学校卓秀教育课程体系。在传承与发展中对文化体系进行实践性、实施性的再完善。系统创新各领域的行为支撑，通过系统思考、实践、整理，制定《良乡小学卓秀文化实施手册》，指导教师、家长、学生进行实践。让卓秀文化逐渐成为师生共同的价值追求，发展出符合学校发展实际的卓秀文化传承与发展的经验。

（3）学校文化精神的传承载体探寻。通过开发卓秀校本课程，开展主题实践活动，建立卓秀评价体系等多种途径和形式，传承与发扬卓秀精神。

2. 研究重点

学校卓秀文化实践体系的不断完善及其落实。

3. 主要研究方法

（1）个案研究法：以良乡小学作为研究个案，探寻学校发展历史，找寻学校文化精神，思考学校文化载体，使学校文化体系化，使得理念和时间条理清晰且自洽。

（2）文献分析法：查阅资料，追溯学校历史，完善学校文化脉络；

（3）叙事研究法：整理学校历史、人物故事；

（4）行动研究法：通过问卷和访谈的形式对数据进行收集，以"为了学校""在学校中""通过学校"等理念，边实践边研究，边总结边提高。

二、研究过程与研究成果

(一)研究过程

1. 把准方向、注重实效、更新观念

在课题研究论证及实施过程中，注意遵循规律，找准定位，稳步渐进，突出了三个"注重"。

1）注重"可行性"。课题研究的可行性论证，是课题研究成败的关键。在课题论证环节，注重基于新课程改革的背景，积极深挖学校发展历史，不断追根溯源，找到学校文化的魂，并取其精华，进行传承和发展，让百年学校焕发新活力。通过文化的传承和发展这条路径，破解学校整体发展中的难题，以文化改善氛围，以文化引领发展。

2）注重"实效性"。教科研工作必须从学校的具体实际出发，稳步渐进，力求实效。在推进课题研究工作中，极力避免"假、大、空"，不搞形式主义。课题研究不求大步前进，但力求迈出的每一小步都要落地有声。在课题研究中，要求普通实验教师围绕课题撰写教育案例、教学反思、阶段总结及经验论文等相关活动资料。在管理上，积极探索走一条"点—面—网"的路子。最初在课题研究中我们确立了实验教师，在此基础上在全校范围内全面铺开，全员参与，但在实际研究中我们发现全员参与一个课题研究缺乏灵活性，操作和管理上都有一定的局限性，于是，我们又以教研组为单位、以主课题为依托成立分课题，研究活动也由学校统一组织开展到以学校开展活动为主体，以各分课题组结合分课题自行确立研究活动方案为主，这样就使研究活动更有针对性、实效性，实践证明，我们的思路是符合规律的。

3)注重"过程性"。通过课题研究总结学校文化的建设和实施路径，逐层推进过程中，从宏观把控文化在不同实施路径中所发挥的作用，关注重点领域建设过程中形成的经验和出现的问题，以科学的思维方式和方法解决问题、积累经验，最终达成学校的整体发展和传承的目标。

2. 依托培训、立足现实、拓宽渠道

学校采取培训与自育并行的教科研培训策略，以文化体系、课程体系和课堂改革为载体，在培训工作落实上主要采取"外训与内训"结合的策略，促使教师在学习中研究，在研究中反思，在反思中提升。借助专家和伙伴的帮助，拓宽自己的认知渠道，提升科学研究的能力。

3. 重抓体系、循序渐进、扎实工作

在学校文化传承与发展的研究上，从体系建设入手，宏观构建文化体系，循序渐进地推进实践研究的过程，扎实做好每一个重点领域建设的工作，使研究的整体和局部成为协调统一的整体关系，形成良性促进作用。

(二)研究成果与成果形式

1. 研究成果

良乡小学百年流转、文脉不断、学子辈出，形成了独有的发展优势。面对党和国家对教育的更高要求，面对教育发展的迅猛变化，面对百姓对教育美好生活的高期待，这所百年学校迎来了前所未有的挑战。

如何破解百年学校发展中的难题？新时代的百年学校发展的生长点在哪里？如何焕发百年学校发展的动力，实现自我突破和超越？如何满足地区百姓对学校的期盼？如何满足学生对公平优质教育的需要？一连串的发展难题摆在学校面前。

经过反复的学习、讨论，我们越来越清晰地认识到：百年学校的文化自觉必将成为这所老校在改革大潮中重新崛起的必经之路。

百年学校的文化自觉集中表现在我们这代人对百年学校优秀文化的尊重、对百年学校现实发展的责任担当。从学校百年办学历史中感悟文化传统的厚实，以今天的眼光让老校精神重新站立，从中探寻在百年办学实践中绵延的生命活力，并在现代社会主义核心价值体系中，将学校文化凝练、梳理、再造、传承、发展，形成学校发展新的活力，助力师生的全面成长。这就是体现百年学校的文化自觉与责任担当的发展之路。

1）追溯百年学校历史，挖掘文化内涵

百年流转，卓秀流芳。起源于1847年的"卓秀书院"的良乡小学，迄今已有170多年的历史。学校位于房山区良乡中路12号，占地面积11180平方米，建筑面积7167平方米，现有教学班37个，学生1407人。现有教职工96人，其中高级教师4人，市区级骨干教师19人，校级骨干教师7人，骨干教师占教师总数的27%。良乡小学现已成为国家教育部确认的首批"全国现代教育技术实验学校"、北京市中小学校园环境示范校、房山区绿色学校；2016年良乡小学挂牌为"百年学校"；2017年被评为北京市基础教育课程建设先进单位；还多次被评为首都文明单位和房山区素质教育综合评价一等奖。170多年建校历史，这所学校形成了自己独有的发展样态。

就是这样一所百年老校，历尽沧桑，广育群才。虽小有名气，却被大家称为"土财主"。之所以称为"财主"，是因为我们小有才气。之所以摆脱不了这个"土"字，是因为我们缺少了一种气质——百年老校应有的文化气质。不得不承认，我们的学校文化建设中，明显存在着专家经常提到的较为典型的"文化与内涵中空、内虚、外散"的三大问题。

如何牢记先贤，继承传统，面向未来，内涵引领，开拓创新，如何更坚定地站在房山乃至北京教育的前端，无疑，文化传承、理念引领是我们再次腾飞的必经之路。

如何构建起合体的、厚实的、生动的百年老校文化体系？我们的文化建设路径的起点在哪里？我们学校的文化之根一定在百年历史的传承之中，一定在百年历史对教育本真的追逐之中。

因此，学校依据百年历史发展之特点，借鉴众多优秀学校文化建设之经验，在领导和专家的指导下，经过干部教师反复讨论，我们开启了文化的寻根之旅。

（1）寻起源之根

我们走进河北省涿州市档案局、房山档案局，走访房山文化名人，召开老教师座谈会，多方查找、搜集学校起源资料。《光绪顺天府志》明确记载："卓秀书院在良乡东大街路南，原建在东门外，道光二十七年知县程仁杰移建于此，将隆峰寺抄产官租分给书院以为修脯膏火之资。良乡陈志，按半入京城金台书院"。通过大家的努力，不仅更改了误传的"卓香书院"名称，更寻找到：卓秀书院为当时京师第二大著名书院，建院宗旨为培育栋梁之材。由此，我们提取"卓秀"，初步提出"卓秀教育"特色文化的建设思路。

（2）寻经典之根

提出"卓秀教育"特色文化的建设思路之后，应该说找到了文化建设的起点和基本线索。我们继续顺藤摸瓜，进一步挖掘"卓秀"的出处，翻阅古籍找出历史依据。使得我们的办学理念有内涵、有文化、有出处，避免生搬硬造之嫌疑。

"卓秀"从卓秀书院而来。卓秀书院的命名排除地名、人名等因素的影响，应该取自以下典故。

《论语》中有"如有所立，卓尔"之说，也即《说文》中"卓，高也"之意，卓就是超高、不平凡的意思。"秀"有特别优异的意思，也指特别优异的人。综上论之，卓秀书院的"卓秀"应该既是对书院这个实体的美好景色的形容，也是对书院培养的人才的一种期盼，即学问高、行为美的翩翩少年。

《论语·子罕第九》中记载："颜渊喟然叹曰：'仰之弥高，钻之弥坚，瞻之在前，忽焉在后。夫子循循然善诱人，博我以文，约我以礼，欲罢不能，既竭吾才。如有所立卓尔。虽欲从之，末由也已。'"由此引出我们的第一个词"卓尔立"。《论语·子罕》："苗而不秀者，有矣夫，秀而不实者，有矣夫。"《道德经·德经第三十八章》老子曰："是以大丈夫处其厚，不处其薄，居其实，不居其华。"由此引出我们的第二个词"秀而实"。

因此我们将核心价值观和校训合二为一，定为：卓尔立 秀而实。避免口号繁多而杂乱，又符合学校"卓秀教育"的核心思想。

"卓尔立 秀而实"的解释为：卓尔立即高大地挺立，指人的品德和学识都很出色，即出类拔萃、优秀之意。秀而实即指优秀不是空中楼阁，而是有真才实学，脚踏实地。

在这两步中，我们循着起源、经典的线索，逐渐摸索到"卓尔立 秀而实"的理论依据，应该说很符合我们学校的特质，但是我们的学校办学历史中有这方面的实践基础吗？

（3）寻历史之根

我们用了整整两年的时间，整理了学校收集、散落民间、官方记载的丰富的校史资料，建起"菜根书味"校史馆。不难发现：百年学校，历经清代、国民革命时期、抗日战争时期、解放战争时期、改革开放时期，在国家的大背景下，虽然几经沉浮，依然顽强地存活下来。并且在每一个时代，无不体现着追求卓越的文化底蕴，并逐渐积淀着"踏实"的办学传统，也形成了"稳定"的办学口碑。由此可见，学校本身也具备"卓秀"的基本特征和基本实践基础。这也是我们为之自豪的代代传承的优秀历史。

(4)寻教育之根

我们从学校起源入手，找到"卓秀"的起点与线索；我们在经典中寻觅，找到"卓秀"的理论依据，我们反观学校历史，验证"卓秀"的实践基础。带着这样的思考与实践，我们再次静下心来，将这三条线索与现代教育需求、规律紧密连接，思考在"卓尔立 秀而实"理念指导下，我们要培育什么样的人？在不断地思考与讨论中，我们形成共识："德才好，知行佳"应该成为我们的培养目标。

近几年，学校着手梳理文化脉络，追溯学校起源，寻找经典理论依据，研究学校发展实践，将早已在人们心中约定俗成的价值共识进行提炼，这就是"卓尔立 秀而实"。

可以说，"卓尔立 秀而实"核心理念是对良乡小学百年文化之厚重的贴切表达，是对良乡小学百年文化之精髓的精准提炼，是对良乡小学百年文化之实践的高度概括，是对良乡小学百年文化之发展的理想期盼。

随着学校文化内涵的确立，学校又进一步追溯并梳理了百年学校的课程历史(见表2)，从中汲取宝贵的课程经验。

表2　学校课程发展历史

课程阶段	课程特点
书院课程 (1847—1901 年)	以学生个人读书钻研为主，一改官学先生讲、学生听的沉闷格局，注重培养学生的自学能力、独立研究能力，把指导学生如何读书、怎样做学问作为教学的重要任务
学堂课程 (1901—1911 年)	以修身、国文、算术、历史、地理、博物、理化、图画、手工、体操、游戏为主；课程丰富，学生基础扎实
癸卯课程 (1912—1928 年)	以修身科目作为品德和行为训练的基本内容；涵养儿童德性，规范儿童行为；实施课外道德实践
学校课程 (1927—1937 年)	1936 年颁布《小学课程标准》，高小社会科设公民知识、历史、地理三科，四年级起设置算术加授珠算；强调基础课程的全面性
战时课程 (1937—1945 年)	根据地小学教育完全打破抗战前那种把学生关在教室里死读书的教育方法，从当时抗战的实际出发，把爱国主义教育的内容渗透到各门课程之中；小学的课程设置有国语、算术(包括珠算)、常识、唱歌等；不论什么课，都有抗日内容

课程阶段	课程特点
中华人民共和国成立后的八次课改（1949—2021年）	第一次课改(1949—1952)： 实现了教学计划、教学大纲、教科书的统一 第二次课改(1953—1957)： 我国较为全面的中小学课程体系初步形成 第三次课改(1957—1965)： 贯彻教育方针，实施教育革命 第四次课改(1966—1976)： 自编生活式教材，生活、社会、革命构成了全部的课程 第五次课改(1977—1980)： 恢复正常的教学秩序 第六次课改(1981—1985)： 更新教学计划，适应形势发展 第七次课改(1986—2000)： 实施义务教育，首发课程计划 第八次课改(2000—2021)： 全面实施素质教育，构建新的课程体系 尤其是第八次课改，它不是对课程内容的简单调整，涉及课程理念、目标、方法、管理、评价等方面；更强调学生全面、主动、生动的发展
新时期课程（2001年至今）	新时期在第八轮课改至今，我校课程主要经历了感性开发阶段、整体建构阶段、理性建构阶段三个阶段

基于对学校课程发展史的梳理，我们欣喜地发现：学校课程发展的各个时期，卓秀教育都注重培养"卓越人才"，即提供高质量的教育，"高质量"的教育标志在于：更加关注夯实学生德才的基础，激发学生学习兴趣，并能够持久地保持，更加注重对学生自主学习能力的培养。因此，依据课程史的梳理，我们更加明确了课程目标，即培养"基础厚实、兴趣持久、自主发展"的卓秀少年。

通过对学校历史和课程历史的梳理，我们发现"卓尔立 秀而实"不是无源之水，它是从170多年学校的历史中逐渐生长出来的。因此只有基于历史，挖掘内涵，才能更好地发展和传承文化。

"卓尔立 秀而实"有历史味道。它是有"根"的文化。百年学校实践，"卓越"精神的追求贯穿其中，并越来越积淀深厚。这是卓秀先贤为后代留下的宝贵的精神财富，深入人心。因此，她一定能成为良乡小学的立校之基。

"卓尔立 秀而实"有育人味道。"卓尔立 秀而实"不是空口号。回顾学校建校历史，学校虽历经艰辛，几经沉浮，但是始终不忘初心——全面育人。"爱国、爱家乡、爱学校、爱老师、爱同学"是德育的主旋律；"学会学习、积极参与、敢于创新"是课堂的倡导，"踏实肯干、吃苦耐劳、敢于争先"是历代教师留给孩子们的形象示范。"卓尔立 秀而实"从孩子的做人、做事、做学问三个方面，给予了明确的指导，方向引领，那就是"品德高尚、学识出众、脚踏实地"。不管时代、时间如何变化，育人为本始终是"卓尔立 秀而实"的本质坚守。

"卓尔立 秀而实"有文化味道。"卓尔立 秀而实"不是生搬硬套。《论语》中有"如有所立，卓尔"之说，也即《说文》中"卓，高也"之意，卓就是超高、不平凡的意思。"秀"有特别优异的意思，也指特别优异的人。是对培养的人才的一种期盼，即学问高、行为美的翩翩少年。这种表达源自经典、源自先人的智慧，不牵强、不空洞，具有浓郁的中华传统文化的味道。

"卓尔立 秀而实"有高度。说她有高度，是因为在学校核心理念的凝聚过程中，学校始终贯彻国家意志，遵循政策文件导向，并结合学校实际落地。

"卓尔立 秀而实"有宽度。说她有宽度，是因为她适用宽广。她不仅指向学生未来的全面发展，同时也是学校办学方向的引领，教师教育行为的规范，学校校风的约束。是每一个良乡小学人的精神引领和行为自律。

"卓尔立 秀而实"有精度。说她有精度，是因为她的表达言简意赅，言近旨远。仅仅六个字，从德行、学识、行事三个方面全面引领师生发展。既有发展的高远目标，又有行动的脚踏实地。

基于对学校历史的梳理，学校编写完成了《卓秀流芳》校史画册，以固化的成果让文化得以传承。

2)完善卓秀文化体系，让文化引领发展

在"卓尔立 秀而实"办学理念引领下，学校逐渐形成"卓秀教育"的特色文化，搭建起卓秀先锋、心灵管理、卓秀课程、秀实课堂、秀雅教师、卓秀少年、书院环境、协同育人的办学实践体系支架。还创新了"四心管理""秀实课堂标准""卓秀课程体系""卓秀之星评价""我心中的卓秀教育故事"等一系列文化建设行为支撑。

学校文化理念体系如图1所示，主要包括以下几个方面。

教育特色：卓秀教育；

校训（核心价值观）：卓尔立 秀而实；

学校发展目标：卓秀书院 心灵家园；

育人目标：德才好 知行佳。

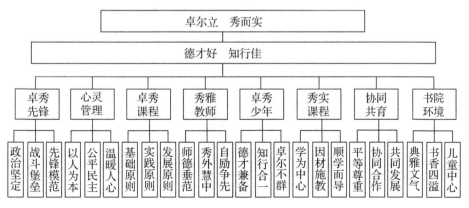

图1 学校卓秀文化实践体系图

在文化落位育人的八大领域中，我们重点介绍四个领域的研究成果。

（1）党建文化建设——卓秀先锋

落实党对学校工作的全面领导，充分发挥党举旗定向的作用，充分发挥党员的先锋模范作用，以"卓秀先锋"的示范引领，带领这所老校勇敢地站立于房山教育改革潮头，共同打造百年"卓秀"文化，着力塑造"卓秀先锋""优秀党员""秀雅教师"师德典型，培养"德才兼备，知行合一"的卓秀少年，逐渐形成"卓秀教育"办学特色。在组织力提升方面进行大量实践和探索，力争将党组织建设有效融入教育教学之中，逐步摸索出了一条百年学校党建特色之路。

卓秀先锋党建文化统领下的学校文化，分为心灵管理、秀雅教师、书院环境、协同共育四个方面，全部聚焦、服务于卓秀课程建设。卓秀课程支撑着秀实课堂，最终落位于卓秀少年的全面发展。

"卓秀先锋，勇立潮头"已经成为学校的党建品牌。通过先锋引领突出正确方向、先锋行动突出践行承诺、先锋激励彰显正风正气的三大行动，加强党组织建设，增强支部组织力，充分发挥党组织的战斗堡垒作用和党员的先锋模范作用，落实立德树人根本任务。

①注重先锋引领——突出正确方向

明晰先锋标准，突出正确方向引领。想要以标准规范行为，首先需要明确什么是标准。标准就是规范，就是约束，就是依据。没有标准就无从进行检查与要求。先锋标准是针对学校"卓秀先锋"党建提出的，是对不同团体和个人制定的行为准则，是对责任、权利、要求、效果、检查方法等所做的规定。学校党支部是党在学校中全部工作和战斗力的基础，担负着直接教育党员、管理党员、监督党员和组织群众、宣传群众、凝聚群众、服务群众的职责。检查这一责任的履行情况，要以标准为依据。所以，学校党建工作首先要做的就是制定"卓秀先锋"标准。图 2 所示为卓秀先锋党建文化结构图。

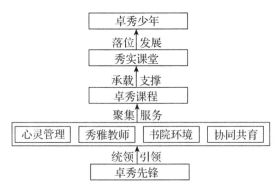

图 2　卓秀先锋党建文化结构图

"卓秀先锋"标准见表 3，其特点如下：一是目标明确。以贯彻党的教育方针、落实立德树人为根本任务，加强思想政治引领，筑牢师生理想信念根基，保证教学科研管理各项任务完成。二是体系完整。"卓秀先锋"标准是涵盖党支部、党小组、党员、教师、学生多层面的完整的标准体系，使标准在学校全覆盖。三是注重激励。"卓秀先锋"标准在要求层面不是达标类，而是创优型标准。标准导向在于创优争先，目的是激励典型，引领方向。

表 3　"卓秀先锋"标准

主体	标准内容	制定依据
卓秀党支部	政治坚定、战斗堡垒、立德树人、勤政为民、真抓实干、廉洁自律	《中国共产党章程》、《十九大报告》、《习近平总书记全国教育大会重要讲话精神》、《关于加强中小学校党的建设工作的意见》、"好干部标准"、"四有好老师"、"四个引路人"
卓秀党小组	先锋旗帜、团结同行、岗位凝聚、行动引领	
卓秀党支部书记	信念坚定、敢于担当、勤政为民、清正廉洁	
卓秀党员干部	立场坚定、本事过硬、敢于担当、群众信服	
卓秀党员教师	立场示范、师德示范、改革示范、质量示范	
秀雅教师	品德高尚、师德垂范、博思笃学、合作创新、端庄儒雅、秀外慧中、包容奉献、自励争先	
卓秀少年	德才好（强调整体发展）、知行佳（强调生动发展和个性发展）	党的教育方针

②注重先锋行动——突出践行承诺

a. 提倡思想先行。为了筑牢"卓秀先锋"的思想根基，学校党支部从干部、党员、教师三个群体分别做了定位、分层取材、分式培训，以实践证明了"前置管理"的优势（见表4）。干部通过熟练掌握政策理论方法等的实质内容，对学校发展方向产生清晰的认识和理解。党员通过对政策理论、师德要求、专业技能的深刻领会，对教师群体起到实践行为上的引领。教师群体的要求是通过思想上的认同达到向党组织看齐、时刻跟党走的目标。

表4　干部、党员、教师分层学习定位表

学习主体	角色定位	学习要求	学习内容	学习方式
干部	领导层	先学一步、深学一层，对党员、教师形成引领	一是时事政治的第一手素材；二是教育管理的前沿理论和案例；三是部门配合开展具体工作的问题结构化思维训练	中心组学习，每周一次，内容涉及效果预期、前沿导学、内容精读、现场讨论
党员	中坚力量层	学深学透，在教师群体中同时担负起战斗员和宣传员的双重职责	一是党的政策、理论；二是师德建设要求；三是专业知识技能	党课和党日活动，在专题学习的同时体验仪式感
教师	主力建设层	时刻与党组织同频共振，能够感受到先锋的引领	一是教育政策、理论；二是师德建设要求；三是专业知识技能	"系列谈话"，努力寻求心与心的对话

b. 推行示范践行。党小组是党组织建设的"微阵地、小支点"，是推动党建重心下移的有效途径和党组织战斗堡垒作用发挥的重要抓手。以岗位性质为标准进行党小组划分，使党小组目标明确，是一种专业的划分方式，在学校里也是最科学的划分方式。岗位性质是以学校工作内容为基础的，所以以岗位性质为标准的党小组划分方式，还能使党组织的各项工作与学校中心工作有效融合。党支部通过对党小组的建设和管理，变一名党员一面旗为一个党小组一面旗，使党组织的凝聚力、带动力增强，有效解决党建工作"最后一公里"的问题。学校党支部聚焦真效果，着力进行了党小组建设的研究和实践。

学校党支部开展的"小组同心，聚力同行"主题党日活动中，4位教师亲手将装裱好的组名匾额交到党小组长手上，党员的集体荣誉感被激发。党员承诺践诺活动采取"小组集体承诺，党员个人签名"的形式，当大家在承诺板上签下自己的姓名时，那份承诺就已深深地印在了心里。表5为党小组承诺表，小组目标一致，成员之间自然而然就形成了"比、学、赶、帮"的氛围，也有效激发了党员的行动力。现在的党小组真正植根于教师之中了，在教育教学工作中发挥着实实在在的示范作用，切实发挥了一个小组一面旗的作用。

表5　党小组承诺表

小组名称	人员构成	核心价值观	承诺	践诺方式
春泥	后勤办公室管理、服务人员	化作春泥更护花	马上就办	落实民主生活会制度、群众谈话谈心制度、部门谈心制度、党员责任区制度
惠育	教育教学管理、工作人员	以仁心爱德点亮师生	默而识之、学而不厌、诲人不倦	落实民主生活会制度、群众谈话谈心制度、部门谈心制度、党员责任区制度
暖绿	班主任	以教育的温度陪伴每一名学生	做"学为中心、顺学而导"的先锋	建立党员班主任工作室，建立师徒结对，确立党员责任区
竞蕾	任课教师	让每一朵花以不同的姿态绽放	帮助孩子走向更高的舞台	开展教学竞赛，建立师徒结对，确立党员责任区

③注重先锋激励——彰显正风正气

a. 宣传激励——强氛围。学校党支部因地制宜，在有限空间内创建了党建长廊，分别以"方向引领、品牌引领、文化引领、榜样引领"四个主题对学校党建工作进行系列展示，在校内形成浓重的党建宣传氛围。

b. 先进激励——树榜样。为了激励先进，在学校营造学习榜样的氛围，发挥榜样的示范引领作用。党支部针对党员、教师、学生三个群体，设置了三个奖项，确定了三类宣传目标（见表6），"卓秀先锋"是针对优秀党员的表彰，每年通过校内的卓秀先锋表彰，确定优秀党员的人选，从中再选优参与上级主管部门的表彰，2017年底已经评选了四届共计17人。"秀雅教师"是针对教师群体的表彰，通过秀雅教师的评选，梳理校内榜样，激发教师荣誉感，以榜样引领教师群体发展，到2017年底已评选三届共计15名。"卓秀少年"采取星级评价方法。依照卓秀少年分年段培养目标，从养德、启智、健体、育美、精技五方面培养卓秀少年。每学期评选出卓秀十星少年。养德方面：文明之星、守纪之星、孝悌之星、爱校之星；启智方面：科技之星、国文之星、数学之星；健体方面：体育之星；育美方面：艺术之星；精技方面：劳动之星。除单项卓秀之星评比外，卓秀星级少年为综合评比。每学年评选德、智、体、美、劳全面发展的少年为卓秀星级少年。一年级为卓秀一星少年；二年级为卓秀二星少年，依此类推，六年级做综合评定，表现最为突出的评为"卓秀少年"。

表6　卓秀榜样评价表

群体	榜样名称	榜样标准	评选方式	宣传形式
党员	卓秀先锋	立场示范、师德示范、改革示范、质量示范	民主测评群众推荐	集中表彰、党建长廊展示、个人事迹宣传
教师	秀雅教师	品德高尚、师德垂范、博思笃学、合作创新、端庄儒雅、秀外慧中、包容奉献、自励争先	民主测评群众推荐	集中表彰、制作奖杯、宣传橱窗展示、个人事迹宣传
学生	卓秀少年	德才好　知行佳	"十星"评选	集中表彰、宣传橱窗展示

（2）管理文化建设——"四心"管理

心灵管理的思想起源是以人为本，尊重人、关心人、发展人。心灵管理的情感起点是爱，学校爱教师，教师爱孩子，大家爱学校。心灵管理的追求境界是自主，自我觉醒、自觉行为、自主发展。

实践心灵管理，我们提出了一个"四心"管理理念，即"把老师放在心上、把学生放在心上、把家长放在心上、把成长放在心上"。形成了刚性的制度管理中体现"柔性操作"、系统的流程管理中体现"精细简便"、分层的教师管理中体现"各因其才"、民主管理中体现"当家作主"的四个特点。

这个管理理念的提出，提倡学校做心中有"人"的教育，创造充满爱的管理氛围，真正体现从教师、家长、学生出发，真正关注他们的成长，尊重他们的需求，了解他们的苦衷，理解他们的困难，感谢他们的付出，赞赏他们的进步，并全心全意为他们服务。

因为"把人、人的成长放在心上"成为学校心灵管理思维的起点，行动的落脚点，长此以往，学校收获的是教师对学校的担当，孩子们对学校的热爱，家长对学校的尊重。创造着人、家、学校、社会的共生的心灵家园。

特点之一：刚性的制度管理中体现"柔性操作"

老校有老校的特点，老校更需要严格的制度管理打下规范的基础。如何让刚性的制度管理体现对教师的关注与尊重，我们提出刚性制度中的柔性操作。"柔性操作"体现在：制度制定过程中更加关注从教师实际出发，体谅教师的不易。更加关注从教师的成长出发，体现教师的发展。制度执行过程中

101

更加关注公平公正的原则,体现学校正风正气的树立。《零假制度》中的体谅,《考核制度》中的全面考虑,《职评方案》中的关注实绩,都是从教师实际出发,理解教师,尊重教师。更提倡教师通过制度进行自觉管理。

特点之二:系统的流程管理中体现"精细简便"

学校工作千头万绪,纷繁复杂。如何为教师减负,如何为教师提供简便快捷的服务,系统的流程管理创造规范的同时,更创造高效与精细。我校从行政事务、教育教学、后勤保障、安全管理四个领域,抓住与干部、教师、学生工作学习息息相关的事项,构建起系统的流程管理。《工资流程管理》的"清",《大项工程流程管理》的"明",《学生一日生活流程》的"细",《作业流程管理》的"新",《安全流程管理》的"全",《退休教师事务处理流程管理》的"情"等,让复杂的学校管理形成系统的流程操作。不推诿、不拖沓、不扯皮、不纠缠的管理作风,高效务实,充分体现对教师、学生"放在心上"的服务。

特点之三:分层的教师管理中体现"各因其才"

我们这所老校中,40岁以上教师占教师总数的70%。让每一位教师在自己的岗位上发光发热;让每一位教师在原有基础上得到发展;全面塑造秀雅教师形象成为我们的追求。为此,我校根据教师实际,采取"各因其才",实施分层管理,见表7。

表7 教师分层管理

划分层次	发展目标	发展策略
入职规范型	站稳课堂: 敬业爱校,规范流程,把握基础,保证质量	学练: 做好职业规划,导师引领;诊断性评价,指导备课、说课、课堂、作业;多种形式学习培训
锤炼成长型	技能过硬: 敬业爱校,激情投入,教学成绩优良,面向区级竞赛,取得优异成绩	打磨: 做好职业规划,专家引领;教研组培养;锤炼教学设计、课堂教学、说课基本功
骨干示范型	特色突出: 师德高尚、基础扎实,且学且思,教学成绩优秀,面向市、区级竞赛,取得优异成绩	锤炼: 做好职业规划,专家引领;做中学;锤炼教学设计、课堂教学、说课基本功

续表

划分层次	发展目标	发展策略
中流砥柱型	扎实创新： 师德高尚、基础扎实，教学创新，教学成绩优秀，面向区级竞赛，取得优异成绩	锻造： 专家引领；教研组培养；锤炼教学设计、课堂教学、说课基本功
成熟稳重型	经验传承： 师德高尚，基础扎实，方法成熟，教学成绩优秀，做好中青年教师的"传帮带"	跟进： 紧跟课改方向，立足课堂教学，多层次学习，夯实基础
老有所为型	文化传承： 师德高尚、爱岗敬业、爱校如家，成为中青年教师的楷模	成师： 育人、塑己，细微之处见师魂

特点之四：民主管理中体现"当家作主"

"我们都是替校长当校长的人"。教师们热爱这所百年老校，愿意为学校发展出谋划策。这也是这所老校积淀下的优良传统。学校发展规划中放权，人人献计献策；学校基础设施改造放权，教师参与规划；学校文化建设中放权，共识、共谋、共创；学校环境建设要放权，师生借助实践课程进行首期设计方案后方可进行。

一所学校的管理文化有力地践行着学校的办学理念，推动着整个文化系统的发展。"心灵管理"，追求有温度、讲民主、促自觉的管理境界。

（3）课程文化建设——构建卓秀教育课程体系

在学校培养目标和卓秀课程目标的指引下，学校将国家课程和地方课程有效地进行了校本化实施，整体架构起符合学校发展特点的卓秀课程体系，使课程真正地落地生根，力争使课程文化成为学校整体文化发展的亮点之一，以课程引领学校文化向内涵发展。

①整体构建课程体系

在新的课程改革背景下，房山区教委提出了"用心做教育，做心中有人"的教育理念。将学生作为生动发展的人来看待，关注学生一生的发展，即注重学生素养的形成。在区教委教育理念的指导下，围绕学生发展核心素养，完善课程建设的顶层设计，优化了课程结构，整体构建学校三级课程体系，使三级课程相互促进，提高了学校的整体教育教学质量，学校曾荣获房山区综合评价一等奖、区优质本土资源校、北京市 2017 年课程评优一等奖等。

此外，学校还做好核心素养框架下校本课程的修订，使校本课程与学校的办学理念、育人目标保持一致。在推进整合进程中，深化了国家课程校本化实施，开齐、开足、上好各门课程，为学生适应中高考改革奠定基础。

因此，在学校办学理念体系的指导下，我们重新思考学校的课程文化。再次厘清三级课程的地位，提出"国家课程核心地位不动摇，其他四项（地方课程、校本课程、二加一、大课堂）积极拓展融合补位"的课程建设思想定位。

在学校培养目标和卓秀课程目标的引领下，学校将国家课程和地方课程有效地进行了校本化实施，整体架构起符合学校发展特点的卓秀课程体系，使课程真正地落地生根。学校以培养学生核心素养为宗旨，结合现有知识体系，依据学科属性，将课程分为"基础类课程""卓秀书院课程群""社团活动类课程"三大类（见图3），基础课程包括国家课程和各级地方课程，主要以常态、融合、置换的方式进行设置，帮助学生打牢学习基础，旨在培养学生发展的全面性；卓秀书院课程群主要为校本课程，继承古代书院的学习方式，按照场馆、讲坛、耕读和礼仪四类进行设置，意在从学生需求出发，开发精品校本课程，采用必修和选修结合的方式，注重实践，关注学生成长的生命性，使学生对学习保持浓厚兴趣，学会自主学习、主动发展；社团活动课程融合体育艺术"2+1"的要求，以学生自主参与为主，开设艺术类、体育类和科技类相关的社团，组织学生自主参与。三类课程分类整合推进，整体构建卓秀课程体系，促使学校课程目标与办学理念、培养目标协调一致，着力培养"基础厚实、兴趣持久、自主发展"的卓秀少年。

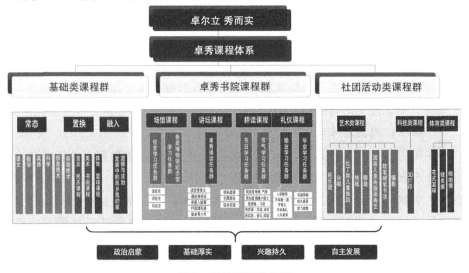

图 3　卓秀课程结构图

②开发精品校本课程——卓秀书院课程群

"德才好 知行佳"的卓秀少年具体的表现是怎样的呢？学校的课程目标到底是怎样的呢？路径在哪里呢？带着这样的思考，学校再次走寻根之路，梳理学校百年课程发展史，从中提取百年课程目标的基因，深入分析其对课程的影响，取其精华进行发展，建设了卓秀书院课程群，以校本课程来助推学生的全面发展，并不断传承学校的百年文化。

这些特征蕴含在学校百年发展的课程之中，成为学校办学生命的基因。我们必须将提取的这些卓秀基因，结合学校现在的发展需要，进行继承和发扬。

良乡小学有着悠久的书院历史，做好百年传承，并逐渐弘扬光大，是每个良乡小学人的责任。100 多年的历史蕴含着丰富的课程资源。为了更好地挖掘书院的历史，传承和发扬书院文化的内涵精神，学校合力打造书院课程群，主要包括校史课程、卓秀诵读课程、传统节日课程、始业课程、毕业课程和节气课程等。图 4 所示为卓秀书院课程演化图。

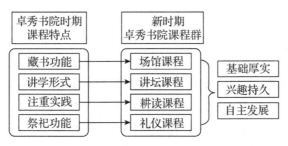

图 4　卓秀书院课程演化图

a. 场馆课程——卓秀校史课程

校史是一所学校珍贵的精神财富和区别于其他学校的重要文化特征，是对学生进行文化影响和思想道德建设的重要文化资源。发掘学校的校史资源，开发满足学生发展需要、适应学生特征的校本课程是开发学校课程资源的一种有益尝试。

通过学校史、讲校史、写校史等课程任务，使学生深入走进学校历史，从而更加深刻地感受学校百年文化的精神所在，并激发学生将这份精神传承下去。

b. 讲坛课程——卓秀诵读课程

"卓秀诵读"校本课程为卓秀书院课程群之一，在这一课程建设中，我们引导学生通过"读、诵、讲、抒、做"的学习途径，家校互动，形成氛围，既有益补充语文学习内容、丰富学生积累、拓展学习资源，又深化了传统文化教育，促进学生综合素养的提升，同时深化学校以文化引领下的课程建设为载体，落实立德树人根本任务，加强核心素养培育的教育目的，践行为学生卓秀人生奠基的办学理念，促进学校内涵式发展。

c. 耕读课程——传统节日课程

"传统节日"作为学生了解中华优秀传统文化的载体之一，引导学生了解中华传统节日的由来传说、习俗、文化意义等内容，认识传统节日文化中蕴含的中华优秀传统文化与民族精神，树立学生的文化自信、民族自信，提升学生的综合素养。

d. 耕读课程——节气课程

本课程是书院课程群中的重要组成部分，填补了我校跨学科综合实践活动课程的空白。学生通过参与观察、记录、体验等实践活动，在获取知识形成能力的过程中，自主发展，体会科学、严谨、勤奋、坚韧的工作态度和人生态度。

e. 礼仪课程——始业课程

始业课程是书院文化中的宝贵财富之一，要注重对学生的始业教育，对学生进行课堂常规的温故和训练，使学生懂得课堂有效学习的重要性，让每一位学生都能掌握课堂规范，养成良好的课堂习惯。这引发了我们更多的思考，为了更好地传承和发展始业教育的作用，我们开发了具有学校文化特色的始业课程，重点研究幼小衔接问题，以始业课程的形式贯通幼小学段。

从幼儿园到小学，学习环境、生活方式、教育教学、师生关系、家校沟通等各个方面均发生很大变化，如何适应这些变化，顺利度过这段"过渡期"，是幼儿园、小学教师和家长共同关注的重要问题。

为了引导孩子顺利过渡，良乡小学与良乡幼儿园的干部、教师共同研讨，依据孩子的年龄特点和学段要求，各自制定出幼小衔接课程。汇集成这本对教师、家长、学生均有益的指导性课程。

f. 礼仪课程——毕业课程

毕业课程主要是面对即将毕业的六年级学生设计的，目的在于以毕业课程的方式渗透学校文化，学习心理、生理健康知识，强化学生的礼仪规范，培养学生人际交往能力等，使学生学会感恩、学会担当，增强学生的责任感和使命感，使之顺利完成小升初的过渡。

课程是学校文化发展和传承的重要载体之一，通过构建与文化相匹配的课程体系，让文化精髓得以落地生根。

3）课堂文化建设——秀实课堂

课堂是实施教学改革的主阵地，为了推进国家课程校本化实施，我校开展了"学为中心，顺学而导"的课堂教学改革（见图 5），通过聚焦常态课堂，让学生成为课堂的主人、学会学习，夯实我校的秀实课堂。

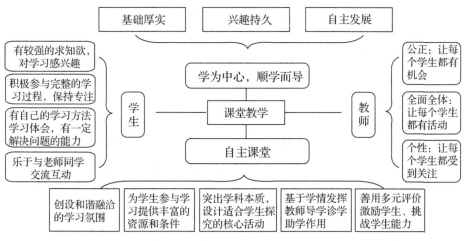

图 5 "学为中心，顺学而导"课堂结构图

要实现"学为中心，顺学而导"的课堂教学理念，学校从转变教师观念和教学行为入手，研究"学为中心，顺学而导"的备课方式，通过改变教师的备课方式：把目标变成任务，把知识变成问题，把方法变成活动，做到突出本质、渗透文化、实现关联。课堂上，教师注意激发学生的学习兴趣，布置有效的学习活动，让学生主动参与、乐于探究、勤于动手、学会合作，学会学习，体现课堂的公正公平，提升学生综合素养。

2. 成果形式

（1）编制《良乡小学卓秀文化实施手册》。

（2）制定《良乡小学桌秀课程建设体系》。

（3）形成《卓秀流芳》校史画册。

（4）编著《卓尔立 秀而实》学校文化建设一书。

三、研究结论与反思

(一)主要研究结论与发现

随着课题研究的不断深入,学校已在文化建设方面取得丰硕的成果,基本完成预期目标。

1. 完善卓秀文化体系,形成重要固化成果

追根溯源,构建了有"根"的学校文化。找到卓秀教育的起点与线索,获得学校办学实践中的优秀基因,寻觅经典论述中的理论依据,将百年学校留给后人的最优秀的精神文化与现代教育要求紧密连接,赋予它最时代、最鲜活的教育生命力,凝练出独有的学校办学理念——"卓尔立 秀而实",这是学校的精神之根!

在"卓尔立 秀而实"办学理念的引领下,学校文化体系不仅完整、自洽,更重要的是引领所有实践领域在落位上一气呵成,形散而神聚。通过系统思考、实践、整理,形成了《良乡小学卓秀文化实施手册》,指导教师、家长、学生进行实践。现在卓秀文化已经成为老师、学生、家长共同的价值追求。

2. 建构卓秀课程体系,打造精品校本课程

在"卓尔立 秀而实"核心价值观的引领下,完善了卓秀课程体系的建设,让卓秀文化基因融入课程建设当中,指向育人目标——培养德才好、知行佳的卓秀少年。在课程整体构建过程中,打造学校精品校本课程——卓秀书院课程群,以课程为载体彰显学校书院氛围的浓郁,传承和发展卓秀文化。

3. 丰富发展校史资料,编制完整的校史画册

通过学校校史馆的完善与建设工程、学校发展志的撰写完善、续写学校校史,为后人留下宝贵的资料,编制完成了《卓秀流芳》校史画册,并开发了校史课程,让卓秀文化得以不断传承。

(二)研究反思

学校文化建设之路应持续推进,在整体文化建设理念思路下,年年有规划,时时有重点,各个环节突破学校发展瓶颈,下一阶段主要任务如下。

1. 干部、教师队伍建设的专业提升

坚持秀雅教师的建设方向,今后将在青年教师的引入、高学历教师的引入、教师研究能力的提升、系统的专业培训等方面打造秀雅教师队伍。

2. 进一步固化文化传承与发展的实践成果

卓秀文化已经在这所老校传承百年,需要继续借助市级课题、借助专家指导，总结、提升办学实践，在学校制度化、科学化管理方面做进一步探索，及时固化学校发展成果。

参考文献

[1]祁进玉．文化研究导论[M]．北京：学苑出版社，2013．

[2]王瑞森．中小学学校文化建设研究[D]．武汉：华中师范大学，2007．

[3]顾明远．教育大词典(第六卷)[M]．上海：上海教育出版社，1992．

[4]张东娇．研讨式评建学校文化建设北京经验[M]．北京：北京师范大学出版社，2016．

[5]郑金洲．教育文化学[M]．北京：人民教育出版社，2000．

[6]蒋建华．校长在学校发展与创新过程中的文化引领[J]．中国教育学刊，2008(4)：26—28．

[7]张东娇．学校文化管理[M]．北京：教育科学出版社，2013．

[8]赵中建．学校文化[M]．上海：华东师范大学出版社，2004．

[9]王继华．教育新文化执行力[M]．长沙：岳麓出版社，2008．

[10]谢翌，马云鹏．重建学校文化：优质学校建构的主要任务[J]．华东师范大学学报(教育科学版)，2005(1)：7—15．

山东庄小学家校协同育人策略的研究[①]

山东庄中心小学　　刘爱民

　　家庭和学校是少年儿童成长的两个最重要的场所，两者对青少年儿童的成长影响最大，也最为直接。我校针对家校协同育人中存在的问题，经过调查分析，明晰了学校家校协同育人的现状；制定实施了共同价值追求、家校信息双向沟通、多种活动助推、开放参与学校管理四项协同育人策略，使家庭和学校在育人目标上达成一致，教育合力初步形成。学生的家庭学习环境得到优化；家长的育人水平和教师的专业素养得到提升；家长参与学校管理的积极性、主动性明显增强，学校管理水平得到提升。

一、课题研究基本情况

（一）研究背景

1. 理论依据

（1）生态系统理论

　　俄裔美国心理学家布朗芬布伦纳的生态系统理论将人生活于其中并与之相互作用的不断变化的环境分为微系统、中系统、外系统和宏系统。他认为，微系统是个体活动和交往的直接环境。对学生来说，学校是除家庭以外对其影响最大的微系统。他强调：

---

① 指导教师：北京教育学院迟希新教授；北京市中关村第三小学刘可钦校长。

所有的关系都是双向的，成人影响着儿童的反应，儿童也影响着成人的行为。如果微系统之间有较强的积极的联系，发展可能实现最优化；相反，微系统之间的非积极的联系会产生消极的后果。家人是孩子的第一任教师，家长的一言一行都影响着孩子，父母给孩子提供的经验将对孩子的人格形成产生重大作用。而学校却是按照社会的需要，有计划、有目的地培养人才的机构，学校有着科学的教育方法和专门的教师，并通过集中大量的时间对孩子施加教育。本研究利用生态系统理论来解释家长和学校对孩子成长的巨大作用，家校协同是怎样将家庭和学校对孩子的影响进行综合和统一的，是怎样促进孩子、家长、教师和学校发展的。

（2）交叠影响域理论

美国爱普斯等人提出的交叠影响域理论认为，虽然孩子在不同的成长时期家庭和学校各自担负着不同的责任，但在孩子学习、成长的过程中，"家庭、学校、社区这三个背景实际上对孩子以及三者的状况、三者之间的关系发生了交互叠加的影响"。家庭、学校和社区有着共同的目标，二者在相互合作的基础上为儿童创造一个良好的成长环境，共同影响着孩子的成长和发展，即受到叠加的影响。本研究利用交叠影响域理论来说明家长和教师同时对孩子的成长产生作用，家长和教师对孩子的成长缺一不可。二者应该围绕共同的目标，加强合作，相互理解，相互补充，让孩子有一个良好的成长环境。

（3）协同效应理论

德国物理学家赫尔曼·哈肯（Hermann Haken）提出的协同效应理论认为：整个环境中各个系统之间存在着相互影响而又相互合作的关系。在现代社会中，个体生活的外部环境是一个复杂系统，系统中各要素之间相互联系，相互关联，不断变化，共同作用于个体的发展，系统中每个要素的变化都直接或间接影响个体，教育工作者必须协同系统中的每个要素，共同对个体施加影响，才能保证个体获得的外部信息的整体一致与及时有效，最终实现整体优化的教育效果。在家校协同教育中，两者力量的动态互补与及时有效是教育最优化效果产生的基础。

2. 现实依据

（1）教育改革的背景

联合国教科文组织国际教育发展委员会编著的《学会生存——教育世界的今天和明天》指出："明天的教育要试图使家长能够直接参与学校结构，共同制订教育计划，并共同实施。"

《国家中长期教育改革和发展规划纲要（2010—2020 年）》指出："充分发挥家庭教育在青少年成长过程中的重要作用。家长要树立正确的教育观念，掌握科学的教育方法，尊重子女的健康情趣，加强与学校的合作，共同减轻学生课业负担，关心社会教育，帮助孩子养成良好习惯，促进学生健康成长。"

《教育部关于印发〈中小学德育工作指南〉的通知》，在基本原则中提出：要坚持协同配合，发挥学校的主导作用，引导家庭、社会增强育人责任意识，提高对学生道德发展、成长成人的重视程度和参与度，形成学校、家庭、社会协调一致的育人合力。

《北京市中小学养成教育三年行动计划（2017—2019 年）》中指出：坚持协同育人。发挥学校的主体作用，家庭的基础作用，形成学校、家庭、社会育人合力，加强家庭教育指导，帮助家长树立正确的教育理念，掌握科学的教育方法。

（2）学生成长的需要

小学阶段是个体成长的基础阶段，是价值观和品德形成的重要阶段，这一阶段的学生就像一块白板，任由外界去改造，这单凭学校或家庭一方的努力是远远不够的，单方面的力量有时甚至会让学生在形成正确的价值观和品德的路上受到干扰并形成错误的价值观和品德。教育的效果取决于学校和家庭教育的一致性，学校和家庭作为学生成长的两个重要环境，有必要协作联手，为每一个学生创造最优良适宜的环境和条件，引导学生形成正确的价值观，促进学生的全面发展。

在小学教育中，学校教育慢慢在小学生的成长中占据越来越多的地位，但是在这之前，家庭教育是每个学生个体的主要发展空间，影响小学阶段学生活动的因素逐渐由家庭转移到学校，教师也对学生的发展开始起到了重要作用，这样的转变，加之小学阶段学生的心理及生理特点还不成熟，小学生就更加需要外界的监督与促进、保护与引导。这样一来，良好的家校协同教育在个体成长的基础阶段就具有特殊意义，但家庭与学校是两个相对独立的团体，选择更加有效的方式联结家庭与学校，创造更适宜的环境和家校协同条件以促进家校协同教育在小学阶段的有力实施，对于小学教育来说具有重要意义。

（3）学校的家校协同育人质量亟待提高

山东庄小学是一所农村小学，学校有两个教学点，有小学生 500 余名，22 个教学班。15％的学生为外来务工人员子女。4.4％的学生家长为本科学历；20.7％的学生家长为高中或中专文化水平；其余学生家长为高中以下文化水平。学校以"阅读润泽幸福人生"为办学理念，致力于阅读特色和足球特色学校的建设。学校虽然开展了一系列的家校协同活动，但家校协同育人实效性不太理想。从目前家校合作的情况来看，大多是流于形式，主要存在以下几方面的问题：一是双方主体责任认识不到位。部分家长认为把孩子送到学校，教育的工作就是学校的事，家校关系不和谐；二是家校之间在育人目标上缺乏共识，育人的价值有分歧。学校关注的是学生的全面发展，家长更多关注的是学业成绩；三是部分教师和家长在协同育人方面缺乏方式方法；四是家校协同的形式单一，更多的是家长会和家访，缺少双向的交流和针对性，实效性不强；五是学校的管理体制还不完善，缺乏协同育人的整体计划。

综上所述，要为孩子提供整体有机的教育环境、丰富多元的教育资源，相互沟通的教育力量是学生成长的需要。建立家校协同育人机制是学校变革的内在需求，是现代教育治理体系中无法回避的课题。

（二）研究现状

截至 2017 年，在中国知网上输入关键词"家校协同"搜索，一共有 290 篇相关文章。从 1999 年的第一篇文章开始到 2009 年，每年大约有 7—8 篇相关文章。从 2010 年开始每年的数量增加到二十几篇。2017 年有相关文章 65 篇。从相关研究文章的数量递增可以看出，家校协同育人的重要性越来越得到关注。

1. 国外研究现状

（1）美国

19 世纪 20 年代，家长参与学校教育，成了美国近三十年教育研究和学校改革不变的主题。在美国教育部的报告中，号召家长"要做学校工作的积极参与者"，强调校长应该"尽最大努力并善于争取家长的支持"；1987 年，美国 NCCE 出版了《证据继续增多：家长参与可提高学生成长》，其中 53 项研究证明，家长参与成分浓的教育活动，学生在各方面的表现出色。几乎没有家长参与的活动中，学生的表现则一般。20 世纪 90 年代，美国许多州把建立学校、家庭、社会有机整合的学校结构作为教育改革的一项重要内容，极大地推动了学校与家庭关系的发展。进入 21 世纪以来，联邦政府和许多州通过制定系列有关家长参与学校教育的政策和法规，为美国中小学家校合作顺利运行提供制度保障，而且许多中小学也纷纷采取措施建立和健全学校家庭联系制度，吸引家长参与和支持学校工作。

（2）日本

"二战"后，日本由美国引进家长教师协会，它是由学生家长和教师组成，会员间互相学习、开展活动的教育团体。目的是加强校外生活指导，改善和充实社区的教育环境。家长教师协会在学校、家庭与社会之间的协作关系上起到了桥梁和纽带作用。日本文部科学省于 2001 年制订了"21 世纪教育新生计划——彩虹计划"，该计划的课题之一是建设成父母、社区信赖的开放的学校。他们认为，学校不仅仅是由教师与学生构成的组织，而是由包括父母或监护者和居住在学校周围社区所有人共同作用形成的组织。学生的父母或监护人及周围居民有了解学校的各种各样的情况及信息的愿望与要求，学校对他们必须积极地公开学校教育的目标、内容、教育计划等，以得到共识。这一制度的建立与实施的目的是使学校的全体教员、学生父母、社区居民共同为了改善学校而努力。

（3）英国

从 20 世纪 80 年代初，英国政府就开始关注家校之间的教育合作。"青少年教育单靠学校单方面的力量是难以完成的，还需要社会各方面的努力，包括家长。因此，政府采取大量措施来扩大家长和社会人员的参与，以激发学生的动力，提升学校的吸引力，从而全面提高教育质量。"英国政府发布的"绿皮书"赋予家长在管理委员会中多种权力。管理委员会中的家长代表，有权与校长、教师一起制定有关学校发展的主要政策，确定应开设的课程和学校的培养目标，并对校长、主任教师以及其他教师的任免有重大影响。

2006 年，苏格兰通过了《家长参与学校教育法》，提出了家长作为其子女教育的参与者的原则，提倡和支持家长参与教育的职责，家长担任课堂"教学助手"是英国教育改革中的措施之一。英国前首相布莱尔提出"尊重计划"，政府建立家长学院，教授父母如何管教子女。在伦敦的中小学校普遍有三种组织：家长教师协会、家长联合会和学校—朋友联合会，从家长的角度来看，一方面可以更好地了解儿童的学习和生活，并学会如何帮助儿童成长；另一方面可以对学校目前存在的问题发表自己的意见和看法，并就某一具体问题要求召开学校会议。从学校的角度来看，一方面可以使家长全面了解学校的规章制度，并从家长那里得到反馈意见；另一方面可以了解家长对学校改革的意见，使家长组织对学校事务的咨询功能和决策功能日益突出。

此外，还有一些发达国家在推动家校教育合作方面的工作中也取得了很多优秀的实践经验，例如，法国专门配有家校之间的"协调人"、新加坡的"学校—家庭—社区"的三维教育网络构建等。由此看来，国外对家庭—学校—社区教育的合作已进行了较深入的研究，并以此在不断改进和创新中寻找适合本土的家校教育合作方面的有效措施和最佳方案。

2. 国内研究现状

我国的教育工作者从 20 世纪五六十年代开始重视家校合作的问题；70 年代末期和 80 年代初，许多学校在教育实际中逐渐意识到学校要主动争取家庭、社会各方面的支持和配合，将家校合作进一步扩展和延伸至社会各方面，并在实践中探索学校、家庭、社会三结合教育的形式和方法。1997 年，中国家庭教育学会常务会正式引入"协同教育"的概念。

(1)对家校共育中存在的问题的研究

马忠虎在《对家校合作中的几个问题的认识》(1999)中指出：家校合作中存在着"随意性强""计划性差""单向灌输多、双向交流少""阶段性强、连续性差"等层面的问题；王晓晓在《小学阶段家校合作教育的问题及对策》中分析指出：教育影响不一致、双方缺乏合作意识、教育分工混乱、家长和教师的关系不和谐等都影响着家校之间的合作。

(2)对家校协同教育通道的研究

刘繁华在《家校协同教育通道的研究》中指出：家校协同通道是家校协同教育传播过程的最重要的组成部分，在整个家校协同教育系统中像是一座桥梁，家庭和学校通过通道产生家校协同教育的功能。张吉松在《家校网络协同教育模式的建构与应用》中指出：在传统家校协同的基础上，融合使用 QQ、微信、博客等社会性软件的新型家校网络协同教育实践活动，不仅使深层次、多方位的家校协同教育成为可能，而且提高了协同学科教学、协同德育质量。

(3)对家校协同机制的研究

王薇在《家校协同机制的研究》中指出：家校协同机制包括组织体系机制、信息沟通机制和主体关系机制。

综上研究所述，虽然专家学者在家校协同育人方面做了大量的研究，但就我校这样一所农村小学的实际情况看，由于受生源、家长的综合素质，教师的专业素养等多方面因素的影响，家校关系、教育教学质量等方面还存在亟须解决的问题，需要在协同育人方面进行深入的研究，以期找到解决学校发展的路径。

(三)核心概念界定

协同是表现系统内部各要素之间相互作用的一种特殊方式，是为实现系统总体发展目标，各要素之间相互配合、相互协作、相互支持而形成的一种良性循环态势，协同不仅强调几个要素在同一时刻具有各自不同的地位、不同的角色和不可替代的功能，而且强调这几个要素之间要协调、同步、合作、竞争、互补，进而产生新的结构和功能，以实现期望目标。

家校协同育人是指在现代教育观念的指导下，学校和家庭两个教育力量主动协调，积极合作，形成合力，对教育对象实施同步教育，以求使教育效果最优化。传统的家校合作强调的是家长配合学校教育，家长是配合者；而在协同育人的过程中，家长本身就是教育者，要主动对个体施加影响，保持与学校的沟通一致，学校在教育学生时能得到更多的来自家庭方面的支持，家长在养育子女时也能得到更多来自学校方面的指导。从而达成促进学生健康成长这一共同目标。

策略就是为了实现某一目标，预先根据可能出现的问题制定的若干对应的方案及实现这一方案的路径、措施。

(四)研究目标与研究意义

1. 研究目标

围绕家校协同育人在学校内开展调查，分析存在的问题及原因；结合学校实际提出改进家校协同育人的策略，一方面帮助家长、教师树立正确的协同育人教育观念；另一方面，健全家校协同育人的组织建设，丰富、创新家校协同育人活动的形式。实现学生、教师、家长和学校的同步成长与发展。

2. 研究意义

通过对我校家校协同育人现状的调查分析及协同育人策略的实施，一是使家庭和学校在育人目标上达成一致，形成教育合力，有效促进学生全面发展；二是使家校之间双向沟通便捷顺畅，家长参与学校管理的积极性、主动性明显增强，学校管理水平得到提升；三是家长的育人水平和教师的专业素养得到提升；四是学生的家庭学习环境得到优化。

(五)研究内容与研究方法

1. 主要研究内容

(1)山东庄小学家校协同育人现状。

(2)山东庄小学家校协同育人策略。

2. 主要研究方法

(1)文献研究法：广泛搜集和查阅有关协同育人的专著、期刊、学位论文、网络资料等资料，吸收、借鉴国内外其他学校在家校协同育人方面的经验和研究成果。通过整理、筛选，为课题研究提供理论支持。

(2)问卷调查法：问卷调查是快速收集大量信息的有效方法。本次调查通过纸质问卷进行调查，调查对象为本校1—6年级家长和学校教师。

（3）行动研究法：针对课题研究不断提出改进意见或方案，并付之于行动，在实践基础上验证、充实或修正方案，提出新的具体目标，以提高研究的价值。通过一系列的走进学校、走进家庭以及培训、研讨等活动的开展，不断改进方案，梳理总结经验。

二、研究成果

（一）调查结果分析

为了确保研究的针对性、实效性，为教师、学生、家长带来更多的获得感，我面向山东庄小学全体教师和全体学生家长做了问卷调查——《山东庄小学家校协同育人现状调查与分析》，分析了问卷调查结果。通过问卷调查了解了当前家校协同育人的现状，以及家校协同教育的现实需求，发现家校协同教育中存在的问题，制定实施策略，优化工作方式，拓宽育人途径，提高育人实效。

本研究采用问卷调查法，本次调查共发放问卷455份，回收问卷450份，经删选，有效问卷432份，有效问卷率为96％；经统计，教师问卷45份，家长问卷387份。

调查问卷主要分为三部分：第一部分是教师和家长的基本情况，主要包括年龄、学历、职业等；第二部分是目前家校协同的现状和期望；第三部分是对家校协同工作的建议。教师问卷包括对家校协同的认识、目前家校协同沟通的现状，以及对开展家校协同的态度和期望；家长问卷包括家校协同的意愿、协同的方式以及目前协同的现状和期望。

1. 教师和家长的基本情况

表1　被调查教师的基本信息统计表

年龄结构			学历水平			工作年限		
年龄段	人数	百分比（％）	学历	人数	百分比（％）	时间段	人数	百分比（％）
30岁以下	4	8.89	大专	6	13.33	3年以下	2	4.44
31—35岁	3	6.67	本科	37	82.23	3—5年	3	6.67
36—40岁	12	26.67	本科以上	2	4.44	6—10年	2	4.44
41—45岁	11	24.44	—	—	—	10年以上	38	84.45
45岁以上	15	33.33						

表 2　被调查家长的基本信息统计表

年龄结构			学历水平			职业		
年龄段	人数	百分比（％）	学历	人数	百分比（％）	工作单位	人数	百分比（％）
30 岁以下	17	4.39	高中以下	291	75.19	事业单位	41	10.59
31—35 岁	191	49.36	大专	80	20.67	企业	107	27.65
36—40 岁	105	27.13	本科	14	3.61	个体	90	23.26
40 岁以上	74	19.12	本科以上	2	0.52	在家务工	149	38.50

从表 1 和 2 中可以看出，被调查的教师大多处在 36—50 岁之间，工作年限大多在 10 年以上，具有一定的教育教学经验。学历层次较高，本科及本科以上学历达 86.67％；被调查的家长大部分都在 30—40 岁之间，家长的学历水平大多集中在高中以下，所从事的职业主要为在企业务工、在家务农和个体工商业者，相对来讲，他们的受教育水平普遍偏低，在科学教育子女方面，无论是方法、经验还是时间和精力都存在着欠缺和不足。

2. 家校协同的现状和期望

问卷调查的第二部分内容包括被调查者对家校协同的认识、态度和期望。具体的调查结果分析如下。

从表 3 中可以看出，93.33％的教师对家校之间保持良好的沟通与合作的必要性有充分的认识，对家校之间协同的意义有比较全面的理解，对家校协同育人抱有良好期待。

表 3　被调查教师协同育人认识度统计表

家校之间沟通、合作的必要性			家校协同育人的意义		
必要性	人数	百分比（％）	意义	人数	百分比（％）
非常有必要	34	75.55	提高学习成绩	33	73.33
有必要	8	17.78	有利于因材施教	42	93.33
基本没必要	3	6.67	增进师生、家长之间的情感	35	77.78
没必要	0	0	利于家长教育观念、方法更新	29	64.44
—	—	—	有利于学校发展	27	60.00

从表 4 中的三组数据可以看出，大部分教师能够主动和家长进行联系、沟通，88.89％的教师对学生的家庭情况基本了解，57.8％的教师能够对所教的大部分学生的家长反馈学生在校信息。说明大部分教师对家校协同育人具有主观上的积极性。

表 4　被调查教师协同育人参与情况统计表

主动和家长了解反映情况			对学生的家庭情况是否了解			一学期内和任课学生家长沟通情况		
联系频度	人数	百分比（％）	了解程度	人数	百分比（％）	班级学生占比	人数	百分比（％）
经常	26	57.78	非常了解	4	8.89	50％以下	9	20.00
偶尔	19	42.22	了解	18	40.00	50％—70％	10	22.22
没有联系	0	0	基本了解	18	40.00	70％—90％	10	22.22
—	—	—	不了解	5	11.11	90％以上	16	35.56

从图 1 可以看出，教师与家长沟通的方式排在前三位的分别是微信、家访和电话联系。从中也可以发现，虽然使用现代通信技术进行沟通比较方便快捷，但传统的家访、家长会仍然是不可替代的方式，当面沟通更有利于情感的交流。

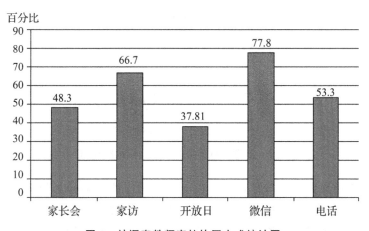

图 1　被调查教师家校协同方式统计图

从图 2 中可以看出，在家校协同的过程中，教师关注最多的是学生的行为习惯，这与当下学校强化养成教育紧密相关，教师对学生的行为习惯培养意识明显增强。

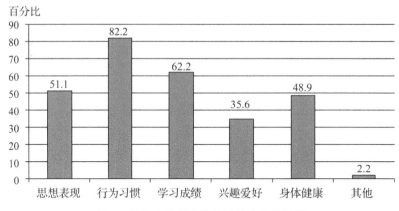

图 2　被调查教师家校协同的内容统计图

家长调查问卷也是从家校协同的认识、参与的程度、期望等方面进行的，具体分析如下。

从图 3 中可以看出，近 98.7% 的家长认为家校之间保持良好的沟通与合作有必要。

图 3　被调查家长协同育人认识度统计图

从表 5 中数据可以看出，95% 以上的家长能够主动和老师联系沟通，了解孩子的在校情况。通过调查分析，多数家长能够参加学校的家长会和学校组织的活动，大部分家长对孩子的语文、数学、英语任课教师比较熟悉。

表 5　被调查家长家校协同参与情况统计表

主动和老师联系的情况			每学期主动和老师沟通的情况			对孩子在校情况是否了解		
联系频度	人数	百分比（%）	次数	人数	百分比（%）	了解程度	人数	百分比（%）
经常	88	22.74	1—2 次	163	42.12	非常了解	26	6.72
偶尔	286	73.90	3—4 次	140	36.18	了解	114	29.46
不联系	13	3.36	5—6 次	56	14.47	基本了解	223	57.62
—	—	—	7 次以上	28	7.23	不了解	24	6.20

　　从图 4 中可以看出，家长和教师沟通的首选方式仍然是微信、电话和面对面交流。这与图 1 中教师参与协同的方式是一致的。从调查中我们还了解到 39.9% 的家长希望教师能够走进学生的家庭进行当面交流。有 50% 的家长关注学校的公众号，及时了解学校的工作动态。

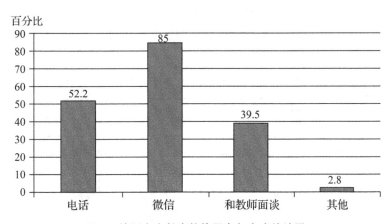

图 4　被调查家长家校协同参与方式统计图

　　从图 5 中的数据可以看出，家长最关注的是学生的学习成绩，其次是行为习惯、思想状况和身体健康。而我们在图 2 对教师的关注情况统计中可以看出，教师关注的排序分别是：行为习惯、学习成绩、思想表现和身体健康，而良好的行为习惯直接关系到学习成绩的好坏。这一点应该和家长统一思想，达成共识。

百分比

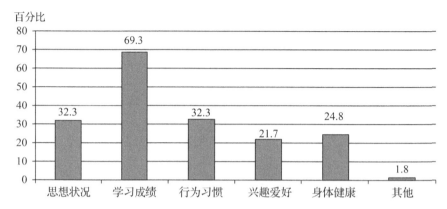

图5 被调查家长最希望了解孩子在学校各方面表现统计图

从图6可以看出，家长希望学校在提高孩子成绩、培养良好的行为习惯、与孩子进行良好的沟通等方面得到学校方面给予的专业支持。在调查中，对于"您希望通过什么途径了解教育孩子的方法?"91.98％的家长选择了"和学校教师进行交流"。在家校协同中学校应该为家长提供更多的支持和帮助。

百分比

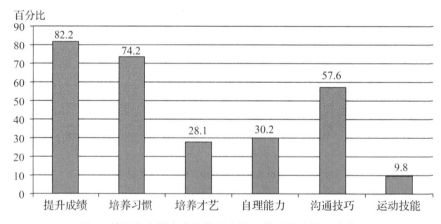

图6 被调查家长在家校协同中需要得到帮助情况统计图

3. 家校协同工作的建议

通过梳理、归纳，教师、家长给予的建议如下。

(1)教师的建议

——每个学年教师不仅要通过微信、电话、面谈等方式及时与家长进行沟通、交流，还要走进学生家庭进行家访工作；

——请家长参与学生社会大课堂活动、劳动基地建设、端午节包粽子、重阳节孝亲敬老等活动；

——举行家长会、学校开放日活动；

——为家长举办教育方法讲座；召开家校问题交流座谈会，邀请优秀学生家长进行经验分享交流活动。

（2）家长的建议

——多与家长联系，及时告知家长学生在校的情况，对学生严格要求，加强管理。多培养孩子的兴趣、爱好，让孩子德、智、体全面发展；

——定期举行家校座谈会，相互沟通教育的薄弱点；

——多组织开展一些有益身心的活动，培养孩子们吃苦耐劳的品质；

——多组织孩子与家长共同参与活动，家长与孩子共同努力，彼此更加了解；

——希望学校多组织一些育儿方面的讲座；

——开展每月家长校园行，让家长每月都了解孩子在校的全部情况；

——搭建家长与教师、与家长交流的平台，学习、交流、借鉴经验。

（二）采取的对策

1. 制定了四方面的改进措施

（1）构建家校育人体系，建立健全家校协同育人制度。如家长委员会制度、家访制度、家长学校制度、课堂开放日制度等。让家校协同育人走向规范化、制度化，形成家校协同育人的长效机制。

（2）加强教师培训，充分发挥教师在家校协同育人中的主导作用。一是提高教师家校协同育人的认识，提高家校育人的自觉性，把家校协同育人作为教师工作的一部分；二是补齐教师在家校协同育人工作的短板。为教师补上家庭教育这一课，了解当前形势下的家庭教育现状，较为系统地学习家庭教育知识，科学指导家长的家教方法，提升家长的家庭育人实效。"假如人际沟通能力也是同糖或咖啡一样的商品的话，我愿意付出比太阳底下任何东西都珍贵的价格购买这种能力。"为教师补上沟通这一课，掌握与家长沟通的原则、技巧，促进教师与家长间的情感流动。教师要进一步加强教育学、心理学学习与研究，能从教育学和心理学的视角观察、分析学生身上反映出的问题，以便帮助家长找到更加有效的方式、方法。

（3）重视与家长面对面的沟通与交流。现代通信工具为教师与家长的沟通带来了极大的便利，但是传统的入户家访形式仍具有不可替代的作用，不仅能现场了解学生家庭状况，更能让家长感受到学校、教师带去的温暖，促进家校和谐关系的提升。

（4）要充分满足家长的心理需求，为家长提供有益的、能力范围内的更优质的服务。通过举办专家讲座以及教师与家长交流，满足家长对家教知识的需求，教师在与家长交流中，不仅是汇报者、倾听者，还要做家庭教育的指导者；通过家长委员会、家长会、家访、课堂开放日等途径，满足家长对学校、孩子和教师充分了解的需求。学校要进一步办好"山东庄中心小学"微信公众号，提高公众号的质量和水平，及时发布学校工作动态，展现师生风采，发挥公众号优势，让公众号成为家长了解学校、教师和学生新的、重要的窗口。从调查问卷看，家长对微信公众号的关注度还不高，学校要做好这方面的宣传、引导工作。

2. 研究设计并实施了四项家校协同育人策略

1）共同价值追求策略

依据生态系统理论和交叠影响域理论，家校协同就是要将家庭和学校对孩子的影响进行综合和统一。家长和教师之间应该围绕共同的目标，加强合作，相互理解、补充，为孩子营造一个良好的成长环境。因此，二者之间建立起共同的教育价值观念至关重要。

面向家长，一是积极宣传国家的教育政策，通过家长会、家校报、学校的微信公众号向家长宣传入学、初中招生的政策以及中高考教育改革的变化，帮助家长更新教育观念、人才观念；二是及时向家长宣传课程改革、教材改革的方向，向家长介绍学校的课程设置，让家长更多地了解当下学校教育的情况，以减少家长对孩子成绩的焦虑感；三是通过各种活动选拔出在德智体美劳各方面表现优秀及取得较大进步的学生，树立榜样，并进行宣传，如宣传学校女足在市区各级比赛中取得的优异成绩及她们刻苦训练的事迹等；四是邀请在家庭阅读、艺术训练、体育训练等各方面表现优秀的学生的家长进行经验介绍；五是修改学校对教师的评价方案，对教师的评价不只是关注学科教学的质量，同时关注学生的成长与发展。在家长、教师和学生的心中逐步建立分数不是评价学生的唯一标准的观念，各美其美、美美与共才是教育的目的。

2）家校信息双向沟通策略

家校信息沟通的途径很多，有家长会、家访、电话、家长来访等，我们一是利用新媒体进行家校信息双向沟通，二是以传统的家访途径进行家校信息双向沟通。

第一，微信等新媒体是新兴产物，为家校信息沟通提供了一条新的渠道，但是使用它的优势是什么？用来做什么？怎么用？应该注意什么等，都是没有思考过的，都需要我们去研究。

第二，入户家访是传统的家校信息沟通方式，但是，随着现代通信工具的出现，入户家访渐渐淡出了人们的视野。家访作为传统家校联系和沟通形式，是否还有存在的价值？现代社会的家访又应该怎么去做？对于家访我们应该赋予怎样新的认识？

①微信沟通

随着计算机技术的发展和网络的普及，现在已经进入数字化、网络化、信息化的新时代，互联网作为一种新型的家校沟通阵地登上了历史的舞台。加上移动智能终端的普及，班级微信这个"微时代"的新兴产物越来越受到家长的青睐。

利用微信进行家校沟通，有它的必要性。现代社会快节奏的状态，家长常常处于忙碌的状态，与孩子相处的时间较少，并且对于孩子在校的情况很难每天都与班主任电话沟通。每个学期只有两次家长会，而孩子的成长变化却是时刻在发生的；再加上学生在农村，地理分布范围广，如果经常家访，未免使班主任筋疲力尽，对于孩子在学校成长中的问题，适宜利用微信这种交流沟通形式，让家长短时间内了解情况，并且给予家长如何教育的方法。

微信公众号传播快、传播广、容量大、图文并茂、形象生动，具备互动性，这是家长了解学校、孩子的重要窗口，是对家长宣传教育政策、普及家庭教育的非常好的平台。

智能手机的广泛应用，为利用微信进行家校沟通提供了可能。学校500名学生，其中有480名学生的家长在使用微信，大部分学生家长通过智能手机或者电脑使用微信。

为方便各学科教师和家长的交流。我们让各班班主任建立了班级微信群，并把各科老师也都拉进来，每一个家长和学科教师都是一个班级微信群的客户终端，因为微信具有实时性、快捷性，发布的信息主要用于分享、传播，它的交流可以是一对一的，可以是一对多的，也可以是多对多的，这就方便了老师可以一对一地单聊或者一对多地发些通知。教育是双方向的，家长有了班级微信，可选择在微信上给教师留言，表达自己的真实想法。家长对学校的一些工作有疑问，可以直接"微"班主任，将自己的疑惑及时提出，以达到及时沟通、及时解决问题的目的。

【案例一】学校四年级(1)班李宇轩同学妈妈的手机里存着很多孩子从一年级到四年级在学校学习、生活的照片，包括孩子在教室里认真听讲的、写作业的、和同学一起过生日吃蛋糕的、和老师合影的及各种活动照片等。这些照片是班主任王老师第一时间从微信上传给家长的。如今，学生在校方方面面的表现，教师都会用手机抓拍下来，传到班级微信中，发送到朋友圈，家长登录微信就可以看到。这样的照片是家长最喜欢的，他们能够一睹孩子在学校、在课堂上鲜活灵动的表现，被很多家长称赞、收藏、留言。以往，孩子在校的学习情况、思想动态、性格情绪等在家长眼里不是"雾里看花"，就是"水中捞月"。过问多了，孩子厌烦；沟通少了，老师又觉得关心不够。有了微信不仅满足了家长的"视察"需求，更增强了家长参与班级管理的透明度，使班级管理形成了和谐、融洽的家校氛围。这样贴心的做法在我们学校已是常态，老师们在家长、学校沟通中充分地运用新型社交平台，其功能也不再是报分数、布置作业，而是融入了情感的互动。

为了让家长更好地了解孩子们在学校的学习、生活情况，展示学校的规范管理，我们学校的班主任会把各班的新鲜事儿、特色活动、各类成果、风采展示都通过这些平台进行传输，让各班的家长们在外地也能了解学校开展的各项活动情况，如三年级(2)班的张老师，把每次学生取得的一点点进步、得到的奖励，都发到家长群里，家长看到自己的孩子的展示，好不高兴。同时也激励那些没有得到奖的同学，向着这个目标努力！如今不少家长已成为班主任和同学们的铁杆粉丝，不仅将活动照片和视频收藏，还一有空就会登录班级群，参与互动。有些家长还将自己教育孩子的好方法拿出来与班主任老师和其他家长共享，听取他人意见。当家长对教育孩子感到苦恼和迷茫时，也会利用微信跟老师交流，寻求老师的帮助。他们也会通过微信对学校工作提出意见和建议。微信平台给家校沟通带来了快捷和便利。

班级微信群有利也有弊，弊端一是不良的问题扩散快，容易发酵，影响面大，有时会使小事变大；二是教师与家长进行即时的、群体性的交流，可能因教师问题考虑不周或表达不当，引起家长不满；三是教师向家长介绍学生情况，不论是表扬还是批评都有可能给个体或群体带来压力。

为此，我们制定了微信群使用规范：

第一，对班级存在的共性问题不点名，对个别学生的问题要与家长做单独沟通。

第二，在群里上传学生学习、活动照片时要慎重选择，多选择以表扬为主的内容，对学生做出客观评价，宣扬班级正能量；不"晒"学生的作业和考试成绩，特别是让家长感觉有歧视性倾向的材料。

第三，不违反教育规定。如利用微信群给家长布置作业或让家长代批改作业等。

第四，要树立教育者的形象。要用教育者的眼光看待问题，用教育者的思维分析问题，体现出教师的专业素养、文化素养，切忌用简单的、发号施令式的语气回答家长的关切或布置任务。

学校建立了"山东庄中心小学微信公众号"。设置教学看台、校本课程、学生动态、班级新闻、家长留言等灵活多样的栏目，学校及时地将一些学校开展的教育教学活动，发送到这个公众号，让家长及时关注我们学校的活动动态，了解教育改革动向，学习育人知识。公众号的信息丰富、生动，不仅有文字还有图片，且能实现学校与家庭的双向互动，共同促进学生的身心发展。

从传统的家访、电话过渡到现在的微信，改变的是沟通方式，从事务性告知到情感型互动的转化，让家长、学校零距离沟通，不再是居高临下的命令，而是平等的合作。虽然基于微信及微信平台的家校沟通有许多优势，但是不能否定传统的家校沟通方式，传统的入户家访仍然是最主要的沟通方法，微信及微信平台支持下的家校沟通只是对传统家校沟通方式的一种补充和延伸。"互联网＋"环境下，利用微信及微信平台实施家校沟通，缩短了家校之间的距离，凝聚了家校教育的合力，共享了家校的教育智慧。在学校教育中，利用新媒体拓展家校沟通渠道，实现家校共育，促进学生健康成长，将成为教育工作者不断实践及探索的新课题。

用什么信息工具沟通只是一个形式，重要的是沟通的内容是否到了家长的心坎里去。微信平台把学校、家长和学生联结起来，让他们体验到实时交流的好处。

②入户家访

山东庄小学家校协同育人现状调查与分析中，面谈形式的家校沟通方式只占39.5％。笔者又对入户家访做了一次问卷调查，主要包括：在近一年中，老师是否到您家做过家访？您是否欢迎教师到您家家访，并谈谈您的理由。在问卷调查中，我们看到，入户家访占比不到5％，而欢迎教师入户家访的家长达到95％以上。这两个结果形成了很大的反差。一方面，入户家访已经离我们渐行渐远，而另一方面，家长对入户家访有着强烈的愿望和需求。

现代通信工具的出现，在时间与空间上提高了家长与教师联系、沟通的自由度，让联系与沟通变得更加快捷便利，频率也更高，但入户家访仍然有不可替代的作用和地位，它是学校与家庭共同教育好孩子的一道不可或缺的桥梁。

第一，入户家访有助于更真实地了解学生的家庭状况及在家状况。学生的家庭背景不同，给学生带来的影响也是不一样的，家长是学生的影子，学生的问题往往反映的是家庭的问题、家长的问题。教师在真实了解情况下，更能唤起教师的仁爱之心，更能给予学生更多的关爱、指导、矫正、帮助，也能对家长实施有针对性的建议，督促家长共同担负起育人的责任。

第二，入户家访有助于更全面、更深入的交流。电话沟通、联系往往不够深入，教师和家长要对学生获得更多更深入的了解，家访明显是最好的方式。

第三，入户家访有助于增加家校的情感。"情感是教育的桥梁"，"亲"的繁体"親"，也说明人要常见面才会亲。家访能让家长获得尊重感，从而与教师打成一片，感情亲切融洽，这样家长们就不再会有什么误会和责怨，我们的工作就能得心应手。

第四，入户家访让学生及家长感受到老师的关注和重视。老师上门家访，会让学生感受到这是一种激励，对家长也是一个触动。教师、家长、学生三者共处一室，促膝谈心，拉近了彼此的心理距离。

【案例二】商同学是个自控能力比较差的孩子，经常不能按时完成作业。当我们走进商同学的家时，看到他正趴在一个小桌子上写作业，他二叔家的弟弟特别淘气，在屋里跑来跑去，一会儿也不停歇。奶奶在旁边大声吆喝："别闹啦！别闹啦！"经过交谈，我们了解到，商同学的父母在企业上班，父母下班后基本不管孩子，妈妈料理一些家务，父亲自己玩手机。就商同学的学习环境和父母对孩子的教育问题，我们和他们做了很长时间的交流，父母不仅是给孩子提供吃住，父母的关爱、陪伴、榜样示范等都是对孩子无声的教育。在后来的回访中我们感受到了深刻的变化。家长给孩子买了升降桌椅、护眼灯，摆放在商同学的屋子里。现在商同学能够在自己的屋子里，把门关上，安安静静写作业了。爸爸妈妈下班回家能够给孩子做一些辅导，遇到不会的或不明白的题也能够给老师发微信进行沟通。商同学不仅在学习上有了很大进步，而且性格也比原来温和，开朗了许多，能够感受到他脸上的幸福！

协同效应理论指出，教育工作者必须协同系统中的每个要素共同对个体施加影响，才能保证个体获得的外部信息的整体一致与及时有效。学生行为怪癖、作业不能按时完成、卫生习惯差、视力问题等，我们看到的只是表象。走进学生家庭，能够让我们了解学生存在的问题背后的原因，只有弄清"病因"，共同施策，才能对症下药。在 2017 年的家访中，我们为 17 名家庭困难的学生捐献了书桌；和 50 多名学习困难学生的家长进行了详细的交谈，帮助他们分析原因，提出教育建议，为学生营造了支持性的学习环境。

我们的一位老师是这样总结家访工作的：

心诚则灵——当我们教师满怀一腔热情，怀着对孩子满满的爱，来到孩子的家庭时，总会收获满满的感动和理解。当我们放下身段，不辞劳苦，带着美好的祝福和希望，走到孩子和家长的心里时，总会收获嘱托和百分百的信任。

法巧则变——当我们用激励代替批评和指责。前进的动力就会源源不断。孩子的优点点燃家长望子成龙的希望，希望的风帆指引着孩子改正缺点，完善自己。

知心则远——当我们围在孩子身边，了解每个孩子的实际情况，了解家长对孩子的期待和目标时，总会感受到相互了解的知心才是家校合作的核心力量，拥有了这股力量，我们的共同目标才会更有前瞻性。

为了让家访工作走向规范，我校制定了《山东庄中心小学家访细则》。

(1)家访要求：班主任和任课教师坚持普访与重点访相结合。每学期集中普访一次，普访率达 100%，让爱的阳光普洒到每一个家庭和学生；要坚持对重点生重点访，跟踪访，按需家访，提高家访的实效性、针对性。

(2)家访的指导原则

①平等性原则：创设与家长和谐交谈的气氛，消除家长的戒备心理。既不高高在上，也不委曲求全，要相互尊重，平等相待。

②真诚性原则：客观反映情况，给家长、学生传达真实、清晰的信息。以便发扬优点，改正缺点；不论是谈优点还是缺点，都应让学生、家长感受到真诚、温暖，从而获得鼓励。

③廉洁性原则：不收取礼品，不吃家访饭，要洁身自爱，不做引起家长反感、不信任和影响教师自身和学校形象的事情。

在家访内容上，做到微观与宏观相结合。一是说优点，谈问题。优点要谈足，问题要找准，给学生带来鞭策与鼓舞，让家长看到希望；二是听家长心声，了解家长家教中的困惑与对教师的诉求；三是对家长的家庭教育提出建议；四是介绍国家教育改革方向及学校重点工作、要求，寻求家长的理解、支持与配合，让教育在目的、行为、目标上达成一致。

(3)家访的准备：一是要做好时间上的准备，与家长提前取得联系，定好时间，给家长心理准备的时间；二是做好家访内容上的准备，备好家访课，准备谈什么？怎么谈？重点学生要做重点斟酌。

（4）家访安全预案：我校地处农村，学生居住地分散在学校周边6个村落，距离学校最远的学生有10多千米，教师家访更多占用晚上时间，做好家访安全工作不可忽视。学校制定了《山东庄中心小学家访安全预案》，将不安全因素想细，防范工作做实，确保教师人身安全。

在家访中，教师们都能感受到家长对家访的渴求。学校利用"山东庄中心小学教育论坛"，在网上进行家访体会交流，组织开展"我的家访故事"宣讲活动，交流体会，提高家长对家访工作的认知度。

在家长的反馈表中，有的家长说："老师利用休息时间做家访，说明对我的孩子很重视，很关心。"有的家长说："老师家访后，孩子的转变很大，改掉了不写家庭作业的毛病，现在到家第一件事就是写作业。"有的家长说："老师家访，不仅介绍了孩子在学校的情况，还介绍了课程改革、学校管理规定及意图，这让我们对老师的工作有了更多的了解和理解，我们会更加配合老师的工作，让家庭教育与学校教育保持一致性。"也有家长说："老师不仅是孩子的老师，也是我们家长的老师，在与老师的交流中，我获得了许多家教知识。"

3）多种活动助推策略

生态系统理论强调所有的关系都是双向的，成人影响着孩子的反应，孩子也影响着成人的行为。丰富多彩的教育活动，是家校合作的得力助手。家长走进学校、深入课堂、参与活动，在参与中共同发展。我校概括出三大活动参与形式，助推家校协同育人。

（1）亲子活动

学校以组织亲子活动为抓手，促进家校协同育人。在亲子活动中，体验、分享成长，提升家长家庭教育素养，促进家校协同育人。在学校指导下，家长全力支持，全情投入活动，陪伴、参与并见证孩子的成长。亲子活动引领着家校、亲子共同成长。开展趣味运动会，让家长和孩子们感受学校生活的乐趣，共同成长。引领家长、学生参与学校重要节日庆祝活动。传承和弘扬中华民族优秀传统文化。如端午节粽香飘飘思屈原、中秋佳节制月饼庆团圆等活动，帮助教师、学生和家长深入了解传统文化知识，感受传统节庆的浓厚文化内涵，促进教师、学生和家长综合素质的提升。让家长参与学校组织的社会实践活动——家校进博活动。家长和孩子一起走进博物馆，共同参观学习，共同接受教育。

【案例三】2020年9月初，百余名一年级小学生和家长一起来到国子监体验传统文明礼仪。他们头戴儒帽，身穿汉服，排着整齐队伍走进"开笔礼"现场。在"正衣冠"环节，家长帮助孩子们整理衣冠，引导孩子在生活中注重自己的仪容仪表。在"朱砂启智"环节，教师们为每个孩子在额头正中点上红色朱砂，开启智慧，寄托美好的愿望。家长指导孩子们书写"人"字，一撇一捺紧相连，寓意要做个顶天立地、堂堂正正的人。在"敬孔礼"过程中，孩子们向孔圣人鞠躬行礼，表达敬仰；向恩师行鞠躬礼，表达深深的敬意；向父母行感恩礼，不少父母眼眶盈泪，见证了孩子们成长的幸福与喜悦。在老师的指导下，一年级新生齐声朗诵《弟子规》。最后，孩子们用稚嫩的画笔画出朵朵桃花，寓意是做一个爱家乡的美丽少年。

让家长参与学校的特色建设。"阅读教育"是我校的办学特色，阅读从课堂走向生活成为孩子内在的需要，需要家长的密切配合。学校创造条件，让家长参与读书活动。每逢读书节，我校按照"教师带头，学生主体，家长参与，家校共勉"的思路全面铺开，好书大家读、师生共读一本书、亲子共读等活动相继开展，校园弥漫着浓浓的书香气息。低年级的学生家长与学生一同写下自己的读书感受，记录生活中的点滴，学校将《一(1)班美滋滋》、二年级的《童言花语》等都编辑成册，作为礼物赠送给孩子和家长珍藏；班级读书会活动，邀请家长参与，介绍经验。交流与孩子同读一本书的感受。活动的开展，营造了亲子共同阅读的氛围，我曾经看到这样一幅画面：一个初夏周六的上午，七八个孩子和父母在村子的公园内围坐在一起读书。我感到，此刻成长的不仅是孩子，还有他的父母，父母给予孩子的不仅是阅读的习惯，更是一种文明的传承。

(2)联谊活动

①座谈交流，增强实效

家长会为教师和家长提供直接接触并相互了解的机会，家长会开办是否成功不但会影响到家长对班主任的印象，对于学生的培养工作也会有较大作用。

家长会上，班主任老师及任课教师针对如何培养孩子的学习习惯、品德习惯、生活习惯等多方面教育方法对学生家长进行培训，教给家长们一些具体的教育孩子的方法。同时也向家长们汇报孩子在学校的表现及学习情况。家长们在会上也讨论、交流了自己教育和管理孩子的一些好的经验和体会，并且给学校和班主任提出了极其宝贵的建议。如一年级的家长会上，教师在初步了解学生个性的基础上，通过家长对每个学生进行深入了解，重点培养学生养成好习惯。中年级的家长会则侧重于学生实践能力的培养，如鼓励学生积极参加各种公益活动。高年级的家长会则侧重于对学生阅读和学科知识的运用，鼓励家长督促学生进行课外阅读，做好小学与初中的衔接。

成功的家长会不但可以使教师和家长进行有益交流，双方的进一步配合还会对教师接下来的教学和对学生的培养工作起到积极的作用，可以使学校教育和家庭教育更有实效性、针对性、目标要求更一致。

②活动策划，资源整合

教师、家长共同完成教育活动的组织和实施，体现家校双主体。在活动的组织和实施上也要体现家长和老师的双主体地位。教育活动不再是老师设计实施，单纯地给家长布置任务而已。而是让几位会员家长发挥模范带头作用，与教师共同策划和组织一次教育活动。

如，一些中低年级班主任充分发挥家长的模范带头作用，组织开展了一些有意义的班队活动。一年级的班主任跟家长共商，设计了"小能人露一手"的主题队会，培养孩子们自强自立品格。家长们跟着录视频，带着孩子进行采访，制作精美的投影片。二年级的班主任把家长们为学生设计的"阅读存折"设计到班会沐浴书香一课里，激发了学生的阅读兴趣。

家长们参与班队活动并出谋划策，实现家校的资源整合，形成教育的最大合力，最终受益的是我们共同关心和爱护的学生们。

③开放课堂，提升水平

"课堂开放日"是学校和家庭联系的一种方式，对它的研究有助于我们了解影响学生发展的中间系统，了解教师和家长之间的互动关系，有利于我们进一步改善家长开放日活动，促进家校之间的沟通与合作。

我校每学期都会开展2次家长开放日活动，即家长走进学校，走一走，看一看，听一听。家长走进校园，亲临孩子们的学习环境，参观了孩子们的教室、实验室、微机室、音乐室、舞蹈室，走进了孩子们的学习生活。如一年级的小孩子刚刚入学，有些家长不放心自己的孩子，这时，带着家长走进课堂，很多家长更多的是关注自家孩子的行为习惯以及听讲状态。有的家长发现了自己孩子存在的问题。如"课堂上回答问题不够积极主动，不爱举手，回答问题声音小，没有自信，胆子小""上课坐不住，喜欢开小差，没有认真思考问题"等。同时也有家长认为"作为家长没尽到责任，以后会多关注孩子的学习和行为。"还有的家长从老师的课堂中了解一些教育孩子的方法，认真按照老师的教导，要求孩子完成作业，为今后在家的辅导学习提供了帮助。

"课堂开放日"活动，家长、学校之间增进了彼此的了解，促进了双向交流，达到共同育人的目的。增进家校沟通，提升了家校工作水平。

④学科实践，共赢发展

开展学科实践活动是课程标准的要求，是培养学生核心素养的重要渠道，也是家校协同育人的有效载体。家长的参与，有效地弥补了学科教师在这方面的欠缺，解决了实践活动课的虚化、弱化问题。同时学科实践活动也是家校联系，共赢发展的抓手。因此，我校积极开展各个学科的实践活动，并且邀请家长来参加。

如一年级的数学学科实践"我们来购物"，是教师设计的一节到超市购物的数学学科实践活动，邀请家长来参加。一方面家长能够帮助组织纪律，另一方面家长能够指导孩子如何看价钱，如何读出价钱，如何来付款。活动中，有的孩子挑选了精美的玩具，有的孩子挑选了自己喜欢吃的零食，有的孩子在老师的指导下为家长购买了礼物。就这样，在家长的指导和教师的引导下，孩子们有序排队，进行价钱估算。

孩子们在购物的过程中认识了人民币，学会了花钱，也学会了精打细算。家长们看到孩子们为自己挑选的礼物满心欢喜，实践活动在家长的帮助下紧张有序地进行着。在购物的活动中，学生、家长和教师都在潜移默化中成长，学校也迎来了家校合作、共育共赢的机会。

（3）家长讲堂

家长讲堂就是让家长由台下走向台上，由聆听者变为宣讲者。依照受众对象，我们把家长讲堂分为两大类：一是家长讲给学生听；二是家长讲给家长听。

①家长讲给学生听

教师通过调查，结合家长自身职业特点，调动家长积极性，让家长给学生进行相关专业知识培训。如传染病的预防、医药卫生知识、交通安全知识、消防知识、法律知识、心理健康知识、室内装饰知识、自我保护小常识、文明礼仪知识等。例如：一些低年级的孩子经常会在一些小贩儿那购买小食品。为此，二年级班主任特别聘请本班杨妈妈来给低年级同学讲解食品安全问题。杨妈妈是一名超市食品组的组长，对于食品保质期，以及如何鉴别劣质食品有着自己的经验和看法。在大讲堂上，杨妈妈带着面包等食品，给大家讲解如何推算保质期，如何鉴别食品真假。孩子们在实践中懂得了食品安全知识，明白了不能购买劣质食品。一年级的刘妈妈是社区的一名护士，她来到学校开展"卫生知识"大讲堂活动，教给孩子"七步洗手法"；给孩子们讲解了随地吐痰的害处。告诉孩子们都要做文明的小学生。

②家长讲给家长听

选择在某一方面或各方面均表现优秀的学生家长，登台亮相，介绍育人观、育人方法。讲座主题突出"小"，贴近家长实际。针对以下问题，如"孩子玩手机怎么办?""孩子总爱丢三落四怎么办?""如何引导孩子爱上读书""如何教育孩子有礼貌"等开展。讲座是开放性的，互动性、交流性强，讲座过程中有问有答有质疑，气氛热烈时，没有安排发言的家长也即兴走向台前，谈自己的认识与见解。

"家长讲堂"是家校协同育人的体现，是家长参与学校育人活动的深化与内容的拓展。在实践中，我们发现，这一协作形式有以下几大优点。

一是弥补了教师知识的不足。作为教师，受个人阅历、性格以及所从事行业的影响，知识技能的局限性是不可避免的。取社会之长补学校教育之短，让专业人员讲专业知识，使学校教育的有效性得以更充分体现。

二是增加了家长与家长之间的交流机会。优秀家长走向台前，用亲身经历介绍家教经验，分享育人的喜怒哀乐，示范性强，说服力强，更能给家长带来鼓舞，更能建立起家长育人信心。

三是家长的参与愿望显著提高。以往的教师与家长沟通，教师更多的时候占据主导地位、支配地位，家长更多的是信息的接受者、受教者，这一模式在自觉不自觉中造成了二者地位上的不平等。家长上讲台，从老师教家长转变为家长当老师，家长从被动的接受者转变为主动的传授者。角色的转变带来的是心态的转变，让家长有了更多的平等感、尊重感，他们非但没有把讲座当成一种负担，而是看成了一种责任、义务与荣誉。

四是促进了家长的自我完善。"教学相长"，家长准备的过程、家长上台讲座的过程都是迫使家长吸收知识和锻炼心理素质的过程。家长在为学生做讲座的同时，他们的素质也得到提升。王妈妈在近2年中先后3次为家长做经验介绍，她深有感触地说："第一次上台，语无伦次，心怦怦跳，现在从容多了。"马同学是个爱读书的孩子，学校请她的妈妈做"让孩子成为幸福读书人"经验介绍。马妈妈在谈这次活动的感受时说："为了完成这次任务，我真下功夫了，翻阅了许多书籍，又对我自己的经验进行了归纳、概括，给别人介绍经验的过程，也是我学习的过程。在培养孩子阅读上，也给我自己带来了新的启发。"

"家长讲堂"充分体现了学校与家长之间的良好互动与沟通，得到了教师、学生、家长的一致好评。开展"家长讲堂"活动，充分利用家长资源，让学生、家长拓宽了思路、拓展了视野、增长了见识。

4)开放、参与学校管理策略

开放学校，让家长参与学校管理。成立家长委员会组织，充分挖掘家长资源，实现家校教育优势互补。

家长委员会的宗旨是：坚持家校沟通与合作，让家长充分参与学校管理，有效体现家长对学校教育教学工作的知情权、评议权、参与权和监督权；完善学校、家庭、社会三位一体的教育体系，营造良好的教育环境；深入推进素质教育，促进中小学生的全面发展。笔者认真分析了本校家长委员会的现状，发现本校家长委员会作用发挥还不够明显，其原因主要有以下几点：其一，家长委员会章程不健全；其二，校级家长委员会作用发挥得不够充分；其三，班级家长委员会工作没有得到真正落实。

把家长委员会工作的薄弱点作为研究的着力点，在德育处的指导下，校、班两级家长委员会联动，在"求真、求实、求活、求新"理念指导下进行了研究与实践。

(1)高度重视重新修订家长委员会章程

①完善组织机构

通过家长自愿报名、班主任推荐、校委会审批三个环节重新组建了校、班级家长委员会，真正吸纳了一些关注教育、关心学校发展、乐于服务的家长，夯实了家委会组织的力量。尤其是会长的选择更是通过自愿申报，各委员投票选举产生。2018年9月，我们选举产生了由10名家长代表组成的山东庄小学家长委员会，之后委员会开始参与学校的一些工作。

②重新修订章程

由德育处牵头协调，成立了由骨干家长、骨干班主任、两位中层干部和两位校级领导组成的章程修订小组，经过先后三次研讨，重新制定了山东庄中心小学家长委员会章程，重点落在了家长委员会的权利和职责上。如参与学校民主管理，督促学校的工作；组织家长成立讲师团；提供教学资源，拓展教育途径等新的任务要求。突出了时代性和刚需性。

(2)校级家长委员会蓄力出发，为学校发展助力

家长委员会在会长的精心组织和带领下，不断思考和践行，为学生和学校的发展助力。

①参与学校民主管理，督促学校工作落实

家长参与计划制订与实施。在学校计划制订的过程中，分别邀请家长委

员会的代表进行审议，并虚心听取家长们的意见，在计划传达与实施过程中分批邀请家长代表参与和监督。

家长参与安全管理与监督。学校的安全工作是生命线，是学校一切工作顺利开展的保障。为了让家长委员会来监督学校安全工作的开展，校级家长委员会在一个学期里先后两次全方位地对学校的安全工作进行检查和指导：他们走进餐厅，观看住宿生的用餐卫生环境；走进计算机房等专用教室，检查用电、防火等安全；走进每一间教室，检查室内线路和环境安全；观看和参与上下学管理，监督校门口的交通和防恐安全……总之，通过家长委员会的参与和监督，大大增强了全体师生的安全意识，加快了学校安全建设和整改的步伐。

家长参加学校重大活动。在"学雷锋"活动中，会长亲自为学生介绍雷锋精神，讲述雷锋故事，家长代表和学生一同参与"红领巾先锋岗"志愿服务活动；在美德少年、好习惯小标兵事迹宣讲活动中，家长代表在活动前为学生进行指导，参与活动评价、颁奖等服务工作；在校级读书节活动中，他们参与读书展示、为全体家长介绍培养孩子读书好习惯的方法，为学生推荐好书等活动；在体育节活动中，忙碌的身影活跃在比赛场地，为学生的比赛保驾护航；在社会大课堂活动中，他们一直陪伴在学生身边，和学生们一起活动，一起用餐，为家长随时传递活动信息；在端午节到来之际，家长代表们走进餐厅，手把手地指导学生包粽子，并且把粽子带回家中蒸煮，第二天再带回学校，让学生品尝。学校教育服务的是学生，家长委员会的代表用他们的眼睛去观察，用他们的话语去宣讲，更能够起到事半功倍的效果。但也正是有了他们的参与，督促我们在教育的每一个环节都要精心准备，精益求精。

②提供教育资源，拓展教育途径

家长代表们都有自己的优势，他们都具备一技之长。比如，有的家长在家长学校活动中为全体家长介绍科学的家庭教育方法和理念，在家长中树立了学习的榜样；有的为学生介绍书法知识，并现场指导学生书写，和学生们一起参加区级比赛；有的为学生介绍自己的工作，让学生懂得家长们的辛劳和对孩子们的期盼；还有的也是从事教师的职业，走入课堂，关注学生的学习习惯，为教师的教学提出合理的建议；还有的学生家长是桃、草莓种植大户，邀请教师和学生走进桃园、草莓大棚，为学生介绍种植、管理、采摘的方法，并让学生亲自采摘、品尝……他们尽自己的能力为孩子们的成长服务，为学校的发展助力。

（3）班级家长委员会发挥智慧为班主任助力

班级家长委员会主要围绕以下两项工作来开展和落实：第一，为班主任排忧解难。班级家长委员会和班主任老师的关系更为密切，他们和班主任老师的沟通更为频繁，在收集完班主任老师和家长沟通上出现的一些困惑或者孩子们普遍存在的问题后，会立即沟通并解决。比如，在出现部分学生不完成作业的情况时，家长委员会立即集体协商，和部分家长建立联系，和家长形成共识和合力；在个别家长发出不正确的舆论时，他们会立即发声，在家长群中建立正确的舆论导向；班级家长座谈会时他们总是提前到位，辅助班主任老师完成签到、学生组织等工作……第二，为班级建设助力。班级家长委员会成员积极为班级环境建设和班级活动的开展献计献策。

经过一段时间的研究与实践，班、校两级家长委员会的职能和责任意识都有了明显提升，表现在：第一，积极、主动意识明显提升。各级家长委员会都会主动与学校沟通，了解学校的需求，并且及时做好服务工作。第二，参与学校工作更加深入。家长委员会参与学校的德育、教学、体育等各项管理工作，对学校的工作关注得更全面、更深入了。第三，在思考中不断创新。通过一些活动的内容和形式可以看出，各级家长委员会也都在边思考、边实践，丰富、拓宽了工作思路，使家长委员会的工作更加彰显活力了。第四，促进了学校各项工作的开展。家长委员会发挥了指导、管理与监督的功能，对学校各项工作的开展起到了推动的作用。

(三)取得的效果

1. 家长与学校、教师建立了共同价值追求，教育步调协调一致

在家校协同育人中，家长对国家的育人目标、学校的育人目标有了清晰的认识，从只盯准学习成绩，转向了关注孩子综合素质的提高和个性的发展。家长由原来怕影响孩子成绩、不愿意让孩子参加学校社团活动，到积极主动联系学校让孩子参加艺术社团、学校足球队的训练。家长更注重孩子习惯养成和品行的培养，突出表现在孩子的卫生习惯和文明礼貌方面得到了明显改善。学生的穿戴更加整洁，对长辈更加有礼貌。

2. 新媒体手段在家校沟通中得到有效利用

学校制定了《山东庄中心小学微信使用办法》，对班级微信群使用做出了规范；学校微信公众号，不仅仅是宣传学校工作动态或展示师生风采的窗口，也是国家教育政策宣传、家庭教育方法指导的平台。学校微信公众号运行 2 年多来，已累计推送信息 160 余条，受到了家长的广泛欢迎。

3. 传统入户家访得以回归

被淡化的入户家访，又重新回到了人们的视野，对入户家访的认识也得到了深化。学校先后出台了《山东庄中心小学入户家访指导意见》和《山东庄中心小学入户家访制度》，对老师的入户家访进行了培训，这些都为入户家访取得良好效果提供了保证。学校编辑了《家访故事集》，在写故事、讲故事中，教师的教育情怀得到了生发。刘爱民撰写的《家访建起家校连心桥》案例，获得了平谷区二等奖。

4. 提高了家长参与学校工作的积极性

学校以亲子活动、联谊活动、家长讲堂、家长委员会等形式，不仅让家长参与学校活动，还让家长参与学校议事、管理，家长不仅有参与权，还有话语权。促进了家长主人翁意识的提升。家长由过去的监督、挑毛病，转变为现在的主动想办法、找对策解决问题。"校荣我荣，校耻我耻"的观念已经在家长头脑中初步形成。

5. 家长满意度获得大幅提升

由于家长认识不到位、学校与家长联系不够、沟通不够等诸多因素，家长对学校的许多工作不理解，颇有微词。通过家校协同育人的研究，家长对学校工作给予了更多理解与支持，对学校、教师满意度大幅提升。2019年以来，我校教师收到家长赠送的锦旗达6面。在区教委组织的测评中家长满意度达到90%，较上一年度提升了7个百分点。家长的认同与支持，为学校创设了良好的外部育人环境。

6. 促进了教师素质提高

家长进课堂，教师接受家长的课堂评议，倒逼教师提高教学水平，这比学校组织的评优课还有效。教师与家长沟通、交流的机会在增加，教师的知识储备和沟通、交流能力，不仅影响沟通、交流的效果，也影响着教师自身在家长心目中的形象和家长对教师的评价。为了集体的荣誉，为了展现自己的良好形象，他们努力去充实自己、完善自己、锻炼自己。

7. 促进了乡风文明建设

开展家教培训、家长讲堂活动，提高了家长对家教意义的认识，不断更新、转变着家长的家庭教育观念。家教方法更科学、更有实效；家长与孩子一同走进博物馆，接受组织纪律教育，感受中国传统文化的博大精深，促进了家长文化素养的提升。学校协同育人的探索，使家校已成为密切合作的育人共同体。家校携手积极开展如森林防火、安全教育、好家风传承、小手拉大手等活动。学校已不仅仅是一所普通的学堂，在培育学生的同时，也培育着家长。在成就着孩子的同时也为镇域内的乡风文明建设贡献了力量。

三、研究结论与反思

(一)研究结论与发现

1. 沟通是协作的基础

善于沟通、善于交流、善于说服、善于把自己的一些理念与思维传达给他人，就能够得到对方的理解与支持。家校沟通顺畅了，就能形成理念上的一致、认识上的一致、行为上的一致，达到协同教育的最佳效果。

在家校协同育人研究与实践中，我们畅通了家校沟通渠道，建立平等、真诚、互相尊重、相互信任的沟通关系，沟通中产生的温暖在教师与家长、学校与家庭中流动。

"一言可以兴邦，一言可以丧邦。"我们就沟通技巧问题多次展开研讨和培训，效果明显。

2. 家长文化水平程度影响着孩子成长

在问卷调查中发现，大部分家长的学历水平分布在高中以下，占到总数的72.6%。这一水平比照改革开放初期，有了飞跃式提高，但与城区相比，显然存在很大差距。家庭是人生的第一所学校，家长是孩子的第一任教师，家长的文化程度直接制约了孩子的成长。学校今后会给予家长更多参与学校管理与活动的机会，组织更多、更丰富的培训，促进家长教育子女水平的提升。

3. 家长委员会的作用发挥有待提高

家长委员会参与学校管理的研究到目前阶段还存在着许多不足之处，需要在以后的工作中继续研究和探讨。如家委会组织的自我组织能力有所欠缺。目前家委会的工作还是在学校的指导下完成，缺少自我的管理，因此在以后争取最大限度地发挥组织的自我管理和活动组织能力，在会长的带领下，独立地策划和组织活动，实现自主、自治。班级家委会工作开展有差距，目前，低、中年级段的班级家委会工作开展得比较积极主动，高年级的相比较而言效果欠佳，在成员的选定上，班主任与会长的沟通还需加强。

4. 教师要补上家庭教育这一课

老师不仅是学生的引路人，还要做家长家庭教育的指导者。家长需要从老师这里获得家教知识，面对孩子的问题，时常问我们的老师"这个该怎么办，那个该怎么办"，期待老师能给出有效的答案。但是，家庭教育知识也是老师比较匮乏的领域。面对家长的需求，我们除了邀请专家讲座外，还要为老师补上家庭教育这一课。学校计划将家庭教育著作学习列为教师业务学习内容，开展有计划的学习活动，满足家长期待。

(二)研究反思

近一年的课题研究虽然取得了一些成果，但是也存在诸多不足。

1. 对三个理论的理解还很肤浅

对生态系统理论、交叠影响域理论和协同效应理论都只是比较浅显的片面的了解，缺少深入的学习理解，还不能很好地把理论与实践结合起来，有效地指导家校协同育人工作。

2. 调查问卷设计的科学性有待提高

调查问卷的问题设计主观性比较强，缺乏效度、信度的评估。在研究报告中，大多也是从数据分析、家校活动过程、现实表现上进行总结，还没有升华到理论的高度上去把握。

3. 研究的过程不够扎实

课题推进过程中，理论学习更多地侧重对于德育的一些文件和案例的学习，缺乏当下先进的理论支撑和专家的跟进指导；研究的过程中侧重于活动的推进，缺乏理论层面的总结提升并形成经验。

综合上述不足，下一阶段重点是调整行动研究过程中的对策，难点在于如何从理论高度上提炼一些有价值的东西。

参考文献

[1]刘衍玲，臧原，张大均. 家校合作研究述评[J]. 心理科学，2007，30(2).

[2]马忠虎. 家校合作[M]. 北京：教育科学出版社，2001.

[3]苏霍姆林斯基. 给教师的建议[M]. 杜殿坤，译. 北京：教育科学出版社，1984.

[4]岳瑛. 我国家校合作的现状及影响因素[J]. 天津市教科院学报，2002(6).

[5]文英. 关于促进家校协同教育的几点思考[J]. 吉林省教育学院报，2008(8).

[6]宋洋. 青少年家校协同德育对策研究[D]. 西安：西安建筑科技大学，2015.

太师屯镇中心小学教师专业发展呈现"高原现象"成因及对策的研究[①]

北京市密云区太师屯镇中心小学　蔡瑞山

教师专业发展到一定时期，因个人、家庭、学校及社会等方方面面的因素，可能会呈现专业发展的"高原现象"，而农村学校教师专业发展呈现"高原现象"的因素又具有诸多地区特点。本课题主要从文献综述的理论层面及调查访谈的实践层面探讨本校14名教师专业发展呈现"高原现象"的问题。采用行动研究方法，探求"解决14名教师专业发展'高原现象'问题"的对策。经过一年来的跟进式研究，教师建立了专业发展自信，点燃了专业发展的激情，促进了教师队伍整体专业化水平的提升。

一、课题研究基本情况

（一）研究背景

1. 落实当前国家和地方教育政策的需要

（1）国家政策

党的十九大报告中提出，建设教育强国是中华民族伟大复兴的基础工程，必须把教育事业放在优先位置，加快教育现代化，办好人民满意的教育；推动城乡义务教育一体化发展，高度重视农村义务教育。因此，办公平而有质量的教育，尤其是提高

---

①　指导教师：北京教育学院杨雪梅教授；北京市中关村第三小学刘可钦校长。

农村学校教育质量，必须提升教师队伍的专业素质。

2018 年 1 月，《中共中央 国务院关于全面深化新时代教师队伍建设改革的意见》(以下简称《意见》)中强调，百年大计，教育为本；教育大计，教师为本。坚持兴国必先强师，深刻认识教师队伍建设的重要意义和总体要求。对如何全面加强教师队伍建设、创新教师管理体制、改进教师工作薄弱环节等关键问题提出了具体的任务、要求和措施。《意见》提出，到 2020 年，形成一支师德高尚、业务精湛、结构合理、充满活力的高素质专业化教师队伍。教师队伍整体素质大幅提高，普遍具有良好的职业道德素养、先进的教育理念、扎实的专业知识基础和较强的教育教学能力，农村教师职业吸引力明显增强，教师管理制度科学规范，形成富有效率、更加开放的教师工作体制机制。

2018 年 9 月 10 日，全国教育大会召开，对教师队伍建设又提出了新的要求：一是要提高广大教师的职业地位，"全党全社会要弘扬尊师重教的社会风尚，努力提高教师政治地位、社会地位、职业地位，让广大教师享有应有的社会声望"；二是确立教师承担着"塑造灵魂、塑造生命、塑造新人的时代重任"，充分体现教师职业的光荣和神圣；三是"做老师就要执着于教书育人"，离开了教书育人，教师这个职业也就失去了意义；四是要守住道德和法纪的底线。应该说，全国教育大会为教师的专业发展铺就了宽阔的大道。

(2)北京市政策

2018 年 9 月 7 日，《中共北京市委 北京市人民政府关于全面深化新时代教师队伍建设改革的实施意见》指出，到 2035 年，教师综合素质、专业化水平和创新能力显著提升，培养造就一大批在全国有影响的骨干教师、卓越教师和教育家型教师。教师管理体制机制科学高效，实现教师队伍治理体系和治理能力现代化。教师成为让人羡慕的职业，广大教师安心从教、热心从教、舒心从教、静心从教的良好局面全面形成。

2018 年 10 月 18 日，北京市在全国率先召开教育大会，提出要营造全社会尊师重教的浓厚氛围，全面加强师德师风建设，构建开放灵活的教师培养培训体系，提高教师政治地位、社会地位，建设高素质专业化教育人才队伍。

综上，从国家与北京市层面都可以感受到当前教师队伍建设的重要性，因而，研究教师队伍专业发展的"高原现象"及对策，对深化教育改革、提高教师队伍素质具有很大的现实意义。

2.基于本校教师专业发展实际的需要

太师屯镇中心小学是一所乡村学校，乡村学校的发展根本是要抓实教师队伍建设，尤其是教师的专业发展。根据"二八定律"，抓教师队伍建设首要的是要抓住 20％的领头教师，因为他们是教师队伍的标杆、是榜样，是学校教师队伍文化的主要建设者和引导者，承载着学校发展的重要使命，所以 20％的领头教师是不能出现问题的，否则将直接阻碍学校的进一步发展。但是近几年来由于种种因素，前 20％的一部分优秀教师专业发展速度缓慢，呈现停滞状态。通过观察，比较突出的有 14 名专任教师，其中语文学科 7 人，数学学科 5 人，体育学科 1 人，艺术学科 1 人。他们身上有一个共同的特征，基本上是工作了 8—15 年，专业发展呈上升趋势，而且对工作充满自信。在 15—22 年之间，专业发展开始处于徘徊阶段，与学校处在第一梯队中前 10％的名师差距越来越大。通过数据对比分析发现，学校前 10％的名师均成为市区级骨干，多人次获得市级、国家级大赛奖励。之前，这 14 名教师与这些优秀教师发展机会相等、取得的成绩基本相当，专业发展达到巅峰阶段，但是由于种种因素，专业发展呈现了"高原现象"。从观察情况来看，这些教师专业发展的高原现象大体表现在如下几方面。

一是动力缺失，安于现状。教师家庭任务较重、教育孩子难度加大；发展空间较小，失去往日激情；学校关注不到，产生倦怠；多数教师惰于读书，惰于总结。

二是自信心不足，放弃发展。新课改不断深入，基础能力不足；专家级教师跟进指导不到位，专业发展受挫；面对传统文化教学及课程整合教学，茫然失措，失去自信。

三是归因不当，产生宿命思想。5 名教师自我认知不清，自我归因不当，要么认为别人命好，要么认为学校不给机会，最终导致成就感低、挫败感强。

四是成绩一般，缺乏进取精神。专业发展开始处于徘徊阶段，几年下来，既无经验，也无理论成果，个人与优秀教师的差距越来越大等。

综上，自 2014 年以来，学校部分教师尤其是这 14 名教师的专业发展呈现了"高原现象"，获得市级、国家级项目减少，区级质量监控不同程度下降，成长速度趋于缓慢。如何让教师克服"高原现象"，提升专业发展水平，促进学生成长，打造一所人民满意的学校是我们一直在思考研究的核心问题。

(二)研究现状

通过中国知网，一共查阅了 51 篇相关文献，其中国外学者的研究文献 10 篇，国内学者文献 41 篇；关于教师专业发展阶段的研究文献 18 篇，关于教师专业发展高原现象成因和对策的研究文献 32 篇，其中，关于农村教师专业发展"高原现象"成因和对策的研究文献 3 篇；关于教育哲学的研究文献 1 篇。

1. 国内外关于教师专业发展阶段的相关综述

1）国外相关综述

国外许多学者采取不同方法提出了教师专业发展阶段的多种理论，其中影响较大的有美国学者卡茨（Katz，1972）的四阶段理论和费斯勒的教师生涯循环论。两位学者均提出了在某一阶段教师专业发展会呈现出"高原现象"。

卡茨的教师专业发展的四阶段理论将教师的发展成长分为四个阶段：(1)求生存时期；(2)巩固时期和更新时期；(3)成熟时期；(4)创造期。他认为巩固时期和更新时期的教师大多能轻松应对教学，积累了教学经验，但无往日的兴奋与激情，专业发展出现了"高原现象"；表面上看大都处于心理倦怠状态，但深层次上看，他们在累积中尚未找到突破口，他们渴望得到专家的引领，实现其自我更新。

费斯勒 1984 年提出动态教师生涯循环论，整体探讨教师生涯发展，对教师专业成长提出了一个非常有用的参考架构，把教师专业发展划分为八个阶段：(1)职前教育阶段；(2)入门阶段；(3)能力建立阶段；(4)热心和成长阶段；(5)生涯挫折阶段；(6)稳定和停滞阶段；(7)更新生涯阶段；(8)退出生涯阶段。费斯勒认为生涯挫折阶段的特征是对教学产生挫折、倦怠和幻灭感，工作满足感逐渐下降，怀疑自己从事教师工作是一项错误选择。稳定和停滞阶段的特征是抱着"做一天和尚撞一天钟"的心态，只做分内事，不主动追求成长，缺乏进取心，敷衍塞责。有时固执，教学能力无进展，创新少，牢骚多，处事不和谐。因此，在生涯挫折阶段和稳定停滞阶段，教师专业发展呈现了"高原现象"。

2）国内相关综述

国内李壮成、李存虎、唐国维、王增强等学者均提出了教师专业发展阶段理论，并阐述了在教师专业发展某一阶段会出现"高原现象"。

其中，李壮成（2013）在其文章《教师专业发展阶段探析》中，将教师专业发展划分为以下六个阶段：(1)专业准备期；(2)专业适应成长期；(3)专业成熟期；(4)专业"高原期"；(5)专业创造期；(6)专业退出期。他提出，处于专业成熟期的教师，对教学过程、教学方法已经了然于心，能够比较轻松地应对教育教学中的各种情形。但随之而来的问题是，他们感觉到无论是在教学岗位上还是在管理岗位上，已经没有更大的发展空间和前景，原有的激情逐渐丧失，加上年龄的不断增大，一些教师产生了职业倦怠感、挫折感甚至无力感，处于消极状态中，我们把处于这一阶段出现的现象，称为教师专业发展的"高原现象"。

综合国内外文献研究，大致可以看出教师专业发展进入一定时期，如果不能更新观念、破茧成蝶，就可能出现教师专业发展的"高原现象"。

2. 国内外关于教师"高原现象"成因的相关综述

通过对32篇文献的检索，国内外关于教师专业发展"高原现象"的论述大体是一致的，主要是借鉴心理学上的"高原现象"，虽然表述上有一些出入，但核心含义是一致的。所不同的是有些专家提出了"高原现象"三阶段：高原期初期、高原期中期、高原期高潮时期；有的专家列举出了"高原现象"一些具体表现，如专业认同感消失、专业情感的淡漠、专业知识的桎梏、专业动机的下降等。

1）国外学者观点

关于教师专业发展呈现"高原现象"的原因，国内外学者都做了大量研究，美国学者威尔逊提出，"当代教师不仅是知识的传播者，还是班级的领导者、心理辅导老师、学生的朋友等，这种多重角色引发的角色模糊和角色冲突也是构成教师专业'高原现象'的重要因素"；特伦贝雷等人将职业生涯"高原现象"产生的原因归咎于个人、家庭及组织三大因素，个人因素包括年龄、受教育水平、人格因素、晋升愿望、上级的绩效评价、对工作的喜爱程度、工作的投入、以前成功的工作经验；家庭因素包括家庭满意度、家庭成员人数、配偶工作情况、个人家庭负担等；组织因素包括学校管理模式、学校的规划、专业的组织工作、公众的信任、社会的期望等。

2）国内学者观点

中国学者也从不同角度进行了分析，大体上是从教师自身的心理及个人因素、学校因素、社会因素等方面进行剖析。其中个人因素主要是个人性格障碍、知识结构陈旧、思维方式固化、盲目自信、专业能力较低、健康状况不良、自我认知不清、自我归因不当、进取欲望不高等；学校因素主要是培训实效性不高、校本教研形式化、激励机制不健全、平台搭建不足、文化氛围不浓、评价方式单一等；社会因素包括社会期望值过高、社会待遇不均衡等。

综上所述，中外学者对教师专业发展呈现"高原现象"原因的阐释有诸多共性因素，但是较少从农村地域特点、农村缺乏资源的现实、农村教师的社会地位、农村教师的生活环境、农村学生学业质量、农村家校协同育人机制等方面探讨农村教师专业发展呈现"高原现象"的原因。

3. 国内外关于教师高原现象解决对策的相关综述

国内外学者主要从个人、学校、社会三方面采取对策突破教师专业发展"高原现象"。

在教师个人方面，很多学者认为采取以下措施：调整认知，正确认识"高原现象"；修正目标，调整自我期待；赋予工作以积极意义，增强事业心与责任感；调整情绪状态等。

在学校方面，采取的措施有：创设民主、团结、开放的文化氛围；通过专家引领、培训学习、校本教研等多种渠道关注教师成长；建立完善的评价机制与激励机制；帮助教师做好职业发展规划等。

在社会方面，采取的措施有：利用信息服务等手段影响人们对教师的职业理解；保护教师批评教育的权限；提升教师社会地位，减轻教师社会压力；在经济和生活等方面给予教师一定的政策倾向，切实改善教师生活条件，提高教师工资水平等。

综上所述，国内外学者在论述教师专业发展呈现"高原现象"的成因及改变对策方面，内容丰富，很有借鉴意义，但是有关农村教师专业发展呈现"高原现象"的论述存在一些不足：一是内容上，近3年关于农村教师专业发展呈现"高原现象"的相关研究较少；二是方法对策上，较少从农村教师的课程领导力、农村教师专业领导权的重建、农村教师专业发展的制度支持和平台搭建、重塑农村教师队伍的专业自信等方面进行研究。而这些正是太师屯镇中心小学教师队伍专业发展应该关注的问题，基于此，我们确定了"太师屯镇中心小学教师专业发展呈现'高原现象'成因及对策的研究"课题。

(三) 核心概念界定

本课题涉及的核心概念主要是教师专业发展"高原现象"及太师屯镇中心小学教师专业发展的"高原现象"，因此对这一概念的正确解读将直接影响研究的效果。

1. "高原现象"

"高原现象"本是教育心理学中的一个概念，指的是学习或技能的形成过程中，中后期往往出现暂时停顿或者下降的现象。在曲线上表现为保持一定的水平而不上升，甚至有所下降，但在"高原现象"之后又可以看到曲线的继续上升。

2. 教师专业发展"高原现象"

教师在专业发展成长过程中也存在着"高原现象"，由于教师工作激情减弱、工作任务重、学生难于管理及专业理念、专业知识、专业能力不过硬等因素，而产生职业倦怠现象，导致成就感较低，发展动力不足，专业发展呈现停止和退步。

本研究将太师屯镇中心小学教师专业发展"高原现象"界定为：工作了一定年限的中青年教师，本身还有继续发展的欲望，但是受各种因素的影响又无法突破现有的教育教学现状，备课上课、经验提炼、学生管理等没有新的创新，导致身心俱疲，专业发展出现停滞状态。

(四)研究目标与研究意义

1. 研究目标

(1)从个人因素、家庭因素、学校及社会因素，找到 14 名教师专业发展呈现"高原现象"的共性原因及所处农村学校的原因。

(2)研究解决 14 名教师专业发展呈现"高原现象"的对策。

(3)促使 14 名教师重塑专业发展自信，点燃专业发展激情，积极应对专业发展障碍，促进专业再提升。

2. 研究意义

(1)理论意义

通过对大量文献的分析，可以看出国内外尤其是我国教育界对教师专业发展"高原现象"的成因和解决对策做了许多研究和实践探讨，但是较少关于农村地区教师专业发展现状的研究，因此，其研究理论为我们提供借鉴的同时，也存在一些不足。太师屯镇中心小学是一所农村学校，本课题研究可以丰富和弥补农村教师专业发展呈现"高原现象"成因及解决对策的研究理论。

(2)实践意义

通过本课题的研究，探索解决本校 14 名教师专业发展呈现"高原现象"的措施，提升教师队伍专业水平，为同类学校教师专业发展提供借鉴。

为进一步制定和完善学校教师队伍专业发展标准提供了理论依据，尤其是为完善《太师屯镇中心小学"十三五"后期教师队伍建设改进意见》明确了方向。

为学校中层干部更好地抓实教师专业发展建设，提供了可行的途径和方法。

(五)研究内容与研究方法

1. 主要研究内容

(1)分析国内外关于教师专业发展"高原现象"的文献，研究其理论观点和不足。

(2)依据"太师屯镇中心小学教师专业发展高原现象"核心概念内涵，设计问卷调查及访谈调查的研究框架。

(3)依据教师专业发展呈现"高原现象"的理论，从教师个人、家庭、学校及社会几方面探求 14 名教师专业发展"高原现象"的共性原因，同时重点探求农村学校方面的原因。

(4)依据农村学校教师专业发展的问题，设计并实施解决教师专业发展"高原现象"的对策。

(5)探讨针对 14 名教师职业发展"高原现象"的对策及其所带来的变化和影响。

2. 主要研究方法

(1)行动研究法

行动研究主要解决对策问题，利用近一年的时间，持续对 14 名教师进行追踪，针对所采取的对策进行分析和调整。通过观察和分析，相应地改进和调整策略，最终能够找到更适合的破解 14 名教师专业发展呈现"高原现象"的对策。这些对策包括持续的理论培训、参与学术研讨、师带徒结对、外出锻炼、专家跟进指导、担任领衔教师及校本研修主持人等具体的手段，也包括城乡一体化建设、教师的教育创新和课程领导力、教师专业领导权的重建、重塑教师队伍的专业自信等途径。

(2)问卷调查、访谈调查

依据"太师屯镇中心小学教师专业发展'高原现象'"核心概念内涵，对 14 名教师职业倦怠表现、职业精神、价值取向、专业能力、幸福指数进行问卷调查，综合分析；从个人因素、家庭因素、学校与社会因素等方面，采取个体访谈、集体访谈，诊断出 14 名教师专业发展"高原现象"的共性问题。

(3)文献研究法

主要通过知网，查阅与本课题相关的资源，进行大量搜集、系统整理，总结在此研究领域已取得的成果与不足，为课题研究提供理论指导和经验，进一步明确本课题的研究方向，少走弯路，提高研究效率。

二、研究成果

(一)设计调查框架

集大家智慧，依据"太师屯镇中心小学教师专业发展'高原现象'"核心概念内涵，设计出了问卷调查及访谈调查的研究框架。

1. 问卷调查：个人因素、学校因素

•个人因素：倦怠表现、职业精神、专业能力、价值取向、幸福指数。

• 学校因素：学校奖励政策、学校文化、学校教学组织、学校资源供给。

2. 访谈调查：个体访谈、集体访谈

（1）个体访谈主要运用国内外学者关于教师专业发展"高原现象"成因研究的理论，分别从个人因素、家庭因素、学校因素和社会因素几方面进行访谈提纲的设计。

• 个人因素：思维方式（归因习惯、生活理念、社交人群）、职业精神和能力（学习动力、工作态度、专业水平、价值取向）、心理状态和健康水平（自信心、人格障碍、健康状态、心理健康）。

• 家庭因素：夫妻及子女关系、家庭实际负担、家庭价值取向三个维度。

• 学校及社会因素：学校育师理念、平台搭建、奖励机制、学校文化、专家资源、工作负担。

（2）集体访谈主要是通过对比考察教师在城区名校和在农村学校两种不同工作环境下的专业发展区别，从而梳理出农村特点的因素与教师专业发展"高原现象"的关系。

• 城区学校：专家级教师资源、家校协同、平台搭建、学校激励政策、学生学业质量等方面。

• 农村学校：专家级教师资源、家校协同、平台搭建、学校激励政策、学生学业质量等方面。

附：访谈调查框架

表1　针对个人因素的访谈

访谈问题	主要访谈目的
用事例说说你的学习情况	考察教师的学习动力、专业水平
用事例说说你与优秀教师进行学术沟通和研讨的情况	考察教师的自信心
你给自己的专业发展做一个评价并说说理由？	考察教师的自我认知、思维方式、工作态度
你是怎么协调个人的专业发展与教学的关系？	考察教师的价值取向
你怎么看待优秀教师的专业发展的？	考察教师的认知偏差、归因习惯、人格障碍
你愿意和哪些人做朋友并能够敞开心扉？	考察教师的社交人群、生活理念
你工作一天有倦怠感吗？	考察教师的健康水平、心理健康

表 2 针对家庭因素的访谈

访谈问题	主要访谈目的
干家务需要多长时间？	考察教师的夫妻关系（家庭成员沟通的时间多少）
每天教育、辅导孩子的时间是多少？	考察教师的子女关系
大约晚上几点休息、几点起床？	考察教师的家庭负担
用事例说说倡导的家风是什么？	考察教师的家庭价值取向

表 3 针对学校和社会因素的访谈

访谈问题	主要访谈目的
在你的个人专业发展中，特别需要学校给予你什么支持？	考察学校对教师的关注度
你谈谈校本培训、校本教研对你专业成长的帮助？	考察学校供给的实效性
你认为学校的绩效奖励制度是否激发了老师工作的愿望？	考察学校绩效奖励工资机制与教师职业倦怠是否有联系
你举例谈谈学校文化对你专业发展的影响？	考察学校文化与教师专业发展动力的关系
市区级层面专家及学校教学干部每学期指导你研究的次数是多少？	考察专家跟进指导对教师专业发展的影响度
举例说说你每周有哪些非教学任务？	考察工作负担大小与职业倦怠的关系
你觉得教师的社会地位如何，举例说说教师职业是否得到了社会的尊重？	考察教师的社会角色对其影响度

表 4 针对农村性因素的集体访谈

访谈问题		主要访谈目的
城区名校与本校的区别	专家级教师资源	考察农村学校教师专业发展"高原现象"的相关因素
	家校协同育人机制	
	学生学业质量	
	专业发展舞台	
	学校激励政策	
	学校队伍文化	
	……	

　　问卷调查及访谈调查均是关于教师专业发展"高原现象"的理论综述及学校教师现状进行设计，能够比较全面地考察出 14 名教师专业发展呈现"高原现象"的真实原因，因此，这个调查框架具有全面性、真实性、可操作性的特点。

　　(二)调查结果分析

　　1. 问卷调查结果分析

　　(1)个人因素调查结果分析

　　倦怠表现：从 14 名教师的调查情况来看，每个人身上或多或少存在职业倦怠现象，工作一天后经常感觉疲惫的教师占到了 9 人，其中 7 名教师第二天早晨仍有疲惫感；3 名教师常常失眠、头疼；1 名教师有工作挫败感。

　　敬业精神：有 12 名教师对学生一如既往地热情，不存在因解决学生的问题耽误休息时间而产生不满情绪，对于学校的工作安排所有教师总是尽心竭力去做，对于未完成的任务，有 10 名教师经常加班完成。所有老师能够做到对以前的教案进行认真修改，偶尔做简单修改，有 13 名教师上课之前为学生准备好丰富的材料。

　　价值取向：有 10 名教师认为自己的职业价值体现在学生的健康成长上，有 4 名教师觉得自己的职业价值体现在实现自身价值上。同时大多数教师觉得丰厚的待遇、领导赏识、学校的成功发展也是职业价值的体现。有 9 名教师有不断进取的愿望，有 3 名教师想过平平淡淡的生活。教师们在学校最关心的事情按序排列，第一是学生质量，第二是学生安全，最后才是自身成长。

　　专业能力：所有教师经常关注自己的业务提升，面对当前的课程改革不会出现力不从心的教师只有 5 人。近三年，教师们撰写的论文和案例获得区级以上的奖励有 6 人，承担区级以上公开课、研究课的只有 5 人。课堂上能够主动地调动学生的积极性，并收到很好效果的有 7 人，另外 7 人虽常调动学生的积极性，但收效甚微。有 10 名教师能够熟练掌握现代教育信息手段，4 名教师掌握水平一般。大部分教师主观上能够发挥学生主体性、灵活运用启发式等教学方法参与教学，能够调动学生的课堂需要，使学生始终保持专注状态。

　　幸福指数：有 7 人认为能够胜任岗位工作；8 人对职称岗位等级满意；7 人喜欢现在岗位；5 人对学生教育有压力。

　　(2)学校因素调查结果分析

　　学校奖励政策：有 9 人认为学校职称评定、岗位定级、绩效奖励机制发放等政策对自己影响较大。

学校文化：多数教师清楚学校办学理念，认为干群关系、同事关系和谐；团队研究氛围较浓等。

学校教学组织：多数教师认为学校开展的校本教研活动、假期培训活动、读书论坛及教学竞赛、干部参与教研等活动意义一般。

学校资源供给：关于个人专业发展遇到的瓶颈问题，多数教师认为当前专家级教师跟进指导不足，农村学校搭建平台不高、参加高水平学术活动的机会较少，因而消极对待。

总之，整体来讲，大多数教师主观上有进一步发展愿望，但是主要因为专业能力以及农村学校相对闭塞等特点，构成了一定的工作压力，因而出现惰性，安于现状，最终导致专业发展停滞不前。

2. 访谈调查结果分析

（1）表1至表3访谈调查结果的共性问题

①表1反映个人方面的问题：一是普遍学习动力不足，不再有当初的志向。只有3人能够长期读书，占21.4%；5人每半年能够读一本书，占35.7%；其余6人明显读书不足，占42.9%。能够自主写论文、整理学习材料的仅为4人，占28.6%，其余都不同程度地存在被动现象。二是专业能力不足。语文教师面对优秀传统文化的教育束手无策，古诗词积累量很有限；数学教师面对学生思维素养的培养压力很大，主要源于自身素质缺失；艺术教师压力同样很大，面对各类别市、区级比赛，如合唱、舞蹈、古筝等比赛，能力受限，无法指导学生。三是严重缺乏自信。大多不敢与专家面对面交流、质疑，不敢与同事敞开心扉进行学术探讨。四是忽视自己的专业成长。把提升学生学业质量作为自己工作业绩的重要手段，但是没有进一步发展的愿望。有11人能够认识到专业发展呈现"高原现象"主要是自己的原因。五是自我归因不当。1人归于机会不多、学校顾及不到。这名教师这样认为："学校大部分做课、外出学习、专家跟进指导的机会都给了优秀教师，如果这些机会给我，我肯定不是这个样子。"另外1人归于命运不济，罗列了诸多因素。

②表2反映家庭方面的问题：夫妻关系和谐，与长辈关系融洽，但是家务负担较重的有4人，均是女教师，占访谈对象的33.3%；另外，9名教师的孩子已经就读初中，子女的教育成为一项主要任务。

③表3反映学校及社会方面的问题：一是工作任务重，非教学性事务较多；二是专家资源不足，接受专家一对一指导的机会极少；三是区级以上的校

本培训作用不大，劳神费力；四是学校绩效奖励力度小，付出的劳动和取得的成绩不匹配；五是学生难于管理，家长基本不承担孩子的教育责任。

（2）表4反映的农村地区学校方面的问题

①农村地区文化影响：农村居民大都性格内敛，不善于展示自己，专业发展过程中缺乏自信。

②农村"专家级名师"资源短缺：相对城区来讲，专家进校跟进指导次数较少；学校名师匮乏，不能形成以名师为主导的常态化、机动性的校本教研活动，因而形成惰性。

③农村整体师资薄弱：相对城区来讲，专业基础知识、能力不足，制约可持续发展，同样容易产生倦怠状态。

④农村学校机会相对较少，舞台较小：教师外出学习、参加各类学术研讨的机会相对于城区学校来讲较少；同时，农村教师展示素养的舞台较少、机会较少。

⑤农村学校教师专业能力培养单一化：大多农村教师只研究教材问题、教与学的问题，而较少参与学校的课程设计、开发，较少进行专业发展的规划设计，更较少参与学校关于教师队伍发展、学生发展、家校协同育人等方面的整体规划。

⑥农村学生学业基础质量较低：因多种因素导致农村学校学业质量相对城区来讲整体较低，因而，农村学校教师不得不以较大的精力抓实学生的基础学业质量。

⑦农村家校协同育人机制难于建立：大多农村学生家长外出务工，关注子女学业成绩的程度较低。太师屯镇中心小学又有一多半的学生住宿，尤其是低年级学生住宿给学校及教师增添了较大的负担，这在一定程度上牵扯了教师专业发展的精力。

总的来讲，从美国的卡茨、费斯勒及中国的李壮成等众多学者关于教师专业发展阶段的理论来看，可以看出14名教师专业发展到了一定的阶段后呈现"高原现象"是教师专业发展过程中普遍存在的共性问题，个体原因主要是出现问题自我归因不当，缺乏自我调整的意识和能力；工作到了一定年限，缺乏新鲜感，缺乏挑战，安于现状，最终呈现惰性；专业基础较弱，学习能力低，学习动力不足；家庭方面主要是家庭负担较重、家务较多，孩子教育压力较大等；学校及社会方面主要是学校事务性工作多、任务重；学生质量低、难于管理、家校关系不和谐；学校培训忽视了教师的主体性，缺乏"研究性"培训活动的设计；社会认可度较低、期望值过高等。14 名教师处于农村学校，因而其专业发展呈现"高原现象"更具复杂性，具有鲜明的农村学校的特点。

(三)制定教师专业发展的对策，破解教师专业发展的"高原现象"问题

针对 14 名教师的调查分析，制定了系列的专业发展对策，这些对策都基于教师专业发展呈现"高原现象"的共性原因和所处农村地区学校的特点而制定。主要对策如下。

1. 改变教师惰性对策

从破除农村教师专业发展倦怠、安于现状的角度出发，聘任 14 名教师担任领衔教师、校本教研主持，建立近三年高级职称候选人制度，改进绩效奖励机制评价制度等。

(1)赋予责任担当

学校赋予 14 名教师一定的责任，5 名语文教师、1 名数学教师为年级学科领衔，4 人为学科组长(跨学科)，另外 4 人为学科主备人，学校原有的"优秀"教师为导师、顾问。同时，学校出台了《太师屯镇中心小学领衔教师、学科组长、学科主备人工作细则》，对校本教研、二级培训(区级培训与学校学术研讨会为一级培训，由专家、校长、教研员、优秀教师负责)、教师日常教学考评、学生质量考评、团队成员发展(主要指新教师)五方面职责任务进行了规定，以使教师履责、促发展。

从近一年的培训及校本教研的数据统计来看，语文、数学 6 名领衔教师及 4 名学科组长二级微培训平均每人为 7 次，其中语文领衔教师二级微培训数量最多达 13 次；学科主备人关于备课方面的微培训人均 2 次。各个教研组内两周开展一次集体教研活动，14 名教师均担当主要主持人，对教研活动的结果进行整理、总结，从理论和实践层面给出教研活动的结论。

从近一年的教师教学考评及学生质量考评来看，他们基本上能够常态化地检查、指导教师的备课，能够挤出时间听足课，保证上课数量，能够随机开展评课的研究活动，能够定期组织进行质量分析、学情分析及特殊学生改进策略的研究等。

从团队成员发展来看，6 名领衔教师各带一名新教师。师徒共同备课、说课、撰写教学反思成为常态。

通过上述举措，14 名教师的积极性调动起来了，每人都自觉制订了专业发展的目标，敢于、乐于请教区级教研员等人士予以指导，真正解决了他们乐于发展的动力问题。此阶段，学校第一梯队的优秀教师并没有袖手旁观，而是很好地做好导师、顾问的工作，处在更高一点的层次上观察、点拨，当好他们专业发展的靠山。在他们遇到困难时及时出手相助，尤其是在组织教师参加区级及以上层面的教学基本功大赛、不同专业不同级别的论文大赛、学生能力素养展示等方面，给予充分的指导。14名教师就是在这样的一种环境中找到了新的方向并努力着，不知不觉地消除了倦怠心理，阳光而自信地发展。

（2）健全学校奖励制度、评价制度

制定了《太师屯镇中心小学近三年中学高级教师候选人评定办法》，将14名教师纳入了候选人评定系列，以激发他们发展的欲望；改革教师评价制度，把教师的专业发展作为主要的奖励和评价指标。重点考察教师研究课、公开课、常态课，考察课程的设计，考察新课改理论的认识及理解，考察教学反思及相关论文水平，考察学生的综合质量等。将这些指标综合起来制定考核体系，保证教育教学成果奖、山区补助、绩效奖励机制奖，激发教师们的干劲。

2. 提升教师自信对策

从建立农村教师专业发展自信的角度出发，改进农村地区学校"内敛性"文化，营造阳光、自信、昂扬的文化氛围，加大学校及教师的宣传力度，通过不同的形式、内容展示自己等。

（1）强内功、提素养

学校14名教师进入学校学术研究的核心层，可以参加由校长主持的每月一次的学术研讨会。学术研讨会形式多样：聘请专家（教研员）讲座、学校核心成员讲座、听课后的集中评课、教育热点问题的讨论、成员外出学习后的体会、多样化课程的设计、某个课题进展的分析、教育理论的学习、规定性论文的撰写等。从2018年7月初至今，共开展了8次学术研讨活动，每人平均参加6.5次。内容涉及教育理念的讲座2次，集中评课2次，分享他人体会1次，课程设计1次，研究论文撰写1次，学校教育发展规划1次。要求与会人员必须发言、阐明自己的观点，会后要进行整理，养成积累习惯。

14名教师参加学术研讨会之初，表现束手束脚，不敢表达自己的观点，大多充当听众角色，被逼无奈的情况下也只是勉强敷衍。逐步地，他们自信了，不仅表达落落大方，而且谈起问题来也有了深度、有了思想。下面摘录几名教师的体会。

教师1："回想这些年来，无论什么场合，我总不敢像城里教师那样大大方方地阐述自己的想法，生怕自己说错，别人笑话我。参加了7次学术研讨会，了解了教育前沿动态，都是与优秀人才研讨问题，每次研讨会收获都很大。尤其是每次研讨时，学校都要求我们谈谈自己的想法，有一句说一句，有一点触动就谈一点触动，起初我们是抵触的，但是现在我们愿意表达了。校长说得好，对于学术上的事情，谁敢于表达谁的收获就越大。事实真的是这样，每次表达完自己的想法，心里都有一种酣畅淋漓的感觉。"

教师2："我们以前参加说课评课，都仅限于本学科，但是学校的学术研讨会的说课评课是综合性的，与学科评课的角度往往不一样。评课完全是站在育人的高度，并且以本节课学生的'成长'倒追设计理念、设计思路。整个评课过程，大家都以我们为重点，以一个个精准的问题启发我们，让我们在感悟中领会。所以，我深切感受到，各个学科在育人方面是相同的，如果只站在自己的学科领域看待整个教学、看待学生的成长是很片面的。一节课，如果从其他学科的角度来看也是好课，那么才可以称得上是真正的一节好课。"

这个平台主要针对农村教师专业发展不自信、专业理论水平较低而搭建，集聚了学校优秀教师的智慧。14名教师专业发展从实践层面走向理论层面，再从理论层面回到实践层面，周而复始、螺旋式上升。

（2）消除"内敛性"文化影响

学校加大对这些教师的宣传力度，给予他们更多的发言、展示的机会，鼓励他们参加区级学术研讨会，这些教师大胆与专家互动、大胆提出问题、大胆阐述自己的观点。

近一年中，校本教研活动人均发言次数为17次，参加学术活动、与市、区级专家互动人均约3次，担当校级教学活动主持人均2.5次，单独与校长、教学干部、专家级教师进行学术沟通人均约4次。同时学校组织他们参加国培项目等较大型教学展示，参加文艺、体育活动，参与记者采访活动等。下面是两名教师的感触。

教师1："我性格内向，不愿意也不敢和专家、校长交流，总是感觉说不好会丢脸。这一年来我参加了学校2次的说课评课活动，担当了3次教学活动的主持人，面向十几名教师独立做了2次微培训，接受了一次记者采访，去河北蔚县上了1次展示课，与市级专家共同备了一节课，感觉自己有了很大的变化，至少敢于发言了。"

教师2："我感觉自己真的变了，变得自信了。那天与校长、专家级教师参加了学校的综合实践课程设计研讨会，收获太大了。因为我不是以听众的角色听校长讲座，而是以一个设计者的身份去参与。整个课程的设计研讨会，校长都是让我们提出课程设计理念，并且说出理由。为此，我们要积极思考，沿着学校顶尖教师的思路越走越深，处处感到'柳暗花明又一村'。不知不觉间，我忘记了羞涩，完全融入了讨论的氛围中，感觉自己是一个主人。许多好的建议都被采纳。这次高端的学术研讨会，让我们了解了从理念到思路再到内容，以至后来的实施途径的整个过程。"

14 名教师在参与中逐步树立了自信。自信不仅仅是敢不敢的问题，不仅仅是性格问题，更主要的是与他人的思想能不能碰出火花的问题。

3. 提升实践能力和理论水平对策

（1）建立学习共同体

学校建立了我和 14 名教师组成的教师专业发展共同体，我为总负责人，其目的有两个：一是强化每个人的自觉学习，二是我随机与 14 名教师分享学习心得。教师专业发展离不开自身的学习，因此要求 14 名教师多读书，每两个月集体交流读书心得。除此之外，我不定期与 4 名教师进行好书分享，督促他们坚持每天读书、写反思或体会，连续数个月来要求一天一得，让教师的头脑灵活起来。另外，在我参加北京市第二批名校长发展工程的学习期间，每次学习活动归来，都要把每天学习的"一课三得"分享给大家，开展微培训活动。根据学习需要，先后带 6 人 17 次参加北京市名校长的学习培训活动，增长见识。在参加完美国学者做的"基于 21 世纪的教学评价"活动后，我与教师回校后认真研究、梳理，完成了《学习性评价、学习化评价与课堂教学中的运用》，发表在《现代教育报》上。现仍引用两名教师的感言：

教师 1："校长每次学习回来都能给我们带来新的东西，哪怕是参观其他的学校，也能够如数家珍地找出其他学校办学的亮点，相当于我们又看了一本书。"

教师 2："自从建立了专业发展的学习共同体后，我有了一些压力，因为不读书、不思考，很快就落后了。大家对学习成果进行分享时都充满自信、充满激情，每次我都很感动。尤其是校长和学校的优秀团队有时候也参与活动，往往说出一些很有见解的想法和策略，让我们学到了很多。"

建立专业的学习共同体组织，就产生了"沙丁鱼效应"，教师们不得不活动起来，不得不强大起来。其实，老师们也是愿意成长的，也愿意接受新鲜的事物。我每次把学习的心得分享给大家，然后与大家一起再次探讨。

（2）参与学校课程规划

14 名教师全部参与学校的校本培训选题及内容讨论，如学校"农耕文化"

校本课程的开发、习作教育教研专题的研究、农村学校学生质量的管理等。参与基于学生发展的"课前3分钟""数学微阅读""艺术欣赏10分钟""书法实践10分钟""技能培养20分钟""儿童微写作""我来当主持""诗词欣赏5分钟""诗词创作10分钟""绘本故事5分钟"等微课程的设计。参与学校校本教研专题的选题,可以选择研究什么,怎么研究,形成自己的风格。

(3)强化学习活动

从提升农村教师专业理论水平的角度出发,开展读书交流、分享活动;举办杂志社专家培训、开展每周一得(每周写出一份心得)分享活动;参加各类教学类通识培训、学习等。

4. 学校搭建平台对策

从农村学校办学闭塞、开放度较低的角度出发,采取专家级教师跟进指导,赴河北蔚县对口支援,学校开展微培训、开展学术交流活动等对策。

(1)专家级教师跟进指导

太师屯镇中心小学重大的举措就是聘请了市级、区级专家和优秀教师定期进校一对一跟进指导,这是各个学校都采取的一项既实际又便捷的做法。语文学科聘请了市级专家每两周进校一次,数学、英语均保证市级专家每月至少进校一次;区级语文、数学、英语、艺术、体育学科教研员则与本校14名教师保持常态化的联系;本校处于第一梯队的优秀教师则通过听评课、校本教研活动等保持高频率的跟踪研究。近一年中,14名教师听课总数量达1500多节,被听课数量近600节。

(2)异地锻炼、岗位练兵

近一年中,学校先后十几人次去河北蔚县对口支援学校进行岗位练兵,实现帮与被帮者共成长。建立了北京真专家与学校"土"专家(学校的优秀教师)共同带徒、共同培养的机制。北京真专家较多负责理论培养,学校"土"专家较多负责实践指导。平均每人参加了至少2.8次的城乡一体化学校教学活动,包括上课、连片教研、培训、教学基本功竞赛等。

5. 学校改进内部管理对策

从农村学校质量较低、学生难于管理的角度出发,改进学校管理,开展校本教研、命题研究、课业指导活动;构建和谐家校关系;我和教学干部带头做年级、班级、学科质量分析等。

(1)营造和谐的家校关系

我与14名教师分别走进所涉及的学生家庭,开展家校育人理念、方式的探讨，建立共同育人的机制。同时，学校优化家长委员会，开展系列家长培训活动，建立融洽的家校关系，保证教师的主要精力在课堂、在育人。近一年中，14名教师基本走进了每个学生的家庭，开展了实效性的家访活动。

（2）完善教师专业发展规划

放眼全校，完善不同层面教师的发展规划，分别在市区级、学校层面、教研组层面搭建不同的舞台，让每个老师看到希望、找到发展的方向和目标。

优化学校管理，是面向学校治理的一个策略，但是对于14名教师来讲，受益面更大些，处在受益面的第一层，因而其发展得到了坚实的保证。

（3）完善绩效考核办法

学校先后完善了《岗位定级管理办法》《高级晋升管理办法》《学年奖发放管理办法》《绩效奖励机制制度》《教职工年度考核方案》等一系列制度，旨在从外部政策上发力，改善教师的工作状态，弘扬学校正能量和学校文化。

（4）干部深度参与教学研究

校长及以下教学干部深入教学一线，与14名教师共同做年级、班级质量分析，共同听说课、评课，起到带头引领作用。近一年，学校所有教学干部（含领衔教师、学科组长）人均听课数量达到90节。

6. 营造社会尊重对策

从提升农村教师社会地位及其自身价值的角度出发，通过表彰、宣传等各种活动营造尊师重教风气，充分发挥好山区补助资金的效益，提高优秀教师的经济水平。

（1）提升学校办学品质

学校强化内部管理，注重内涵发展，以学生发展为中心，秉承宽柔养育的育人理念，德智体美劳全面发展，努力打造乡村一流学校。学校多年获得密云区素质教育评价先进校、师德先进校、教学质量先进校以及"北京市乡村好学校"的称号。社会、家长对学校认可度较高，密云区电视台几乎年年报道学校办学品质及教师的优秀事迹，因而激发了学校教师，尤其是这14名教师的自豪感，一定程度上赢得了社会的尊重。

（2）做强自己，赢得尊重

学校强化教职工的职业精神教育，强化党对教职工队伍的领导，大力提倡"人人学师德、人人讲真学"的精神，号召全体教师"以学服人"，外树形象、内练硬功，并将其作为学校师德建设的基本要求。坚持"学、研"相结合的师德培训，开展师德征文演讲、师德先进个人评选、师德知识竞赛以及书记上党课、"四有好教师、四个引路人"专题研讨等活动，提升教师职业道德水平；通过"校长工作室"开展顶层设计，梳理规划学校课程体系，开展外聘、内修、专家引领、骨干带队形式的校本研修。教师们在"真学习""真内化""真研究""真改革""真提升"中，不断正师德，强师能，提升素养，最终以自己爱岗敬业精神、专业素质过硬赢得社会尊重。

7."量身定制"对策

这 14 名教师专业发展呈现"高原现象"，既有共性原因，也有个性因素，因而每个人专业发展的对策要有所不同，要有针对性。基本的对策，如培训、体制改革、建立自信、参与课程建设等有利于全员发展，但是缺少针对性。尤其是要把 14 名教师的专业发展落到实处、落到根本，就必须"量身定制"对策。

（1）逐一交流、商定对策

首先对这 14 名教师的基本情况进行分析、研究，真正找准其呈现"高原现象"的主要原因，然后建立每个人的专业发展档案，如表 5 所示。

表 5　14 名教师专业发展呈现"高原现象"的主要问题及对策（教师均为化名）

基本信息	主要问题	提升对策
王春（女，38 岁；语文学科）	缺乏自信	聘为学校领衔教师、参与贫困地区学校讲座、担任校本教研主持人等
	参与活动机会不足	市级专家跟进指导、外地外校上课、参与学校课程规划等
	偏实践轻理论	撰写每周"三得"（3 份心得）、每学期精读 1 本书、每月阅读专业文章不少于 3 篇等
	不善言谈，寡与干部交流	关注学校学术研讨会的表现，形成互动
	学校关注不足，工作倦怠	改革学校奖励激励机制及职称晋升制度等
李亮（男，40 岁；语文学科）	理论基础弱	撰写每周"三得"、每学期精读 1 本书、每月阅读专业文章不少于 3 篇、参与学校学术研讨等
	在大舞台展示机会少	推荐参加市区级教学活动、去贫困地区学校挂职
	缺乏自信	担任校本教研主持人、聘为学校领衔教师、担任学科主备人
	专家指导少	市区级专家跟进式指导
	学生管理压力大	构建家校和谐关系、德育部门予以帮助等

续表

基本信息	主要问题	提升对策
王红（女、38岁；语文学科）	缺乏自信	聘为学校领衔教师、参与校长主持的学术研讨会、带徒弟等
	安于现状、进取心不强	改革学校奖励激励机制及职称晋升制度、纳入三年中高职称候选人培养体系
	缺乏课程建设的思考	参与学校课程规划、参与起草课程建设计划书等
	理论基础较弱	与北京市名师发展工程学员习荣春建立师徒关系
	锻炼机会较少	创造条件做课、外出（河北蔚县）上课
段一（女、40岁；语文学科）	缺乏自信	聘为学校领衔教师、参与校长主持的学术研讨会、带徒弟
	家庭负担重（2个小孩）	上班时间可机动、减少非专业发展的事务性工作
	参与课程建设机会少	参与学校课程规划
	展示机会较少	创造条件参与城乡一体化学校、兄弟联谊校的做课机会等
郎莉（女、40岁；语文学科）	发展动力不足、安于现状	纳入三年中高职称候选人培养体系
	缺乏专家跟进式指导	市区级专家跟进式指导
	胜任现在工作，缺乏更高体现价值的平台	聘为学校领衔教师、师带徒、担任校本教研主持人等
刘峰（男、42岁；数学学科）	安于现状、动力不足	改革学校奖励激励机制及职称晋升制度、纳入三年中高职称候选人培养体系
	展示平台较少	创造条件参与城乡一体化学校、兄弟联谊校、区级的做课机会等
	不善于总结	撰写每周"三得"、每学期精读1本书、每月看专业文章不少于3篇等
	专家跟进指导不够	区级专家跟进指导
王龙（男、38岁；数学学科）	发展机会较少	创造条件参与区级教学基本功、评优课机会，确立为区级骨干教师重点培养对象
	专家跟进不足	区级专家跟进指导
	专业发展动力不足	强化常规管理、聘为学科组长
	不善于与干部沟通	参与校长主持的学校学术研讨会并给予重点关注

基本信息	主要问题	提升对策
王强（男、43岁；体育学科）	缺乏自信	担任校本教研主持人、参加区级学术研讨、创造展示机会
	平台不足	创造条件参加区级教研组，进入核心组
	专业角色不固定	主要以体育教学为主
	不善于研究、工作倦怠	撰写每周"三得"、每学期精读1本书、每月看专业文章不少于3篇等
	体育专业技能水平不高	创造条件参加相关体育技能培训
李红（女、40岁；艺术学科）	安于现状、职业倦怠	强化教育、聘为学科组长
	价值追求有偏差、自我归因不当	纳入党组织双培养范畴
	缺乏专业发展规划	制定专业发展规划，设定小目标、强化考核
	缺乏专家跟进式指导	专家跟进式指导
李一（女、38岁；语文学科）	安于现状、工作倦怠	纳入三年中高职称候选人系列
	惰于规划、总结	撰写每周"三得"、每学期精读1本书、每月看专业文章不少于3篇等
	专业发展封闭、不善于与同行进行学术交流	聘为学科主备人、校本研究主持人等
	缺乏"竞争"意识	强化评价、师带徒、改革学校奖励激励体制及职称晋升制度等
宋艳（女、42岁；语文学科）	无发展希望，学校关注不够，工作倦怠	聘为学科主备人、创造机会做课、校本教研活动主持等
	理论基础较弱	撰写每周"三得"、每学期精读1本书、每月看专业文章不少于3篇等
	缺乏展示的机会	每学期创造展示机会不少于3次
	缺乏名师指导	学校"优秀"教师跟进指导
	缺乏参与学术研讨的平台	参加学校学术研讨、创造机会外出参与教学活动等
冯华（女、40岁；数学学科）	缺乏自信	聘为学校学科主备人、参与校长主持的学术研讨会等
	缺乏专家跟进式指导	学校"优秀"教师跟进指导、区级教研员跟进指导
	展示平台较少	每学期创造展示机会不少于3次
	理论水平较弱	撰写每周"三得"、每学期精读1本书、每月看专业文章不少于3篇等

基本信息	主要问题	提升对策
王梅（女、45岁；数学学科）	理论基础较弱	撰写每周"三得"、每学期精读1本书、每月看专业文章不少于3篇等
	不善于交流、个人封闭	参与学校学术研讨会、强化干群关系、加强学校共同体的作用等
	缺乏展示的平台	每学期创造展示机会不少于3次
	缺乏专家跟进式指导	学校优秀教师跟进指导
	工作时间较长、处于倦怠阶段、个人发展无追求	职业精神教育、党组织重点关注等
聂健（男、41岁；数学学科）	自我归因不当	改善干群关系、建立良性同事关系、党组织关注等
	盲目自信	参加学校学术研讨会、关注常规备课、上课、反思等
	缺乏专家跟进式指导	学校优秀教师跟进指导
	理论基础较弱	撰写每周"三得"、每学期精读1本书、每月阅读专业文章不少于3篇等

这14名教师专业发展呈现"高原现象"的成因是多方面的，这里只列举了主要的原因。在制定对策的过程中，广泛听取了这14名教师的建议，有部分内容完全是根据他们的所求而制定，这样课题组与14名教师在对策上达成了一致意见。学校依据课题组的建议，又进行了可行性论证，学校教导处负责校方做的事情，如聘请专家、搭建展示平台、外出学习培训等，14名教师则要按着对策的要求做好领衔、学科主备人及自身的读书、经验分享等事情。

允许这14名教师根据专业发展的需要向教导处提出一些具体的要求，同时，要随机提醒教导处按规定履行责任。这样上下始终保持统一、步调一致，协同推进。

"量身定制"对策，让每位教师或多或少有了一些改变，学校整体上再次出现蓬勃发展的势头。他们的改变不同程度地带动了其他教师的工作热情，尤其是带动了新教师的发展。据此，学校要求14位教师各带一名徒弟，其中语文、数学学科教师还要各带一名蔚县对口支援校的教师。带徒的目的主要是增强他们的责任意识、学习意识、自信意识，提升他们的说课评课水平、课程研究水平，积累研究素材、积累研究经验，最终实现师徒双受益。学期末，学校通过徒弟赛课等形式，展现14名教师的研究水平。所以带徒研究、期末赛课，促使 14 名教师不断完善自我、不断更新知识、不断强化学习与交流，应该说准备的过程就是专业素养不断提升的过程。

（2）给予评定、改进对策

课题研究结束初期，我与这 14 位教师进行了第二次的访谈，主要就破解专业发展的"高原现象"及"量身定制"的对策效果进行了交流和调整。整体来讲，这些对策在很大程度上刺激了教师的专业发展的神经，这些教师大都产生了专业发展的欲望。通过观察、数据分析，对 14 名教师的发展情况给予评定，找出不足、以便改进。现选取对几位老师的评价予以说明。

王春老师近几年专业发展呈现"高原现象"的主要因素是学校关注较少、工作呈现倦怠现象；专业发展不自信，较少在公众场合发表自己的意见；近几年展示的平台较少，也较少参加公开课、研究课，专家亲自指导的机会较少；平时不善言辞，尤其是不主动与教学干部进行学术上的探讨；关心爱护学生，注重教学实践，但同时又忽视理论的学习，读书较少，参与理论性学术研讨较少。

首先，建立其专业发展的自信，在学校学术研讨会上给予其充足的发言机会。8 次的学术研讨他全部参与并都做了一定的发言，而且发言的质量也越来越高。同时，学校聘其担任学科领衔教师、校本教研主持人，给予其充分表达、展示的机会；多次带他到河北蔚县对口支援学校做示范课、做微培训等活动，其专业发展的自信逐步树立起来。其次，为提高其学术素养、理论水平，要求其每周写出"三得"（三份心得），每月看专业材料不少于 3 份，每学期至少精读 1 本教育类书籍。实践证明这对其专业素养的提升起了很大的作用，其一篇论文获得了市级三等奖，一节评优课获得区级二等奖，一篇课例获得区级二等奖。市级专家跟进式指导，对其专业素养的提升也起了很大帮助，据统计，市级专家近一年与其共同备课达 5 次，他与市级专家共同参与说课 3 次。现在他敢于与专家、干部就学术问题进行探讨，其倦怠状况也基本消除。

李亮老师近几年专业发展呈现"高原现象"的主要因素是理论基础弱、在大舞台展示机会少、专业发展缺乏自信、专家指导较少、学生管理压力大等。对此，为他制定了读书目标、搭建平台锻炼、聘市级专家跟进式指导、构建和谐家校关系等对策。近一年，要求他每周写出"三得"，每月看专业材料不少于 3 份，每学期至少精读 1 本教育类书籍，其基本上达到目标；参与北京专家主导下的备课、说课 5 次，上课 1 次；到河北蔚县对口支援学校挂职教学副主任，广泛开展校本教研、讲座、听课说课活动；聘为学校语文学科领衔教师，指导、规划年级学科教学及教研活动；带本校及河北蔚县对口支援学校各一名教师，指导其备课、上课工作。

目前相对于研究之前，他的专业自信心建立了，读书习惯基本养成，乐于参与学术交流活动，能够在不同场合发表自己的观点。一年来成绩突出，参加了市级班主任活动，获得市级论文二等奖，多次承担区级研究课，所带班级学生两次承担区级展示活动，其专业发展呈现了良好的态势。

李一老师专业发展呈现"高原现象"的主要因素是满足现状，专业发展动力不足，惰于规划、总结，专业发展封闭、不善于与同行进行学术交流，缺乏"竞争"意识，根本原因出在了"心"上，为此学校从"化心"入手制定对策。一是消除其职业倦怠现象，改革学校绩效奖励及职称晋升政策，将为学校贡献程度、个人专业素养水平、学生基础质量、师德表现四方面列入改革政策中，聘其担任学科主备人（体现贡献）且列入三年晋升职称候选人系列之中，目前效果较好；二是提升理论素养，要求其每周写出"三得"，每月阅读专业材料不少于 3 份，每学期至少精读 1 本教育类书籍，目前达成度为 60%；近一年其参与学校学术研讨，课程建设设计会，承担研究课、公开课数量较之去年有明显改进。参与专家跟进式指导教学活动 5 次，虽然没有承担过活动主持人，但是 5 次活动都做了发言。

王强老师是体育学科教师，其专业发展呈现"高原现象"的主要原因是缺乏自信、展示平台不足、专业角色不固定、不善于研究、工作倦怠、体育专业技能水平不高、理论基础较弱。为此学校为其制定了相应的培养策略。首先，消除其倦怠现象，聘其为体育学科组长，同时积极与区级体育教研部门沟通，将其纳入区级体育教研中心组，促其主动进入学习状态；其次，针对其体育技能水平不高的问题，利用社会资源进校辅导学生之机，促其以辅助教学的身份参与技能化训练。同时，为其体育专业发展开辟新的方向，即做理论型体育教师。要求其读书、研究体育教学理论、聘区级教研员跟进指导。课题组近一年的持续关注发现，王强老师工作动力较强，能够主动参与各类学习和培训，共主持校本教研 13 次，与组内教师共同编"求真"体操，上级各类部门检查、评比及带队参加区级各类体育竞赛，均取得较好成绩。

至此，课题研究基本告一段落，大体上实现了预期目标。通过对 14 名教师专业发展呈现"高原现象"的研究，找到了根本性原因，既有个人因素，也有学校、家庭及社会的原因；既是各级各类学校存在的共性问题，较大程度上也有农村地区学校本身的问题。制定的所有对策都是基于上述原因，因而也取得了一定的成果。

(四)研究效果

1.14 名教师发生了较大改变

开题研究之始，14 名教师都表达了想进一步发展的愿望，都愿意配合工作。一年后 14 名教师专业发展发生了较大变化，这与他们的潜心追求是分不开的。一年来他们也确实在研究中成长了。

(1)重塑专业发展自信：近一年的课题研究，实施了一系列的对策，14 名教师找回了自信。他们积极配合课题研究工作，敢于自我剖析、自我否定，敢于展示自己、正视自己，敢于冲破"内敛性"文化的枷锁，不怕被"嘲笑"、不怕被"批评"，在一次次的活动中锻造自己，终于战胜自己的内心，变得阳光、自信、洒脱。

(2)点燃专业发展激情：14 名教师不再安于现状，得过且过。在学校持续的关注状态下，在干部持续的激励、引领下，在专家级教师持续的跟进指导下，在学校党组织持续的关怀下，14 名教师成为学校教师的榜样，每个人身上都有一段段感人至深的故事，而且带动了其他教师的工作热情，促使学校整体焕发出生机。

(3)积极应对专业发展障碍：在课题推进过程中，老师们以积极的态度和行为全力以赴地参与活动，努力改变自己、提升自己。理论基础弱的坚持读书、每周撰写"三得"；教学实践能力较差的一遍遍试讲，一次次研磨；家庭有困难的想办法克服，学生学业水平低的挤出时间辅导。每个人都坚定一种信念，就是想方设法提升自己的专业素养，做一名优秀的教师。

(4)努力提升专业技能：近一年的研究，14 名教师专业获得了较好的发展，已经逐步脱离"高原现象"的桎梏，12 名教师在市区级不同项目中获奖，9 名教师达到区级骨干评选标准。领衔教师和学科组长均能承担本专业的二级培训任务(一级培训指学校最高级别的学术活动培训和市区级教研方面的培训)，4 名教师担任过学校一级培训的主讲人。14 名教师中 8 人承担"带双徒"任务，即分别带本校一名新教师和河北蔚县对口支援学校的一名教师，同样起到了很好的引领作用。2 名语文教师成为"密蔚工作室"的核心成员(密蔚指北京市密云区与河北省蔚县)，发挥了辐射作用。14 名教师中，非专业出身的体育学科组长、艺术学科组长也分别进入区级学科中心组，常态化地接受区级教研员的指导，其专业素养不断提升。

2. 丰富了国内外关于农村地区教师专业发展呈现"高原现象"的理论

课题研究前的文件检索中，发现国内外关于农村地区教师专业发展呈现"高原现象"成因的文献较少，检索的 51 篇文件中，只有 3 篇提到了农村教师专业发展的问题（当然不排除检索不全面的问题），只占检索文件的 5.9%，因此本课题研究结论无疑是国内外关于教师专业发展呈现"高原现象"成因理论的丰富和补充。通过文献综述发现，无论国内还是国外，在谈及教师专业发展呈现"高原现象"（有的文献表述的是"高原期"）时，基本上是从教师专业发展阶段方面来分析，最终论证教师专业发展呈现"高原现象"是客观存在的，主要是因为"个人或学校作为"不够造成的，但是即使"作为"也不排除不会出现"高原现象"。在谈到呈现"高原现象"的成因时，大体都是从个人原因、家庭原因、学校原因（组织）、社会原因几方面进行分析，较少从地域方面，更较少从农村地区学校的特点上进行分析和研究，所以其找到的教师专业发展呈现"高原现象"的原因是共性的。

本校因为地处农村，只从这些共性的原因分析本校教师的专业成长，具有很大的片面性。我们对 14 名教师的专业发展呈现"高原现象"的研究，实质上都是基于农村学校的特性而进行的，其研究成果必将丰富教师专业发展呈现高原现象的理论。

3. 为区域内农村地区学校制定"提升教师专业发展水平对策"提供一定的借鉴意义

这个结论是客观的、辩证的，可以为本校乃至区域内农村学校制定教师专业发展对策提供借鉴。在 51 份文献中，凡是提到教师专业发展对策的文献基本是基于共性的问题而提出的，但是本课题研究中提出的一些对策基本是建立在农村学校的特性基础上，因为即使是共性问题也与教师所处的区域环境是相关联的。

依据课题的研究结论，重新修订了《太师屯镇中心小学"十三五"后期教师队伍建设改进意见》，通过对 14 名教师专业发展呈现"高原现象"及对策的研究分析，发现十三五初期制定的《太师屯镇中心小学教师队伍建设的意见》存在诸多不足，一是缺乏对教师专业发展阶段问题的考量；二是所采取的解决教师专业发展呈现"高原现象"的对策缺乏农村性，因而对原有的政策进行了改进。

第一，划分教师专业发展阶段。综合国内专家李壮成的教师专业发展理论，将太师屯镇中心小学教师专业发展阶段划分为专业准备期（1—3 年左右）、专业适应和成长期(3—12年左右)、专业成熟期(12—18年左右)、专业高原期(18—22年左右)、专业创造期(22年以上)。每位老师的发展状况不一,因而其时间段只是参照,按着专业发展水平(不是年龄段)将每位教师归类到相对应的阶段。

第二,根据阶段特征制定专业发展对策。这些对策既建立在共性原因的基础上,又极大地体现"农村性"特点。包括专家或领衔教师的跟进指导、参与学校课程规划及设计、参加学校学术研讨会、搭建平台展示素养、写读书学习心得、改革激励制度、强化日常教学考评等。

第三,抓住两头,整体推进。不同的教师处在不同的专业发展阶段,因而要制定出相对应的具体策略。这些策略主要针对"两头教师"(表现突出和发展滞后),包括提高关注度、开展心理疏导、党组织双培养、安排专家式教师带徒、进入学术会核心层等。

从对太师屯镇中心小学教师专业发展对策的改进效果来看,本课题的研究结论对区域内农村学校教师专业发展的政策制定具有借鉴价值。

4.课题研究促进了教师队伍求真文化的发展

学校教师队伍多年秉承求真教育,以"不断追求完美和本真"为教师队伍文化的核心主旨。本课题研究持续一年,14名教师上下联动,在全校形成了共同备课、争做研究课、积极撰写教学反思的良好氛围。学校其他教师不甘落后,也纷纷行动起来,要求成为被研究对象,期盼有更多的发展机会和空间。学校校本教研也一改往日的沉闷,真正形成了以领衔教师、学科组长为核心的研究团队,教师职业倦怠现象逐渐消失。尤其是在课题推进过程中,3名"双培养"对象(拟发展党员的3名年轻教师)加入课题组,既全程参与对14名教师的问卷访谈、数据采集、观察分析,又以被研究者的身份参与系列的研究活动,这在一定程度上促进了自身专业的发展。

近一年的课题研究,促使学校的研究活动焕发出了生机,促进了学校求真文化的发展和繁荣。

三、研究结论与反思

(一)主要研究结论与发现

1.农村小学教师专业发展"高原现象"的成因相对于城区学校教师来讲更具复杂性

从表面来看,无论是文献中谈到的教师专业发展呈现"高原现象",还是太师屯镇中心小学14名教师的具体情况，他们的外在表现基本一样，如工作疲倦、精神倦怠，安于现状、缺乏进取心，几年来成绩平平、工作无创新，不爱读书、不爱写作，似乎感到前途渺茫，似乎走到了职业生涯的尽头。但是，课题组在认真分析其背后的原因时，发现造成太师屯镇中心小学14名教师专业发展呈现"高原现象"的原因又带有诸多农村色彩，其成因更具复杂性，表现如下。

（1）城乡教师专业发展不自信的原因不同

农村地区学校教师专业发展不自信与城区学校教师的不自信有显著区别，城区教师大多是受专业实践能力和专业理论水平影响，而农村地区学校教师专业发展不自信不仅仅是上述因素，与农村地区的"内敛性"文化及农村地区学校办学相对闭塞也有重大关系。

农村地区"内敛性"文化影响着人的性格，因而教师无论是外出参加学术活动，还是在区域内开展学术研究，较少与专家或是培训者有互动。通过访谈了解到他们不敢参与互动，不仅仅是提不出问题或是提炼不出问题的事情，更多的是性格问题。受农村地区学校开放度不高、办学闭塞等因素的影响，他们较少参加大场面的学术活动、更缺乏大场面环境下的一种历练。

（2）城乡教师呈现"高原现象"的时间不同

农村地区学校教师专业发展大多提前呈现"高原现象"，这与城区学校不同。其主要原因是城区具有大量的专家或是专家级教师资源，举办高水平的学术研究活动的频率较高。我们区域的一所学校是市级优质学校，其学校教师参与校本部的培训概率大大超出周边城镇学校，更大大超出农村地区学校。与什么人在一起决定了这个人的眼界和思路，这句话用在这里再恰当不过了。

再看农村地区学校，相当一部分优秀教师专业发展到关键时刻，因缺乏专家级教师的深度引领，便提前呈现"高原现象"，完不成"鲤鱼跳龙门"的跨越。然而受多种因素制约，学校又造就不出属于自己的领军教师，无论是专家资源还是优秀教师往往又来自市级教研部门和高校，因而从资源上讲，教育均衡只是一种理想。

（3）城乡学校师资基础不同

城区学校受地区条件影响，具有农村地区学校无法比拟的人才引进优势，其整体师资力量雄厚，极大地增强学校整体研究实力，每位教师都是站在别人肩膀上发展自己的专业素养，因而学校的教师队伍培养进入了一个良性循环发展的层次。

农村地区学校则不具备这方面的优势，师资来源无法与城区学校相比。拿太师屯镇中心小学来讲，14名教师中4人为大专学历，其余均为中等师范学历；另外，体育教师所学专业为小学教育，音乐教师所学专业为普师全科。因此，农村师资力量的现状也大大滞缓了教师队伍专业素养的提升。

(4)城乡学校教师为提高学生质量投入精力不同

学校所在区域每年进行学生质量监控，农村学校质量均低于城区，因而教师把提高学生的基础教育质量列为第一位，把学生的教育与安全放在第二位，把构建和谐家校关系及完成非主流的教学任务排在第三位，最后才是自己的专业发展问题。如果学生质量平平，又难于管理和教育，自然影响教师情绪，长久以此，便成为职业倦怠的杀手。

(5)城乡学校家校协同育人机制不同

相对来讲，城区学校家校育人机制比较容易建立，但是农村地区学校远非如此，相当一部分家长在外打工，孩子的所有教育问题全部转嫁到学校、转嫁到老师身上。我校又是一所寄宿学校，寄宿生近60%，其监护人基本上是隔代长辈，建立一个有意义的家校协同育人机制非常困难。访谈中还了解到，家长基本上不关注孩子学习，常常是敷衍教师，致使教师把大把的精力和时间投入到孩子的管理和教育上，久而久之，教师产生了倦怠感。

总之，作为农村学校，教师专业发展呈现"高原现象"，相对城区教师来讲有其特殊性和复杂性，因而提升教师专业发展素养，寻找应对策略，任务更加艰巨。

2. 解决农村地区学校教师专业发展"高原现象"的对策要立足于农村地区学校的现实

农村地区教师专业发展呈现"高原现象"而表现出来的自信心不足、专业发展速度缓慢、师资力量薄弱，农村学校教育质量难于提升，绝大多数孩子住宿及留守涉及的问题等都具有地区性。因而，抛开农村学校的地域特点、管理特点、文化特点、师资特点、培训特点、个人发展出口的特点，来谈其专业发展呈现"高原现象"的对策问题，则是无源之水，无本之木。因此在方法对策上，要从城乡一体化建设、农村教师的课程领导力、农村教师校本教研的自主权、农村教师专业发展的制度支持和平台搭建、农村教师专业发展的资源供给、农村教师队伍的专业自信、消除农村教师"内敛性"文化的影响、建立有效的家校育人机制等方面进行研究。

3. 解决农村小学教师专业发展"高原现象"采取"量身定制"式对策，更具有实效性

所谓"量身定制"式对策，就是根据每位教师专业发展呈现"高原现象"的个性因素，而专门设计的一套对策。研究中发现，14名教师专业发展呈现"高原现象"有诸多共性原因，但是又各具不同。之所以不同是因为任教学科不同、工作经历不同、性别不同、起点不同等，因此实施的对策也应该不同。同样需要专家跟进指导，但是有的需要聘请市级层面专家，有的需要从区级层面聘请，还有的可以由本校"优秀"教师指导。指导的方式也不尽相同，有的需要在理论方面提升，有的需要在教材文本的角度上多研究，有的在课堂的应对策略上探讨，还有的则是以课题研究为主要策略。同样是搭建平台给予展示机会，市、区、校级平台大小各不相同，展示时间先后各不相同，展示的内容和形式（讲座、微培训、思想交流、经验介绍）也不同，所以，"量身定制"对策更具有实效性，但是，其设计、实施与追踪也存在诸多不便。

(二) 研究反思

1. 课题研究的收获

抓学校核心问题就是抓发展。选题环节，一次又一次的选题被否掉，与专家一次又一次的讨论，其根本就是要站在校长的角色位置上，思考学校的真问题。现在突然顿悟，学校管理是一个系统工程，校长是学校的灵魂，必须时刻抓住学校存在的核心问题，不管这个问题是陈旧的还是时髦的，抓住了、解决了，学校就会发展，就会有突破。如果只停留在粗放管理的层面，只是胡子眉毛一把抓，始终找不到影响学校发展的最根本的问题，学校发展从何谈起？

乡村学校要发展，校长要做学问。乡村学校发展，最终靠内涵，而内涵来源于学问。"管"和"理"是带不出队伍的，"领"和"导"才能让学校充满活力，而"领"和"导"更需要学问。通过课题研究，再一次认识到做学问是当今引领学校内涵发展的根本，学问做得越透，管理越会精细，成效越会显著，其作用越会持久。

找准自己发展的增长点，是乡村学校发展的最好出路。城乡学校存在着现实上的差距，尽管成立了城乡一体化发展共同体及实施名校办分校的策略，但是还未触及影响城乡差距的根本性问题，因而较多农村地区学校校长把农村地区学校质量低于城区学校质量看作是理所当然的事情。城乡差距是客观事实，但是农村地区学校可以找到自己发展的增长点。就太师屯镇中心小学

来讲，这个增长点就是教师的专业发展，就是学校存在的核心问题。找准增长点，会让学校焕发出勃勃生机，会带动学校各方面工作的开展，会丰富学校的文化。太师屯镇中心小学的教师队伍建设或许会成为学校未来的一大特色，所以农村学校校长不能等、不能靠，只能找准自己发展的增长点。

每个人都是有潜力的，你要关注到他们。经过近一年的课题研究，这14名教师专业发展发生了较大的变化，原因是方方面面的，但是最根本的原因是学校关注到了他们。学校里可能有诸多不完美的教师，我们不可以放弃他们，积极暗示他们、正面关注他们，他们的潜力就会被激发出来，这种潜力可能是激情，也可能是能力，这都是我们所希望看到的。

2. 课题研究中的不足和改进方向

近一年的课题研究虽然取得了一些成绩，对农村地区学校可以提供一些有价值的参考，但是也存在诸多不足。

（1）理论方面缺乏

在对这14名教师专业发展呈现"高原现象"的成因进行分析时，更多的是从外在表现上了解，从文献的研究成果上对比观察，未从心理学、社会学或是哲学的角度进行探讨和分析；另外，在研究报告中，大多也是从数据分析、活动过程、现实表现上进行总结，还没有升华到理论的高度上去把握。

（2）文献综述不厚重

本课题检索了51篇文献，但是基于农村地区学校的文献只有3篇，且成因及对策不具有"农村性"，因此还应检索一些有针对性的关于农村教师专业发展呈现"高原现象"的成因及对策的文献，然后与本课题研究对比、提炼，以更准确地产出有价值的关于提升农村地区学校教师专业发展的思想、思路。

（3）行动研究过程中对策调整滞后

课题推进过程中，起初制定的一些对策可能难于落实，需要及时调整。如专家跟进指导，不可能全部聘请市级专家，需要从区级教研部门或是兄弟学校、城乡一体化学校中聘请"优秀"教师参与进来，以解决市级专家及本校"优秀"教师不足等问题。

综合上述不足，下一阶段重点是调整行动研究过程中的对策，难点在于如何从理论高度上提炼一些有价值的东西来。

参考文献

[1]张一楠. 教师职业"高原现象"的表现、成因和应对策略[J]. 中国成人教育，2017(11).
[2]刘捷. 教师专业发展的阶段性及其启示[J]. 中小学教材教学，2006(11).

[3]李壮成 . 教师专业发展阶段探析[J]. 四川文理学院学报，2013，23(6).

[4]杜新秀 . 教师专业发展阶段研究综述[J]. 中国科教创新导刊，2009(25).

[5]李存虎 . 克服"高原现象"，促成"二次成长"[J]. 新课程学习(下)，2014，216(12).

[6]马涛，马晓娜 . 美国马里兰州教师专业发展标准及其启示[J]. 中国教师，2007(1).

[7]王增强 . 农村小学教师专业发展中的"高原现象"[J]. 教学月刊小学版(综合)，2014
(2).

[8]马莹 . 农村中小学教师专业发展的问题与对策[J]. 陕西教育(教学版)，2007(2).

[9]时克芳，钱兵 . 浅析教师专业发展中的"高原现象"[J]. 继续教育研究，2004(1).

[10]章学云 . 中小学教师高原现象的研究评述[J]. 师资培训研究，2005(3).

[11]惠善康，曹健 . 中小学教师职业生涯高原现象的特征及相关因素[J]. 心理发展与教
育，2010(5).

[12]叶燕珠，蔡丽红，吴新建，等 . 中小学教师专业发展"高原现象"的成因及对策研究
[J]. 教育评论，2015(3).

[13]丁昌桂 . 从"高原"到高峰路在何方？[J]. 教育视界，2017(3).

[14]陈彦宏 . 从教师专业发展探析心理健康教育教师的职业幸福感[J]. 太原城市职业技术
学院学报，2017(1).

[15]陈菲菲 . 对教师职业幸福感与教师专业发展的个案研究[J]. 考试周刊，2014(A5).

[16]刘大春，钟亮 . 关于区域骨干教师突破"高原现象"的思考与实践[J]. 中小学校长，
2010，148(8).

[17]贺斌 . 国外教师专业发展阶段理论简介[J]. 青年教师学报，2007(5).

[18]张辑娜 . 基于教师专业发展阶段的教师角色塑造[J]. 佳木斯职业学院学报，2017，
170(1).

[19]滑红霞 . 教师职业"高原现象"及其突破策略[J]. 教育理论与实践，2016，36(10).

[20]侯秋霞 . 教师职业高原现象与教师的专业发展[J]. 长春工业大学学报(高教研究版)，
2007(1).

中学篇

密云二中教学干部教学领导力现状和提升对策研究[①]

北京市密云区第二中学　霍劲松

本研究立足于密云二中发展变革的日常实践问题，使用文献研究、调查研究、个案研究等方法，以学校教学副校长、教务主任、教科室主任、教研组长和备课组长为研究对象，开发了密云二中教学领导力现状的调研工具，重点研究了密云二中教学干部的教学领导力现状，根据问题分析提出了密云二中教学干部教学领导力提升对策。

一、课题研究基本情况

（一）研究背景

1. 时代的需要

《国家中长期教育改革和发展规划纲要（2010—2020 年）》（以下简称《纲要》）自 2010 年实施以来，教育工作已经摆在重要的战略位置。我们清醒地认识到基础教育课程改革是我们党和国家全面推进素质教育、提高人民素质、增强综合国力的一项基本措施。国家有了全新的基础教育改革，就有了美好的未来，而学校又是基础教育改革的基本单位。基础教育课程改革只有引起学校教育层面的较大变化才能真正体现改革的现实意义，可见学校教育在基础

---

① 指导教师：北京教育学院胡淑云教授；清华大学附属中学王殿军校长。

教育课程改革中占有相当重要的位置。2014 年 3 月 30 日，教育部印发《关于全面深化课程改革 落实立德树人根本任务的意见》(教基二〔2014〕4 号)(以下简称《意见》)，依据《意见》工作部署，2016 年 5 月公布《北京市深化考试招生制度改革实施方案》，2016 年 9 月 13 日发布《中国学生发展核心素养》，2018 年 1 月出台了新课程标准，接下来新教材将尽快出版。跟随这些文件学习，我们初步认识到立德树人是宏观的育人目标，新高考、新课程、新课标是中观的改革举措，教学干部教学领导力是微观的助推改革的关键。这种基本的认识也可以从下列文件和讲话精神得到印证，2017 年 9 月，中共中央办公厅、国务院办公厅印发《关于深化教育体制机制改革的意见》，提出在培养学生基础知识和基本技能的过程中，强化学生关键能力培养。着力培养学生的认知能力、合作能力、创新能力和职业能力，为深化课堂教学改革确立了新的目标和方向。接下来，教育部前部长陈宝生在《人民日报》撰写文章，指出：深化基础教育人才培养模式改革，掀起"课堂革命"，努力培养学生的创新精神和实践能力。基于各种文件的学习，对新高考、新课程、新课标的领悟，我们必须跟上这些新的教育观念、教学理念、教学要求，践行新时代教育使命，着力提升教学干部教学领导力的策略研究，因为教学干部要有一定的教学领导知识和能力，明确何为教学领导力，为何提升教学领导力，如何提升教学领导力，只有这样，才能够准确指引一线教师的教学，贯彻改革的理念和精神，不断提升学校教学质量。

2. 学校的需要

(1)学校发展的需要。密云二中始建于 1944 年，1979 年被认定为北京市第一批重点中学，2004 年被评为北京市示范性普通高中。《纲要》要求学校进一步改革教师的教育培养方式，更新教师的教学方法、课堂教学策略和课堂教学艺术来提升学校教学的质量。教师无疑成为基础教育课程改革的主角，因为他们是课堂的主导者，在课堂教学中对学生思想教育、内容的掌控、方法的指导等都事先设计。但值得我们注意的是，作为学校教育的另一个重要角色——学校的教学干部，往往不被大家重视。在当今新课程、新课标、新高考学校教育教学转型性变革过程中，探究教学干部的教学领导力提升对策已经逐渐成为进一步推动学校变革和促进学校内涵发展的重要途径。

(2)教学干部成长的需求。目前学校教师队伍层次多样、规模较大，学校教学干部虽具有较高的敬业精神和丰富的教学经验。但是，他们领导教学的工作能力参差不齐，不能够很好地驾驭学校教学领导工作。

(3)密云二中自身发展的需要、目前教学干部成长的需求。笔者将学校教学干部作为研究对象，来探求提升他们教学领导力的对策，以推进学校教学改革与质量的提升，开展对教学干部教学领导力和提升对策的研究。

(二)研究现状

1. 国外关于教学领导力的相关综述

在国外，教学领导力研究在较长的一个时期内都并没有把注意力放在学校的教学层面，它的概念起源于1966年美国詹姆斯·科尔曼的报告书。报告中客观、正确地评析了当时美国教育机会均等的情况，这不仅使得学生的学习表现逐渐受到人们的重视，同样也使得许多学者进行有效的学校教育研究，形成了有效的学校教育运动。随着"学校效能与改进"运动的发展，教学领导力研究越来越受到国外学者的重视，他们的研究主要侧重于教学领导力的模型的探讨，随着研究的深入，教学领导力模型成果颇丰。

最早和最有代表性的教学领导力模型是海林杰和墨菲在1983提出的，他们确定的教学领导力三个维度分别是明确使命、管理教学流程和提高学校良好的氛围，这三个维度又由11个岗位职能组成。随后，1990年墨菲基于主要文献来源，又修改完善了教学领导力的4个基本维度，并将它们再细化分为16个不同的角色和行为，"明确使命和目标"仍作为教学领导力的基本特征，但"管理教学流程"包括"提升教学质量和监控学生进步"，他同时将"提升良好的学校氛围"拓展为"提升学校学习氛围"和"建立支持性的工作环境"。[①]

尤恩在20世纪末，还提出教学领导力应该包括：建立与实践教学目标；沟通学校的愿景与任务；为师生确定较高的期望；创设有助于学习的学校文化和气氛；培养领导教师；与师生同在；对师生与家长保持积极的态度。[②]

韦伯1996年通过文献分析提出了教学领导力的五个基本维度："明确学校使命""管理课程和教学""提升良好的学习氛围""观察和提升教学""对教学流程的评价"。[③]

2003年，爱莉克-米凯尔克(J. M. Alig-MielCarek)和霍伊根据上述教学领导力模型和它们的共同特点，又提出了一个综合的教学领导力模型，包含三个方面：确定和传播共同目标、监督教学过程和提供反馈信息、提升学校

---

① Hallinger，P. & Murphy，J. Assessing the Instructional Management Behaviors of Principals. *The Elementary School Journal*，1985，86(2).

② 李家成：《学校变革视野下的中层管理者成长》，《人民教育》，2007年第24期。

③ Weber，J. R. Leading the instructional Program. ERIC Document，1989.

专业发展。①

2. 国内关于教学领导力的相关综述

(1)教育学者杜芳芳在《教研组长教学领导力提升:从学科协调者到学科领导者》中指出:随着我国基础教育课程改革的推进和教师专业水平的需求,作为专业性组织的教学领导真正成为教师探讨教学问题和进行有效教学活动的重要领导者。教学领导的角色和功能也从传统的以管理统筹为主,向引领研究方向转变。较高水平的教学领导不应该仅仅是一位教学管理者,更应该具有良好的教学领导力。在开发和培养教学领导的教学领导力时,她指出:一是教学领导要从教学协调者转变为教学领导者、指引者和合作者。协调者承担的仅仅是被动回应的责任,学科领导者则意味着积极主动地寻找各种优势资源和力量,支持教师教学和促进教师专业发展,从而提高整个学校学科教学的水平和学生学习效能。二是教学领导要建构和提升自身的专业水平,以提升影响力。要成为一名优秀的教学领导者,他们必须具备一定的专业能力:课程和教学能力、沟通和交流能力以及引领和协调能力。以便教学干部帮助和支持教师提高教学知识、技能和改进对教学方式的理解以及探究、拓展和反思他们的教学知识、技能和情感等方面,以使自己成为更有效的学科领导者。

(2)学者赵茜、刘景、赵德成、褚宏启等也提出了教学领导力的不同维度模型、构成主要因素等,他们都强调研究教学领导力是通向学校办学成功的关键环节。

赵茜和刘景构建教学领导力模型的四个维度:第一,指导教学组织。促进教师关系、教学组织管理、教学制度管理、教学工作的协调;第二,策划教学活动。包括课程设置的引领、教学目标管理、学生发展指导、教学常规引领。第三,提供教学条件。包括教师人力资源规划、教师发展资源提供、教学硬件资金保障、教学环境的创设;第四,监控教学情况。包括兼课、听课、巡课。

赵德成教授参考了国内外教学领导力的操作化定义和行动指南,结合课程改革与教学改进的实践,提出了教学领导力的五因素模型:"明确学校教学发展的目标""构建以教学为中心的组织文化""构建有利于调动教师积极性与改进教师教学表现的考核体系""构建促进教师教学改进的教学管理制度""建

---

① 贺建清:《中小学校长教学领导力测评研究——以江西省为例》,《南昌师范学院学报》,2017年第1期。

立学习型与引导教师自主发展"。

褚宏启综合各种研究，结合当前中小学教育实践，提出了教学领导力的七因素模型：明确的教学目标；合理的教学内容；适当的教学方法；优质的教师发展；健全的学校与家庭、社区的联系；充沛的教学条件支持；科学的教学评价、发展评价与反馈。

（3）学者陈勇通过教学领导力的实践研究，提出了提升教学领导力面临的困境：一是科层制组织的等级结构与教学领导力所体现的民主平等精神相背离；二是现行考核评价制度使教学干部更倾向于选择传统教学管理方式而忽略教学领导力的作用；三是中国文化中的尊卑等级观念和保守心态构成了教学干部提升教学领导力的潜在障碍；四是教学干部的观念和素质与教学领导力的要求存在差距。同时，他还提出了提升教学领导力的对策：合理改造科层制组织，建立学习型学校；改革考核评价制度，树立科学的教学质量观；发展民主合作的组织文化；更新观念，提升教学干部的教学领导力。

（4）学者李森、张涛基于教学领导力的内涵、功能及策略的课题研究，归纳出提升教学领导力的策略主要有更新教学领导力观念，深化教学领导力理念；优化领导程序，确保教学领导时间；完善领导选拔制度，注重教学干部的考察；营建教师学习社群，提高教学干部的教学领导力；发展教学文化，建设学习型组织；开辟多元沟通渠道，整合环境资源。

（5）学者张杰在论著中指出教学干部教学领导力低下的现状。一是教学干部自身新课程理念、教学指导知识不足：多数教学干部仅有丰富的教学知识或经验，但在学校集体备课和教研活动中他们没有自己一系列完整的指导体系，对教学指导性差，仅能望梅止渴。特别是目前我们倡导的学科新课程理念，他们自己头脑是空白的，对理念指导更是相差较远。教学干部缺乏这种新课程理念、指导知识不足，对一所学校发展来说是可怕的。二是教学干部没有得到专家指点，在学校教学中不能因事、因人去处理教学中的突发事件，更多的是硬性或弱性教学领导，同样对于学校教师教学中存在的问题也不能适当指导，以致这些教学干部教学领导力不足。同时，张杰还提出了教学干部教学领导力的提升对策，第一方面学校层面：一是赋予权利，让教学干部走出困境；二是发挥榜样力量，让理念与现实相结合；三是完善中小学中层干部教学领导评价制度，最大限度改变他们的理念；四是组织好中小学中层干部任用推荐和培训。第二方面教学干部自身层面：一是加强自身专业知识学习和技能的提高，强化与校长、教师和学生的沟通，增强人际协调能力；

二是遵循公平原则，提升教学评价的策略，在教师中树立良好形象；三是加强自我反思意识，了解自身教学领导工作是否有效；四是与教师共同合作，促进教师专业发展。

综合国内外有关教学领导力的文献可知，目前对教学领导力的构成要素和整体模型研究已经较为成熟，且这些成果恰恰与本课题相契合，可以在未来研究中寻找生长点及嫁接点。通过大量的文献搜索，基本没有寻觅到国外学者对教学干部教学领导力的研究的文献，而国内也是近几年才出现了一批研究教学干部教学领导力的文献，他们的研究主要集中在三个方面：一是对教学干部教学领导力的概念和内涵的探讨；二是对教学干部教学领导力现状的调查研究；三是教学干部教学领导力构成影响因素及策略研究。

据现有的文献查询结果可以发现，对教学干部教学领导力的现状及提升策略研究数量不多，现有的文献也只是停留在提升教学领导的理论上，对教学干部教学领导力缺乏一个系统指导体系，同样，在运用理论进行实践策略研究中也缺乏针对性评价与反馈。

(三)核心概念界定

1. 教学干部：教学干部是在中小学教育教学实践中为实现教学目标、保证教学质量而具体负责组织、协调、支持、引领、推动、落实教学工作的负责人。这里的教学干部是指密云二中分管教学的副校长、教务处主任、教科室主任、教研组长和备课组长。

2. 教学领导力：教学领导力是教学干部对任课教师的教和学生的学进行指导、监督、示范、服务等综合能力。[①]

(四)研究目标与研究意义

1. 研究目标

(1)了解密云二中教学干部教学领导力的现状，找准问题所在。

(2)提出密云二中教学干部教学领导力提升对策。

2. 研究意义

(1)理论意义

《国家中长期教育改革和发展规划纲要(2010—2020年)》要求学校在不断变革中寻求新的突破，提升教学干部教学领导力成为学校发展的必然要求。

---

① 张杰：《中小学中层干部教学领导力提升策略研究》，哈尔滨师范大学硕士毕业论文，2014年。

教学干部作为教育变革的实践者，是学校提升教学质量的重要因素，这就需要一定的理论去指引。然而，通过对大量文献的分析，目前关于教学干部教学领导力提升策略的研究较少且对它的理解还比较模糊，因此，其研究理论为我们提供借鉴的同时，也存在一些不足。本研究中的教学干部教学领导力，不仅仅着眼于他们自身教学能力提高，还着眼于教学干部指导教师和学生，力求达到教师在教学专业水平上的提高和学生能够接受良好教育。笔者所在的学校是一所市级示范校，本课题研究可以弥补市级示范校教学干部教学领导力研究理论不足的问题，为相关的研究提供一些理论参考，同时，还可以丰富教学干部教学领导力的内涵。

（2）实践意义

本课题研究是基于密云二中教学干部作为学校教学领导力的实践者，面对广大师生，推进教学改革，提升教学质量。有学校特色的"教学干部教学领导力提升对策"实践研究，可以为相似校情的学校提供实践借鉴。

本课题是一项针对密云二中教学干部教学领导力现状和提升对策的研究，其所进行的问卷调查、访谈、观察及案例分析更具有真实性、客观性，参考的价值更大，其研究成果为制定教学领导力的评价指导体系更具有实践意义。

（五）研究内容与研究方法

1. 主要研究内容

（1）开发密云二中教学领导力现状的调研工具。

（2）研究密云二中教学干部教学领导力现状。

（3）提出密云二中教学干部教学领导力提升对策。

2. 主要研究方法

（1）文献研究法

查阅与本课题相关的资源，进行大量的搜集、系统的整理，总结在此研究领域已取得的成果与不足，明确本课题的研究方向，少走弯路，提高研究效率。

（2）调查研究法

问卷调查方式：运用统一设计的问卷，向被选取的调查教师和教学干部了解情况或征询意见。针对当前密云二中教学干部教学领导力的状况开展问卷调查，分析问题产生的原因，找出解决问题的方法，此法主要应用于课题初始阶段。

访谈方式：在各种教学活动中，对密云二中教学干部采用访谈方式，认识密云二中教学干部教学领导力的客观情况，直接获取教学干部有关教学领导的真实问题，再对这些教学领导力问题进行分析归纳。

（3）个案研究法

通过对一位或几位教学干部的工作持续追踪，对其教学理解力、教学执行力、教学感召力、教学影响力等进行思考、分析和总结，为提出教学干部领导力的提升策略做参考。

(六) 研究思路与实施路径

教学工作永远是学校工作的重心和中心，教学干部就是要通过各种方式开发自己的教学领导力来提升学校的教学质量。孔子曰：知之者不如好之者，好之者不如乐之者。教学干部只有运用教学领导力才可能最大限度激发教师合作教学、学生自主学习的积极性，使得每位教师爱岗敬业、学生快乐学习，从而达到教学既定目标。并且，教学领导力是一种能力，是教学领导者必修的内功，是教学领导者驾驭组织的能力，是取得教学工作成功的关键。

本课题研究立足于密云二中发展变革的日常实践问题，首先通过文献研究，组织研究人员查阅与教学领导力相关的文献资源，进行大量的搜集、系统的整理工作，从认识上了解教学干部教学领导力的现实问题和状态，并总结在此研究领域已取得的成果与不足，明确密云二中教学干部教学领导力的研究方向，目的就是让我们的研究人员少走弯路，增强研究效率。在此基础之上，我校研究人员共同探讨确立教学干部教学领导力相关的核心概念和成型的教学领导力已有的提升策略。其次，再通过调查研究和文献研究，继而深入分析影响教学干部教学领导力发展的主要因素，在此基础上，经过专家的指导和引领，确立教学干部的自我认知领导力、价值领导力、科研领导力、课程领导力和关系协调领导力五个维度，并在专家指导下形成调研问卷，通过问卷调查，进一步明确我校教学干部教学领导力的现状和问题。随后，我校研究人员进行调研结果文本分析，并结合我校教学干部实际教学领导力的问题，经过全面的研讨论证，制定教学干部教学领导力提升对策。同时，还请专家团队对我校教学领导力提升对策进行指导评估，在专业指导下构建教学干部教学领导力提升对策。最后，通过实证研究，进一步反馈完善教学干部教学领导力维度框架和提升对策，最终制定密云二中教学干部教学领导力提升对策指导体系。整体研究思路和实施路径设计如图1所示。

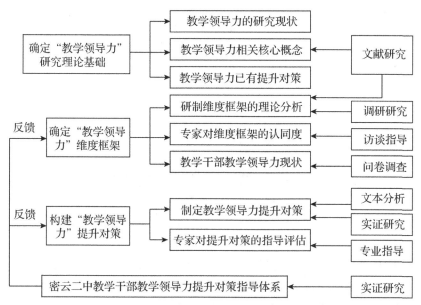

图1 密云二中教学干部教学领导力提升对策示意图

二、研究成果

(一)教学干部教学领导力调查现状

调研对象是学校分管教学的副校长、教务处主任、教科室主任和教备组长共 43 名教学干部和 128 名一线教师，围绕调研目的，组织上述教师结合我校实际，通过微信链接，基于问卷星平台，请他们填写调查问卷，学校对调查问卷进行统计，分析调查结果。本次调研过程共收回问卷 171 份，有效问卷 171 份，有效率为 100%。

1. 调查问卷的分析框架

教学干部教学领导力问卷设计基于 5 个维度：自我认知领导力、价值领导力、科研领导力、课程领导力、关系协调领导力，教学干部教学领导力问卷共设 17 个问题。

2. 调查问卷内容及统计结果

本次调查问卷由 17 个问题构成，每个问题都反映相应的要素内容，通过对问题回答的收集整理，以及对教学干部教学领导力具体管理环节的观察，得出学校教学干部教学领导力分析结果。

（1）教学干部自我认知领导力

第1题：对目前承担的教学管理工作，你的总体感受是（　　）

A. 轻松开心，乐在其中　　　　　　B. 苦闷，心塞

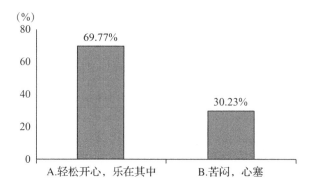

从图中可以看出：虽然多数干部的工作感受是正面情绪，但仍有近三分之一是负面。当然，造成负面情绪的原因很多，如工作成就、人际关系等，但对于领导力的自我认知存在偏差无疑占了很大比例。

第2题：在日常教学管理工作中，大多情况下，你的感觉是（　　）

A. 得心应手　　　　　　　　　B. 力不从心

从图中可以看出：多数教学干部有足够的自我认知教学领导力，表现在工作过程中就会觉得得心应手，有近四分之一的干部自我认知教学领导力不足，工作过程中就会觉得力不从心。

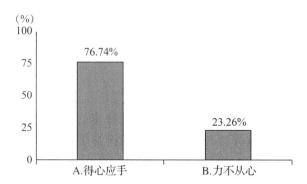

第14题：你在从事教学管理的过程中，感到需要学习进修的课程是（　　）（多选题）

A. 价值领导力　　　　B. 科研领导力　　　　C. 课程领导力

D. 关系协调领导力　　E. 自我认知领导力　　F. 其他（请具体填写）

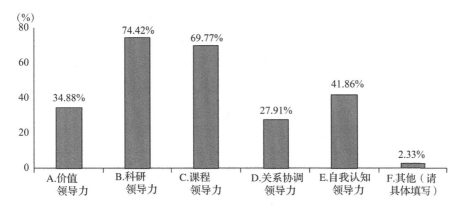

从图中可以看出：教学干部感到需要学习进修的课程恰恰是他们所欠缺的，科研领导力和课程领导力的欠缺会严重影响教学管理的实效，同时也要看到，对价值领导力的忽视说明教学干部对领导力的理解还不够。

第17题：您认为学校教学管理工作应该做哪些方面的改进以及如何改进？

遵照"教学领导力"五个维度分类统计，建议：培训中层，增强认知，提高效率。多给教师一些自主备课反思的时间，少让教师填一些无用的各种表格。减免和教师教学工作无关的活动。不开没用的会，会议过多，班主任压力过大，建议落实好副班主任的工作，这样才能有时间和精力好好学习，提升自我。少一些繁杂事务，多留时间给老师备课。

（2）教学干部价值领导力

第3题：在日常教学管理中，你觉得最棘手的是（　　）（多选题）

A. 教师积极性不高　　　　　　　B. 教师的教学能力不高

C. 教师的知识水平不够　　　　　D. 教师教学改进的主动性不足

E. 缺乏有力的教学管理制度　　　F. 帮助教师确定适合的发展目标

G. 其他（请具体填写）

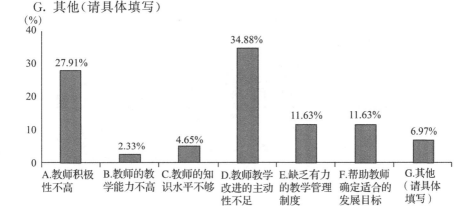

从图中可以看出：教学干部在问题归因中更多地指向外部，把管理困难更多地归因到教师，这也反映出教学干部在认识上的误区。

第 12 题：在从事教学管理的过程中，您进行自我反思的情况是(　　)

A. 经常反思　　　B. 偶尔反思　　　C. 几乎不反思　　D. 不清楚

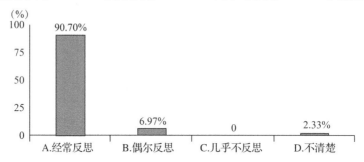

从图中可以看出：教学干部中绝大多数是在进行反思，也有部分干部缺乏反思的过程，但笔者认为最主要的还是反思归因的结果。

第 13 题：在日常教学管理工作中，你的时间和精力主要花在(　　)(多选题)

A. 布置任务提要求　　　　　　　B. 听课评课

C. 琢磨教学中存在的问题　　　　D. 思考教学应该怎么改进

E. 帮助需要重点帮助的教师　　　F. 帮助教师确定适合的发展目标

G. 给教师鼓劲加油　　　　　　　H. 给予教学方法上的指导

I. 搞教学研究课题　　　　　　　J. 参与教研活动

K. 给予教学理念上的指导　　　　L. 强化制度推进工作

M. 给校长提出促进教师教学能力提升的建议

N. 其他(请具体填写)

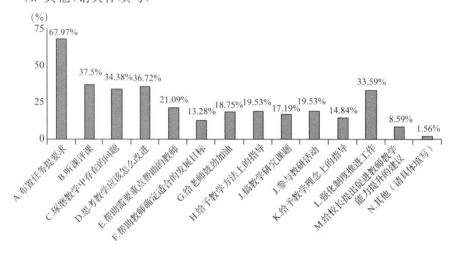

从图中可以看出：绝大多数情况下教学干部满足于布置任务提要求，这也反映出教学干部疲于应付，缺乏独立思考与创新，当然，不能一味地指责教学干部，学校层面也应该进行反思。

第17题：您认为学校教学管理工作应该做哪些方面的改进和如何改进？

①关键字分析：前五位高频词教师、教学、管理、提高、时间的柱状图如下。

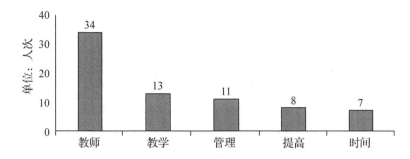

从图中可以看出：教学干部认为应该改进的主要方向是教师、教学和管理，思考的方向是正确的，问题是教师、教学和管理如何改进，还有待深入地研究和落实。

②遵照"教学领导力"五个维度分类统计，建议：提升教师的积极性。以人为本，加强激励，完善管理制度，进行顶层设计，严格落实制度管理。学习先进地区或学校的科学经验，尤其北京市区的，在学校和学生的工作目标和学习目标上做出引领。研究学情研究新高考，了解教师所需，提高教师的积极性。让大家有归属感，减轻教师和教学无关事情的负担。补充、完善各项奖励机制。

（3）教学干部科研领导力

第15题：您认为我校开展教学科研工作的主要问题是（　　　）（多选题）

A. 与繁重的教学任务有很大的冲突

B. 教育科研与教育教学脱节

C. 激励机制不健全，科研不能与教师的绩效考核挂钩

D. 教师科研知识缺乏，研究水平无法提高

E. 教育科研不能直接帮助教育教学质量提高，不如加强教师学科专业学习

F. 各种影响因素多，研究经常受到冲击，难以持久深入

G. 接受业务指导的机会不多和学习渠道不畅通

H. 研究经费及时间的双重匮乏

I. 其他(请具体填写)

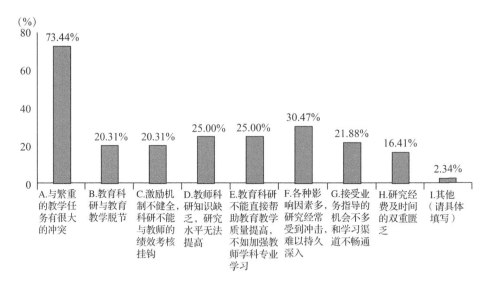

从图中可以看出：教学干部与教师有着同质性的倾向，这很不利于教科研的深入开展，需要树立正确的科研观念，提高科研工作认识。

第16题：您参与过的课题研究级别是(　　　)(多选题)

A. 校级　　　B. 区级　　　C. 市级　　　D. 国家级　　　E. 没参加过

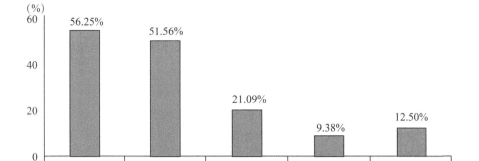

从图中可以看出：教学干部参与的课题研究级别普遍偏低，更有一部分从未参加过课题研究，这与对科研作用的认识密切相关，急需补上这一课。

第17题：您认为学校教学管理工作应该做哪些方面的改进及如何改进？

遵照"教学领导力"五个维度分类统计，建议：增加和教师专业知识有关的课程或者培训；提高教师的研究意识，指导教师的研究方法。

（4）教学干部课程领导力

第 4 题：在下列指导组织教学当中，您认为最重要的是（　　　）（多选题）

A. 促进教师关系　　　　　　　B. 教学制度管理

C. 教学组织管理　　　　　　　D. 教学工作协调

E. 其他（请具体填写）

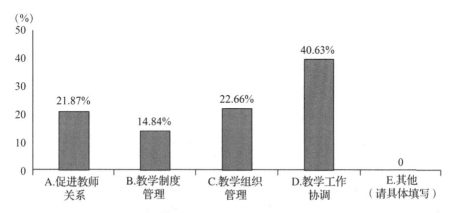

从图中可以看出：占前两位的分别是教学工作协调和教学组织管理，而这两者更多的是事务性工作，足见教学干部很多时间是陷于琐碎工作而疏于思考。

第 5 题：在下列策划教学活动当中，您认为最重要的是（　　　）（多选题）

A. 课程设置引领　　　　　　　B. 教学目标管理

C. 学生发展指导　　　　　　　D. 教学常规引领

E. 其他（请具体填写）

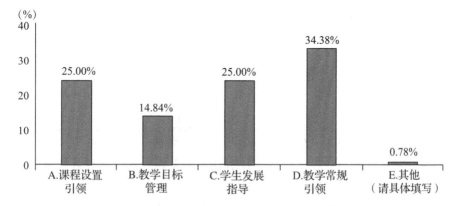

从图中可以看出：教学常规引领固然重要，办高品质学校必须更上一层，以学生、课程为核心，教学干部在这些方面还有明显差距。

第6题：在下列保障教学条件当中，您认为最重要的是（　　　）（多选题）

A. 教师人力资源规划　　　　　B. 教师发展资源提供

C. 教学硬件资金保障　　　　　D. 教学环境的创设

E. 其他（请具体填写）

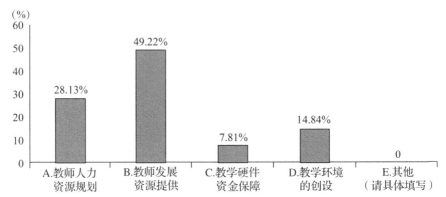

从图中可以看出：教学干部对此问题的认识比较清楚，但对教师发展资源提供如何实现这一问题，教学干部需有更清醒的认识。

第7题：您参与听课、参加教研组和备课组活动的总体情况是（　　　）（多选题）

A. 每周有　　　B. 每月有　　　C. 每两月有　　　D. 每个季度有

E. 偶尔有　　　F. 没有

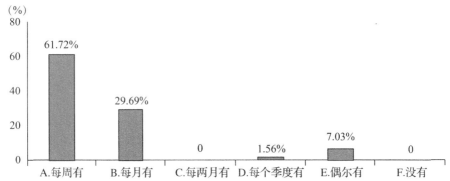

从图中可以看出：教学干部听课有明显的差距，没有掌握教师教学实际情况，管理很容易流于表面形式而缺乏针对性。

第8题：您参与听课、参加教研组和备课组活动后进行点评的总体情况是（　　　）

A. 每次都评　　　B. 多数点评过　　　C. 点评过少数　　　D. 几乎不点评

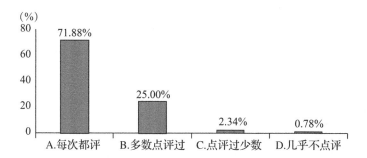

从图中可以看出：教学干部参与听课、参加教研组和备课组活动还有很大差距，点评没到位，没有真正起到引领作用。

第 17 题：您认为学校教学管理工作应该做哪些方面的改进及如何改进？

遵照"教学领导力"五个维度分类统计，建议：教学实效性，回归到教学本质和教学初衷。进一步健全激励机制，给老师们更多自己研究的时间，减少行政性事务，多些备课时间。

（5）教学干部关系协调领导力

第 9 题：在从事教学管理过程中遇到困难时，您经常会（　　）（多选题）

A. 向本单位领导寻求帮助　　　　　B. 向其他单位的领导、同人咨询

C. 查阅相关资料　　　　　　　　　D. 置之不理，以后再说

E. 其他（请具体填写）

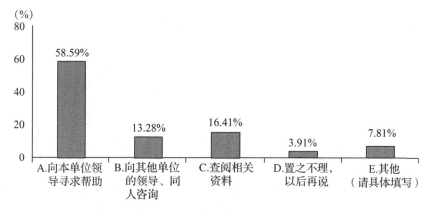

从图中可以看出：教学干部更多地依赖于本单位领导，而没有真正发挥更多资源效用，实际上也限制了自身教学领导力的提升。

第 10 题：在学校的人际关系中，您认为最难处理的是（　　）（多选题）

A. 领导关系　　　B. 同事关系　　　C. 家长关系　　　D. 师生关系

E. 其他（请具体填写）

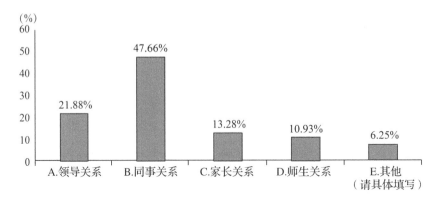

从图中可以看出：教学干部感觉最难处理的是同事关系，反映了教学管理过程中人际关系协调能力的欠缺，会严重影响工作效率。

第11题：在处理教学突发事件当中，您经常采用的处理方式是（   ）（多选题）

    A. 借助专家力量   B. 发挥干部群力量   C. 主动请教教师
    D. 因事、因人处理   E. 依法依规处理
    F. 其他（请具体填写）

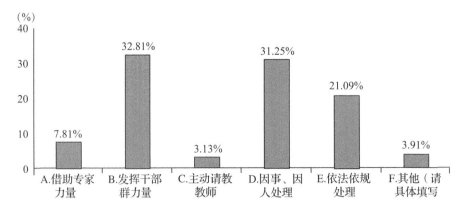

从图中可以看出：教学干部在处理教学突发事件时，依法依规，因事、因人处理，都是极好的方向，但更多的依赖干部群而不是主动请教教师，有明显的欠缺，教学干部更多的是和教师打交道，教学领导力的提升有赖于与教师的沟通。

第17题：您认为学校教学管理工作应该做哪些方面的改进及如何改进？

遵照"教学领导力"五个维度分类统计：教学干部职责不够明确，遇到事

情互相推诿。各种工作协调上，各部门应加强沟通，尽量让各项任务会议不冲突，不繁杂。听老师之所说，想老师之所想，促进教师间的和谐发展。

总之，学校教学干部教学领导力的现状不容乐观，在多方面都有提升空间，有些观念亟须改变，有些习以为常的不当做法亟须纠正。

(二)教学干部教学领导力存在问题成因分析

提高教学干部自我认知领导力主要解决三个基本问题：为什么？做什么？怎么做？解决了这三个问题就解决了教学干部教学领导力的终极问题：教学领导力是什么？通过调查问卷、实地调研、现场分析，我们发现造成教学干部教学领导力问题的原因主要是以下四个方面。

1. 教学领导力意识缺乏

教学干部站在学校教育教学的最前沿阵地，必须明确学校的办学思路，深入课堂一线，要担负起领导全体一线教师为学校目标而努力的任务，充分发挥教学干部教学领导力。教学干部肩负着教学计划推进落实、校本课程开发、实施自我监控、定期开展专业发展活动等职责和权力，故此，他们要有发挥教学领导的意识。结合前期的各种调研结果发现，事实却不是这样的。个别教学干部在日常教学管理中很少关注学校教学与课程资源的整合与开发，也较少关注学校落实校本化课程的情况，更少深入各种社团教学一线观摩与评价，教学干部角色认识不到位。个别教学干部只是埋怨教师们工作积极性不高，各种校本课程改革的主动性不强。最后，还有个别中层干部在从事教学管理的过程中，缺少自我反思意识，使得教学领导力的再生出现障碍。

2. 教学领导力能力不足

综合分析前期的各种调研结果发现，学校教学干部和老师们整体关系良好，大部分教学干部在从事教学管理过程中遇到困难时，能够向本单位领导寻求帮助及查阅相关资料，但是，在学校的人际关系中，最难处理的是同事关系和家长关系。虽然总体上来说，教学干部的关系协调力有较高的水平，但是教学干部个体之间发展很不平衡，特别是个别教务管理干部，需要提升的空间还很大。个别教学干部应该加强自身专业知识学习和技能的提高，强化与校长、教师和学生的沟通，提高人际协调能力。教学干部教学领导力能力不足，个别教学干部在日常教学管理工作中感觉到力不从心；不能够很好地帮助教师获得上级部门、学术机构以及校外同行的支持与认同；不能够有效地指导与激励教师之间相互尊重、理解与欣赏；也不能够及时发现与矫正教师的工作失误与不足；更不能够有效地指导和帮助教师了解学生家庭以及同家长的沟通；还有个别教学领导干部对目前承担的教学管理工作的总体感受是苦闷、心塞。

3. 教学领导力专业欠缺

教学干部要想充分发挥教学领导力的作用，必须具有深厚的与教学领导方面相关的专业知识，把握各学科大概情况，这样才有利于对各学科教师进行深入的教学指导，引领教师们进行科学研究。综合分析前期的各种调研结果发现，现在个别教学干部在参与学科教研活动中，主要是布置任务提要求，对听课评课、琢磨教学中存在的问题和教学应该怎么改进等科研工作，从不进行指导和引导，各种工作都属于最常规且较低层次的管理教学。使得大多数教师抱怨：制约本人科研工作不能够深入开展的主要原因是科研工作与繁重教学任务有很大的冲突、教育科研与教育教学脱节、教师自身科研知识缺乏、学科研究水平无法提高。部分教师认为教育科研不能直接帮助教育教学质量提高，还不如加强教师学科专业学习；部分教师科研工作受各种影响因素多，研究经常受到冲击，难以持久深入；教学干部、教师的整体科研意识不强，科研参与面狭窄，中层干部和教师的论文、课题在市里获奖比例和级别均不够理想。可见，教学干部应该加强相关专业知识和教育科研方面的学习，这样才有利于教学干部教学领导力的充分发挥。

4. 教学领导力经验不足

教学干部在学校各项教学工作中处于核心及主导地位。综合分析前期的各种调研结果发现，个别教学干部在指导组织教学活动当中，不重视教学工作协调工作；在策划教学活动当中，不关注对学生发展的指导；在保障教学条件当中，不提供给教师发展的必备资源；在参与教研组和备课组活动后，不落实每次活动的科学评价。结果，很多教师认为教学干部教学领导力就是一种行政命令和手段。再有，个别教学干部在处理教学突发事件当中，经常用"学校要求"和"学校决定"来强制压服教师，在处理方式上缺少借助专家力量和发挥干部群力量，导致有些冲突不断，极大地影响各项工作的成效。

综合以上问题分析，作为学校的教学干部必须思考：我的管理工作职责是什么？我的教学领导力内涵是什么？提升自我教学领导力的意识，强化教学领导力专业学习，加强自我工作反思意识，逐步积累教学领导力经验，不断增长教学领导力，让自身的教学领导力反映出学校教育的主要价值，体现学校发展思路主旨思想。

(三)教学干部教学领导力提升对策

1. 自我认知领导力是教学干部教学领导力的根本

自我认知是教学干部对当下的自我思想和行为的准确把握和评价，自我认知领导力是教学干部教学领导力的根本。在讨论自我认知领导力的过程中，笔者认识到教学领导力必须要解决的就是教学干部认识自己的问题。

第一，教学干部必须认识到认识自我是一个以周围人为参照物，通过相互比较发现自己与别人的不同和相似之处来确定自我身份的过程。管理教学活动是一种教师团队活动，教学干部是教师团队活动的引路人，要想获得教师们的认同，就必须明确自己在教师团队中的定位、自己与团队成员之间的关系。

第二，领导力意味着自我发现，意味着从自身的特质中获取更多潜能的产出。了解教学干部自身的能力是实现教学领导力实践有效性的前提。教学干部发现自身优点是成功的关键，在教学管理活动中要想在教师团队中有感召力就必须有威信，让别人相信自己的优势。但是，教学干部要明白在任何情况下，优点和缺点是一并存在，所谓"人无完人"。在管理教学活动中亦是如此，面对自身缺点教学干部需注意，首先要做的不是将缺点转化为优点，而是要学会管理自己的缺点，不让缺点成为前进路上的绊脚石。

第三，教学干部要学会自我认知，努力开发教学领导力的潜能。自我认知领导力是教学干部教学领导力的根本，它决定着价值领导力的高低，它制约着关系协调领导力的强弱，它影响着科研领导力的真伪，它体现在课程领导力当中。每位教学干部都具有教学领导力的潜能，必须积极努力提升自身的教学领导能力。首先，要学会认识自己，发现自己与别人的不同，正确处理与周围环境的关系，发觉自己的优点和缺点，了解自己将来要成为怎样的人，并做好规划。其次，要学会开发自己，正确对待自身的优点和缺点，争取达到更高层次的相信；使自己变得平静，找到理想的自我。最后，还要学会塑造自己，树立正确的价值观，提升人格魅力；正确对待积极反馈的同时，不断反思。这些都表明了个体可以通过自我认知来开发自身领导潜能，从而实现全面发展。

第四，自我认知领导力提升指导意见：教学干部认真分析自己的优势、劣势、机遇和挑战，深入学习自身的岗位职责，养成提前制订工作计划的好习惯，研究工作推进过程的程序化，经常反思工作，强化教学干部月评价工作，不断地提升教学干部自身的能力和水平。让教学干部撰写自我分析报告，梳理自身工作职责，进行阶段反思，谋划下周工作计划。基于此，全体教学干部都完成了自我分析报告；全体教学干部都完成了岗位职责及工作反思；全体教学干部都完成了部门细化工作计划。

案例一，教学干部高二年级主任遵照笔者引入的"SWOT分析模型"，利用该法充分认识自身的优势，利用机会克服自身弱点，回避工作失误风险，获取或维护自身信心，并且能够将自身工作成本控制战略建立在对内外部因素分析及形势的判断等基础上，提升自我认知能力。她在"自我分析报告"中，第一优势分析认识到，自己有很强的责任心，率先垂范，凡是要求年级教师做到的自己必须先做到，同时开展工作具有较强的规划性。对新事物的接受能力较强，有很强的进取心，敢于追求创新。有浓厚的学习兴趣，善于钻研，珍惜学校领导给的每一次学习机会，并能把所学、所思、所悟运用到工作中，同时善于利用学习资源。沟通能力较强，在工作中能快速地打开局面，赢得宽松的发展空间，年级负责人真诚的沟通会使挡在教师之间无形的墙逐渐瓦解。个人的工作经历对现有工作会提供些许助力。待人真诚，心怀感恩之心，能以一种积极的状态去工作，对周围的教师和学生有一定的感染作用。第二劣势分析写到了，自己在精细管理上要加强，例如走班管理：教学班、行政班、社团管理难度增加，需多读一些管理方面的书籍，多思考，学会管理，精细管理。把过多精力投入年级管理中，在教学中深入思考少了很多，提升得有些慢。理论水平有待加强：一年来感觉做了不少事情，却不能高度提炼和整理出来。克服紧张、避免急躁，年级的工作千头万绪，但紧张、急躁往往不仅不能提高效率，反而增加出错的概率。适当学会放松、缓解紧张情绪，合理安排时间，或许效果会更好。做事情过于较真，变通能力有待提高。很多事情和自己所理解的有偏差时，不能快速接受。第三在机遇和挑战分析到，自己存在的机遇：任何一次改革对老师来说都是机遇，但机遇与挑战并存，艰辛与鞭策同在！自己面对的挑战：一是课程方案的顶层设计。过去我们基本上是按照教育行政部门统一的课程思路实施，但新高考改革使我们的课程自主性增强了，如果学校课程与学生的现实水平和需要相匹配，综合考量学生、教师和学校的特点进行设计，高效率教学就有了基础。二是走班评价的顶层设计，需要建立多元评价体系，现在初步在做。三是教师对于自己学科不同层次的把握，老师长期以来以教材和教学参考资料实施教学，很少去思考课程标准下针对不同学生的教学目标和实施策略。四是走班制下班级、年级管理模式的创新。第四困难分析指出，一是自己在走班管理实操方面经验欠缺：近一年一直在准备高二走班相关事宜，规划设想理念层面多些，实际操作层面同市里名校年级管理者还是有差距，希望能有机会近距离了解和学习。二是在自主招生方面的途径和操作掌握少：据北京高考改革方案一、二本合并，社会对学校高考的关注度很大程度是在考取清华、北大学生人数上。那就意味着学校自主招生这方面必须有所突破，从高二就应该着手准备，需要多渠道了解和学习，做到未雨绸缪，实现与高考无缝对接。三是每年 7 月是高考成绩发布的时候，教育理想、教育价值等都经受着"考试成绩"的评价，我们 2019 年是课改的第一年，学生分类、分层，教师面对群体的多元复杂性，我们如何严把教学质量关？一是评价到位；二是长期深入各备课组了解情况，发现问题，及时解决问题；三是走班管理、教学质量的把控，教师、学生评价体系的建立，活动课程设计等如果想要做出特色来，每一项都有很多具体事情要做，要亲力亲为，需要大量的时间和精力，有些力不从心。正是基于高二年级主任的自身的充分认识，她在工作过程中善于利用自己的优点引领年级工作，发挥集体的智慧弥补自身的不足，在年级整体"和"文化的引领下，学校的走班工作规范、有序、科学运转。这个案例充分地证明教学干部只有充分地认识自己，才可能为教学领导力的潜能开发奠定基础。

2. 价值领导力是教学干部教学领导力的方向

价值领导力是教学干部领导力的基础和方向，如何通过正确的价值引领，让全体教师共同为正确的愿景而努力是当前教学干部要加强的环节。因此，价值领导力是教学干部教学领导力的方向。

第一，教学干部要树立正确的教学领导力价值观念。现在教学干部价值观念主要体现在参与教研活动、布置任务提要求、听课评课、琢磨教学中存在的问题和教学应该怎么改进，这些都属于最常规且较低层次的教学管理。密云二中教学干部应该重视给予教师们教学理念上的指导，帮助教师确定适合的发展目标，给老师鼓劲加油，只有这些做到位了，学校教师才会欣然接受教学干部的价值引领，从而对学校发展理念和发展目标做到知晓、认同并积极转化为自身的教育行为，促进学校形成文化氛围：尊重学校每个成员的个性；善于发现和发扬学校每个成员的优点；关注和支持教师的专业发展；恪守公正、廉洁、效率的行为准则；承认和赞赏有效教学的实践与成就；注重公正、进取、合作、开放的学校文化的创设等，最终体现教学干部价值领导力。价值领导力是教学干部领导力的基础和方向，如何通过正确的价值引领，让全体教师共同为正确的愿景而努力是当前教学干部要加强的环节。

第二，教学干部要学会启动教师团队集体智慧。价值领导力是教学领导力的方向，方向不对，越努力错误越大；方向对，不努力工作也不会差。价值领导力是基于教学干部教学管理观念对教学活动的一种判断和引导，影响着教师们的愿景、思想、是非观和教育观等一系列主观意识。教学干部价值领导力不是一种单一能力，而是一组能力，是一个有机的系统。教学干部要把握教育的规律，判断教学活动中的各种现象，教学干部要有勇气面对各种挑战，教学干部的各种态度、立场和选择，对教师和学生发展都是极其重要的，这就是价值判断力。教学干部要让师生们感受到自己的价值观，要将自己的价值追求经过抽象概括，提炼提升而用简洁凝练、富有特色的语言表达出来，发挥价值表达力的作用。广大师生们擅长听其言，更擅长观其行，教学干部要注意思想和意识层面的东西，更要主动将它们转化为具体的教学管理行为，要使思想层面的东西能够落地生根。在这些工作实施过程中，教学干部要善于打造一支强大教师团队，激发教师团队集体智慧，才能在提高教学质量上大有作为。

第三，教学干部要提高教师们的认同感。因为，正确价值观的树立是实现完善自身和获取他人认可的有效途径，正确价值观有利于在符合自我要求和他人要求两个方面提升过程中增强认同感。所谓价值观就是人们对价值和价值关系所持的立场、观点和态度的总和。在教师群体中，教学干部正确的价值观不仅可以塑造教学领导者的身份，还可以有助于正确定位自己，提高别人对教学干部的认同感。在管理教学实践过程中，教学干部要学会如何做人，树立良好的教学干部形象，在教师团队中提高非权力的影响力，通过教学干部的正确价值观提升人格魅力，以此获得更多威信，从而使得周围教师们愿意与你为伍，一起努力奋斗，追求密云二中共同的愿景。

第四，教学干部要学会用价值领导力统领教学整体工作。因为在整个课题研究和实践过程中，笔者认为教学工作的系统性和一致性是提高教学质量的根本保证，也是有效教学的一个基本特征。教学管理工作一要让教育价值熟记于教学干部心中，教学干部要将教学价值从思想层面的价值转化到教师教学实际的行动当中去，要想方设法将教育价值具体化到对教师的教学、管理、评价等教学环节当中，只有这样，教育价值才能很好地发挥统领作用，教师群体的智慧才能更好地服务学校教学目标的实现，教学干部和教师们才能够形成合力，教学水平才会越来越提高，学生才会培养得越来越有品质。

第五，价值领导力提升指导意见：学校层面完善发展规划及办学理念，教学干部层面制定部门发展规划及本人管理理念，教师层面制定个人发展规划及教育目标。基于此，学校完善了学期工作思路；学校党总支创建"卓越"党建品牌；各个年级形成以"融、卓、和、自、赢"为核心的年级文化。

案例二，在价值追求领导力的策略引领下，教务主任在贯彻"强化教学质量意识，全面提高教学质量"课堂指导意见时，提出了他本人的教学观念：由适合教育的学生向适合学生的教育转变。正是这一提法，得到了大多数教师的认可，再加上他严谨的工作精神、正确的价值引领，转变了教师们的育人观念，使教师们欣然接受教学管理要求。教务主任在布置工作过程中，第一，他提出了统一思想，提高认识。一是提出必须落实教学工作基本思路：在教学工作中要紧紧围绕落实教学环节（有效备课、有效上课、有效作业、有效辅导、有效考评），提高教师对教学的认识水平、教学的技术水平、学生的准确表述，开展好教学活动。二是提出必须坚持对学情的基本定位：面向全体，重视教材；狠抓基础，立足于中低档题；在过程中培养学生的能力。三是要求必须坚持选题工作的基本原则：不追时髦；不脱离支撑学科的主干知识；不回避典型的成题。四是倡导坚持教学工作的基本策略：准确教学起点，提高管理水平；整体规划教学进程，有效实现阶段目标；正确把握教学规律，提高课堂教学效益；坚持成功经验，按教育规律办事。五是强调坚持学生社团建设是促进学生发展的有效途径：落实校本课程建设，探索竞赛课程和自主招生课程，为学生提供多样化、个性化的教育供给。六是指出真正落实课堂教学是德育的主渠道，实现全学科育人、全过程育人，养成学生良好习惯，开创民族团结教育的大好局面。七是要求贯彻新课标、新课程、新高考理念，探索新高考背景下的有效育人途径，根据新高考选择的设计逻辑，对走班教学进行规划和探索，做到最大可能地适合学生成长。八是强调进一步探索高端备课，引领教师转变观念，促进教师成长。九是要求再学新课标，提升学科素养。第二，他强化了规范教学行为，抓实教学过程。要进一步强化质量意识，严格教学环节管理。执行《密云县中小学课堂教学十项要求》《密云二中课堂教学常规》等要求，落实质量管理目标。教务处要开展定期和不定期的教学检查、抽查和督查，杜绝教学无计划、上课不备课、作业不批改、工作不负责等现象的发生；要抓好教师日常工作，坚持教学月查、随机抽查、推门巡查、跟踪督查、教学事故日通报制度，确保教学常规落实；要将"课比天大"的意识植根于每位干部教师的思想中，切实践实教学管理规范；进一步优化对教师教学工作的目标考核，完善教学质量管理的考评措施，调动每位教师的工作积极性。第三，他明确了改进教学方式，向课堂要质量，落实每一节课的教学目标。课堂教学以大面积促进学生有效学习活动发生为目标，引导教师有目的、有计划地组织学生实现有效学习，改变课堂教学中师生的单向交流，以多向交流为重点，自觉推进课堂教学改革。在课堂教学中要坚持启发式教学，坚持以讲授式教学为主，多种教学方式共存；坚持以情境创设为切入点，以问题解决为主线，以能力培养为核心，实施有效教学。如何落实学生的主体地位，充分发挥学生的主体作用，教师如何有效发挥主导作用是课堂教学改革的重点。课堂教学改革要重点突出有效教学，学生的学习过程是在教师指导下的自主建构的过程，各学科无论是知识的落实，还是能力的提高，都应让学生在经历观察、比较、分析、综合、抽象、概括的全过程中充分思考，去伪存真，这是有效教学的关键。基于对教学的基本认识，每位教师要自觉开展对课堂教学的研究，通过建立和谐的师生关系，改善课堂教学面貌；探索轻负高效的教学方法，构建民主、开放、生动、活泼的教学氛围，真正让学生动起来，让课堂活起来，让效果好起来；切实从提高课堂教学有效性入手，提高教学质量、切实减轻学生课业负担；要用教育教学理论武装自己，不断提高课堂教学质量；每位教师要从对每位学生负责的高度，从最后一名抓起，从双基抓起，从学生的学习习惯、行为习惯抓起，立足课堂，全面提升学生的学习能力；狠抓考风考纪，确保考试真实有效，大面积提高学生的学业成绩。以下七个方面为研究的重点：一是对新授课进行重点研究，以提高课堂教学关键环节（教学目标的制定、重点难点的确定、教学内容的优化、教学方法的选择、教学过程的设计、教学效果的反思、教学能力的体现等环节）的有效性为突破口，提高新授课的教学水平；二是对复习课进行研究，根据复习课具有的重复性、系统性、综合性、概括性、反思性的特点，重点解决好知识的呈现方式、内在联系、综合应用、学生对知识的高效落实和教与学效果的反思五个方面的问题；三是对试卷讲评课分学科进行专题研究；四是对导学案编制与使用进行研究，学案编写要体现学生自主学习的特点，体现对学生思维的诊断，体现问题、情境的创设，体现设计适于学生攀登的梯度，实现提高学生自主学习的能力，把导学案及基础年级练习册精品化工作真正落到实处；五是对作业及月考检测试卷的质、量进行研究，确保学生练习的有效性，并做到及时查漏补缺；六是对课堂教学大面积促进学生有效学习活动发生的实施方法研究，总结经验、固化成果，逐步深化；七是逐步积淀以"民主平等的师生关系、宽松和谐的课堂氛围、师生及生生对话的教学方式、科学开放的教学平台"为主要特征的教学文化。本学期正是在教务主任的价值领导下，教师们面对现有的生源，转变了教育观念，严格落实教学常规、抓好教学工作常态、积累教学工作常规、以问题推进为基本工作思路，以精微创新为基本工作方法，坚持安安静静做教育、认认真真做教育、踏踏实实做教育的工作态度。一个学期下来，我校的教育教学质量得到了显著提升。

3. 科研领导力是教学干部教学领导力的关键

教学干部科研领导力是指教学干部在学校教育教学中以科研为引领，将教学实践融入科研活动，让全体教师在教育科研中感受到不断自我超越的幸福，以科研带动学校整体工作的创新与发展。教学干部不仅需要具备较强的科研能力，自身还应是学校整体科研工作的倡导者、推动者、激励者和支持者，故此，科研领导力是教学领导力的关键。

(1) 教学干部要提升科研意识，利用课题引领教师破解难题。向课堂要质量，教学干部就要提高科研领导力，转变认识，重视教育科研在提升学校教育教学质量中的作用，向教育科研要效益。教学干部对科研的态度非常重要，教学干部要站在一定高度引领学校教育科研工作。提倡教师做行动研究，让广大教师在行动研究中成长，让学校在行动研究中办出特色，快速发展。

(2) 教学干部要亲自做科研，提升学校科研工作品质。在教育科研管理过程中，教学干部要带头积极开展教育科研，创造新的经验，亲自参与研究，以便更有效地指导全校的教育科研。教学干部亲自做科研，首先能够提升自身的科研能力和教育理论素养，在指导学校教师做科研时才会有充分的发言权，得到教师的认可与信任。其次，教学干部以管理者的身份亲自做科研，为树立教育科研典范起到带头、激励作用，并极大地鼓舞全体教师参与科研的积极性。教学干部在亲自做科研的过程中，会把自己的教学管理标准和人生价值观展示、传递给学校全体教师们。再次，教学干部直接参与科研课题整个研究过程，才能对科研的价值有切身体会，才能把教育科研与学校整体发展结合起来思考。最后，提升教学干部的科研管理能力，营造学校科学研究氛围，培育教师们做主动研究实践者，达到学校教育科研工作的最高境界。

(3) 教学干部要用科研的态度对待工作，用科研方法提升工作水平。笔者对教学干部个案进行观测，收集、整理有关过程资料，每周一定期召开课题组推进会议，针对呈现的问题，开展不定期的现场培训，过程中充分发挥典型案例的教育研究价值，带动中层干部反思自我教学领导能力，不断地产生积极的推动作用。笔者在实地调研过程中，发现部分教学干部经常开会，有时候出现开会效果不够理想，部分教师反映强烈的现象。笔者针对开会实效性问题，提出了开会指导意见，组织开会一定要确立明确的会议主题，让人一目了然会议是什么，清楚地认识开会的目的，组织者还要理解开会的目的，自身意识到开会工作是为什么，在备会过程中需要思考如何布置，在会议上如何准确地表述，最后，会议布置工作时，一定要写出工作方案，工作方案需学校审核，并在校办室进行存档。工作方案必须明确工作时间的节点，指出评价方式，这样做主要是解决评价问题。教学干部逐渐适应开会的标准思维模式，以便提升会议的针对性、实效性。在规范开会流程和质量意识的基础上，大部分教学干部都提升了开会这项基本功。

案例三，教科室召开教备组长会议时，严格遵照会议指导意见，首先明确了会议的主题："'十三五'密云二中教师学科核心素养与能力测试 2018—2019 学年度第二学期实施方案"，让所有人都认识到本次会议的内容是面向全体教师，并且是"十三五"重要的研修活动，让参加本次会议的所有人都对它肃然起敬。在方案序言中，指出方案是依据《"十三五"密云区中小学教师综合素养测试方案》特别制定的。让开会者认识到会议要贯彻上级工作要求或精神，意识到方案不是无源之水。第一，指明测试学科包含语文、数学、英语、物理、化学、生物、历史、地理、政治、体育、音乐、美术、信息技术、通用技术共 14 类学科，让非参与高考科目的教师也对会议重视起来。第二，明确测试内容、形式及各学科课程标准（2017 年版）。考试主要采取笔试的方式进行，时间 45 分钟，共 100 分，填空题占 60%，论述题占 40%，题目总数依据学科特点自行拟定。让所有参会人明确备考的依据和主攻方向。第三，强调工作安排，一是宣传动员阶段（2019 年 2 月），下发《"十三五"密云二中教师学科核心素养与能力测试 2018—2019 学年度第二学期实施方案》（以下简称《实施方案》），各教备组长面向全组教师进行宣传动员，统一思想，强化对此项工作的认识。各教备组一定要组织教师学习，充分理解《实施方案》的内容。二是研题、磨题、成题（2019 年 3 月 15 日前）。张雪燕（语文）、高明珠（数学）、王常忠（英语）、王化利（物理）、郭熙婧（化学）、侯妹仿（生物）、戴芳（历史）、郭卫星（地理）、刘凤云（政治）、范秀玲（体育）、刘洋（音乐）、刘洋（美术）、郑鑫悦（信息技术）、景丽（通用技术），以上教备组长依据本次测试内容及形式，于 2019 年 3 月 15 日 12 点前通过微信将测试试卷电子稿发给教学干部，并提供测试试卷的统一模板。三是测试实施阶段（2019 年 3 月 29 日

16:45—17:30），各组根据学校测试题反馈意见，修改后于 3 月 29 日前 1—2 天，到打印室自行打印本组试卷，严格遵照时间、考场安排进行闭卷笔试，届时学校进行巡查和评价，请各教备组长严肃考试纪律。学校整体安排集中测试考场。四是全面总结阶段（2019 年 4 月），各教备组长测试后抓紧时间阅卷，并于 2019 年 4 月 3 日 12 点前，将测试成绩单通过微信发给教学干部。随后，学校对测试工作进行全面总结，对在测试实施过程中涌现出的先进教备组、优秀教师进行表彰。第四，管理评价机制，为保障本次学科核心素养与能力测试工作有效进行，成立学校、教研组评价工作小组，客观公正地开展组织管理与评价工作。一是成立学科核心素养与能力测试领导小组，以校长为组长，教学干部为组员，领导小组负责整体统筹，对测试工作进行指导。二是组建学科核心素养与能力测试工作小组，成员为学科教备组长，他们的工作职责是负责宣传动员，开展组内培训、研题组卷、集中测试以及阅卷评价的组织与管理工作。

以上方案的准确表述，快速地让参会者认识到了为什么要开本次会议，要做什么以及怎样做。基于该会议的有效备会、有效开会、布置工作有效落实，最终，此项工作圆满完成，教学干部和教师们都满意，学校也很放心，效果也很明显。

（4）科研领导力提升指导意见：教学干部结合自身工作领域，带头投入科研工作，在工作过程中研究，在研究过程中提升工作能力；教学干部确定部门科研骨干，扩大科研队伍人员的数量；增大科研培训力度，提升教师们的科研工作能力和水平；引领教师们在教育教学中以科研为引领，将教学实践融入科研活动，在研究中学校得到发展，教师得到提升，学生成为最大受益者。

基于此，学校教学副校长主动申报课题《指向学科核心素养的大单元教学设计策略研究》，德育主任申报了《传统文化教育课程建设与实施策略研究》，其他主任也分别申请了《基于中考改革的初高中化学衔接策略研究》《新高考下普通高中分层选科走班策略研究》。最终，落实分解学校提出加强教育科研课题研究工作，转变育人模式的工作要求，突破德育课程研究、走班教学研究、教师队伍建设研究、学生培养研究。本学期，学校的最终目标是有 1—2 项市级课题能够立项。

4. 课程领导力是教学干部教学领导力的核心

课程建设是教育教学的核心工作，这就需要教学干部具备整合各种资源和协调各类人员的能力，对课程进行规划和设计、设置和实施、管理和评价、整合和协调。故此，课程领导力是教学领导力的核心。

(1)教学干部要树立正确的课程理念，优化课程设置，组织课程实施，改革课堂教学。本次研究的过程调查发现，个别教学干部在指导组织教学当中，最应需要注意的是教学工作协调问题；在策划教学活动当中，最应加强的是对学生发展的指导；在保障教学条件当中，最需要的是给教师发展提供资源；参与听课、参加教研组和备课组活动，对每次活动进行科学点评。课程领导力是教学干部领导力的核心，学校的中心工作就是教育教学。问题是现实的，作为教学干部，要紧紧围绕课堂，切实提升教学干部的课程领导力，就要勇敢面对存在的问题，坚持以学生发展为本，整体规划，系统设计，协调推进新阶段的课程改革，就能形成育人合力。

(2)教学干部要提升课程理念，学会与教师们共建课程体系。学校整体的课程建设能力和课程体系建设情况主要取决于教学干部的课程理念和教师的课程理念。故此，笔者认为教学干部需要和教师一起不断学习课程理念，达到共同提升的目的。具体来说，教学干部要结合新课改要求和教师一起学习课程改革的新思想，教学干部和教师都拥有了先进的理念，并掌握探究先进理念的策略，才能走向课程改革的制高点，更好地发挥教学干部的课程领导力。教学干部再将教师们都认同的课程思想、观点、信念结合在一起，去引领教师们共同创建统一的课程体系。教学干部还要注重率领教师们对教师课程理念的实践，将教师们的课程理念的内容运用于他们的教育实践。只有教学干部和教师都知道、理解和掌握课程理念，并经历和体验在其理念指导下的课程实践，才能准确把握课程发展方向，形成较高的课程领导力。

(3)课程领导力提升指导意见：强化教学干部学习国家课程方案和学校的办学方针，在充分理解新课程理念后，创造性地把国家课程、地方课程和校本课程有机结合，构建具有本校特点的学校课程体系，全面提升教育教学质量、办出学校特色、形成教育品牌。教学干部要领导课程建设，就要确立课程理念，优化课程设置，组织课程实施，改革课堂教学，实施科学评价，重点抓实课堂改革工作，提高课堂教学实效性。

笔者在整理课题过程有关资料，对我校教师结构进行系统分析、对比归纳后，提出基于密云二中现有的情况，学校需要构建教师分层分类成长课程体系。笔者便组织教学干部们进行大讨论，最终经过大家的共同研讨，本着遵循教师发展轨迹及职业生涯规划规律，以持续发展的视野思考，以本土的方式行动，出台了《密云二中教师阶段成长课程体系》，引领教师共同发展，终极目标就是建设一支师德高尚、结构合理、业务过硬、团结进取的专业化教师队伍。体系中主要依据我校教师专业发展现状，对教师给予不同的目标定位，制定分层梯队发展的具体指标，从不同层次激发不同教师个体的发展需求。密云二中教师阶段成长指标体系，首先，笔者根据教龄将教师划分为四个层次：入门教师、合格教师、优秀教师和卓越教师。其次，笔者分析了每个层次教师的发展起点，明确了成长任务、确立了多元阶梯式研修方式：入门教师"浸润式"课程培养；合格教师"养成式"课程培育；优秀教师"发展式"课程引领；卓越教师"自主式"课程助推。最后，笔者还从职业道德、专业知识、专业技能、工作绩效和奖励加分五个维度和十六条对教师的教育教学活动进行指导评价，为教师导引其专业发展的高标，为其指示最近发展区。

总之，在梳理课题研究过程当中，笔者获得了很多灵感和好的设想，有效地提升了教育教学工作，学校整体的教育氛围、教学文化等都得到了很大提升。最终，笔者根据课题整体实施过程及结果，撰写了《密云二中教学干部教学领导力现状和提升对策研究》报告，并提交给专家组进行评估和指导。

5. 关系协调领导力是教学干部教学领导力的保障

关系协调领导力是指教学干部作为人际关系协调者，统筹学校人际资源，创设学校和谐育人氛围的能力，关系协调领导力是教学领导力的保障。

(1)从调查来看，学校教学干部和老师们的关系整体情况反映良好，大部分干部在教学管理过程中遇到困难时，都能够查阅相关资料及向本单位领导寻求帮助，但是，在学校的人际关系中，最难处理的是同事关系和家长关系。虽然总体上来说，教学干部的关系协调力有较高的水平，但是教学干部个体之间发展很不平衡，特别是个别教务管理干部和其他优质学校的相比差异很大，需要提升的空间还很大。部分教学干部应该加强自身专业知识学习和技能的提高，强化与校长、教师和学生的沟通，增强人际协调能力。帮助教师获得上级部门、学术机构以及校外同行的支持与认同；指导与激励教师的相互尊重、理解与欣赏；发现与矫正教师的工作失误与不足。指导和帮助教师了解学生家庭以及同家长的沟通。教学干部关系协调领导力是教学干部领导力的保障，仅有正确的奋斗方向和具体的工作措施，没有学校全体上下以及校外力量的参与，学校的发展只能是空谈。

(2)关系协调领导力提升指导意见：加大教学干部与教师们沟通的渠道和力度，强化教学干部必须走进教师办公室、走进学生教室，寻找更适合校情、教情、学情的课改工作方法，在课改推进实施过程中，倾听广大师生的意见或建议，整合、借鉴、创新工作方式，形成良好的同事关系。

依据密云二中教学干部教学领导力提升对策的指导，全体教学干部都完成了自我分析报告、岗位职责及工作反思、部门细化工作计划；颁布了密云二中课堂教学指导意见；制定了学校发展规划；完善了学校章程。同时，在这些研究实施工作过程中，笔者还坚持不断反思，依据问题反馈，深入完善密云二中教学干部教学领导力的提升对策。笔者在反思教学干部工作风格过程中，发现个别教学干部在管理教学过程中，过高地看重自己，认为自己很了不起，脱离教师们的工作实际，与教师们没有很好的沟通，各种关系协调不到位，有严重的自负倾向，结果管理过程中出现一些大的失误。笔者提出教学干部在教学管理工作过程中，要做好长期艰苦奋斗的准备，还要有坚持批评与自我批评的良好作风，充分发动教师群体力量，做任何要求、决定等都要来源于教师，服务于教师，充分发挥关系协调领导力的作用。现在学校教师中青年教师占近一半的比例，教师培养亟待提升。招生方式改为校额到校后，学生的多层次化也是难题，高考招生制度改革，选科走班工作的推进，对教学管理都是极大的困难。故此，教学干部要对自己的知识能力、优点和缺点有正确认识，面对自己的教学管理，要正确对待，学会积极运用。要树立正确的管理观念，要自信不要自负。在教学管理的过程中，要正确把握事物的适度原则，懂得"凡事皆有度，过犹不及"的道理。在提升教学管理的过程中，只有拥有了正确的管理观念，才能对教学管理过程中遇到的问题有正确认识，知道什么该做，能做什么，如何去做。管理教学活动在一定程度上是一种有共同目标的团队活动，遇到困难和障碍是不可避免的，可能存在别人对你有误解、客观上的阻碍等问题，这时就需要我们正确对待，相信教师群体的力量，走近教师，了解情况，沟通问题，交换意见，征集方法，调整策略，帮助教师，服务教师，融化矛盾，建立良好的管理关系，提升教师们的信任感、责任感，让教师们相信教学干部有能力解决问题。同时，在发挥关系协调领导力作用的同时，积极构建教学干部和教师们共有的价值观和行为准则，依据这些软文化基础，教学干部带领教师们落实教学工作实践。笔者觉得无论是教学干部还是教师，在不同的情境中都会受客观因素的影响，会面对多重的选项，只有在群策群力的基础上的决策才是理性的选择，对教学管理目标的实现起着决定性的导向作用。

在本课题研究、各种教学领导力对策实施过程中，提高了教学干部教学领导力，提升了教学和教研质量，学校教育教学工作科学、高效运转。基于此，学校出台了《密云二中德育课程体系》；制定了《密云二中教师成长课程体系》；颁布了《密云二中课堂教学指导意见》；出台了《教学干部领导教学十项要求》；完善了《密云二中五年发展规划》；修改了《密云二中学校章程》；完成了《密云二中教学干部教学领导力现状和提升对策研究报告》。

三、研究结论与反思

（一）主要研究结论与发现

1. 教学领导力结构模型（见图2）有利于教学干部整体理解教学领导力

教学领导力结构模型主要帮助教学干部解决教学领导力认识问题，引导他们不能孤立地看待自我认知、价值、科研、课程和关系协调领导力，要学会联系化、系统化地看待这五个方面，将它们整合到教学领导力统一体系中认知理解。自我认知、价值、科研、课程和关系协调领导力是教学干部必须具备的适应终身发展和管理教学工作必备的品格和关键能力，它们相互制约、相互促进、相互检验、相互证明。教学干部要提升自我认知、价值、科研、课程和关系协调领导力，每个方面都应深刻理解，这是整个课题研究的基础。

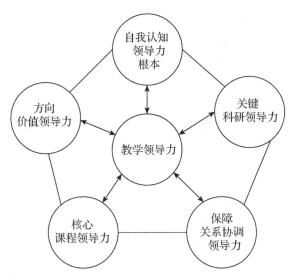

图 2　教学领导力结构模型

2. 教学领导力提升对策有利于精准定位教学干部奋斗目标

基于对教学领导力的全面领悟和理解，如何借助教学领导力提升对策，帮助教学干部实现从不会领导教学到学会领导教学、从不擅长管理教学到娴熟驾驭教学管理等的转变，促进教学干部教学领导力全面而又个性地发展，是本课题必须解决的问题。教学领导力提升策略的提出从本校教学干部教学管理工作实际出发，进行调研、诊断、指导、研讨，最终形成了教学领导力提升策略，这些策略是针对本校教学干部教学管理的弱点、盲点、缺点、难点、重点、关键点和提升点等，有针对性地提出来的。教学干部很容易意识到自身现有的问题、隐性问题、发展性问题等，并主动归类这些问题是属于自我认知、价值、科研、课程、关系协调领导力中的哪一项，从而找到自身努力的方向，准确制定提升的目标，依据提升策略的指导，主动落实指导的方法，敢于在实践中改进。最终，能够不断地完善自我认知、价值、科研、课程、关系协调领导力。

3. 教学领导力研究过程有利于突破教学管理的重点和难点

开展本课题研究能够聚集校长、副校长、主任、副主任、教研组长和备课组长等所有的教学管理的关键人物，针对学校全部教学活动开展调查研究，能够聚焦教学过程中的全部问题。针对这些教学管理中的问题，在专家团队的指导下，在大家共同智慧的作用下，就能够很清楚地对问题进行归纳分类，通过对现象的分析，认清问题的本质。同时，还可以制定科学有效的措施，治疗教学管理中的顽疾，扫清管理教学中的障碍，突破制约教学管理的瓶颈，解决教学管理的重难点，实现学校教学质量的新跨越。再有，解决这些问题能够让教学干部们乐在其中，在研究过程中收获认识、感悟、成功，同时，也解决了自身的发展问题、部门的困扰问题，解决了教学管理工作的难点和疑惑点，为教学干部的长期发展奠定了坚实基础，并提升了教学干部和其所在部门的教学领导的权威。

4. 基于领导力的研修活动有利于推动学校各项工作创新发展

教学领导力校内研修活动拉近了校长与教学干部的距离，化解了教学干部与教师的管理矛盾，成为教学干部理解教学管理内涵、教学管理方法、进行教学活动设计的重要途径。教学干部在组织管理教学活动时，关注教学活动内容(是什么)、教学活动目的(为什么)、教学活动流程(怎样做)和教学活动标准(做得怎么样)，经过系统思考后，再调整、确定教学活动方案。当教学活动实施要求与教学干部已有的经验产生冲突时，教学干部会主动寻求上级、平级和下级的帮助，在理解的基础上调整自己工作实施的重点，创造性地开展、推进各项教学管理工作。综上所述，密云二中教学干部教学领导力研修活动的深入开展，搭建了教学干部开展教学管理与实现管理目标的桥梁，搭建了实现教学管理目标与教学计划及实施的桥梁，为提升教学干部教学领导力、改变其心智模式提供了支持。

(二)研究反思

教育科学研究重在实践应用，针对研究过程和研究成果有以下两方面的经验和思考。

1. 课题研究坚守实践导向，适应性强，需继续加强不同层次教学干部均衡性的发展

整个研究过程注重实践，从 2017 年 9 月初步形成研究方向，到 2017 年 10 月解决关键性问题，课题研究对象选取不同层次、不同岗位、不同部门的所有教学关键人员，确立为教学干部研究主体，目的就是全面诊断、检验与实践教学领导力的提升策略。笔者在开展课题研究过程中，坚持边研究边实验，边实验边改进的基本原则，通过不断地反馈，逐步完善教学干部教学领导力提升策略。全样本的研究很好地保证了研究的科学性与适应性，为保证研究成果的应用效果，还需继续加强不同层次教学干部均衡性的发展研究与实践。

2. 基于教学领导力模型建立，针对教学干部的实际问题，提高了对策的有效性，加强了研究过程中的实践性及研究工作机制的系统性

本课题研究过程中，不能够全部进行实地案例研究，主要通过教学领导力提升对策指导全体教学干部整个教学动态的实施过程，教学干部要由"被"指导转变为"要"提高，由"接受"到"创造"，研究意识和系统思考的习惯得到了培养。但是，仍需继续完善研究工作机制，建立教学干部长效提升机制，帮助每位教学干部都得到科学、规范的指导，确保教学干部实现人人都提高、人人都发展、人人都进步的目标。

参考文献

[1]梁金霞，丛春侠. 高校中青年干部领导力提升研究——干部培训"课题研究与教学一体化"的有益尝试[J]. 国家教育行政学院学报，2011(2).

[2]温倩. 中小学校长教学领导力现状调查与对策研究[D]. 兰州：西北师范大学，2014.

[3]杨向谊，杨姣平. 提升教学领导力——中小学教研组长的角色、培养与管理探析[J]. 上海教育科研，2006(6).

[4]李晓贝. 中小学中层干部执行力要素研究[D]. 石家庄：河北师范大学，2014.

[5]王学军. 学校中层干部执行效能研究[D]. 上海：华东师范大学，2009.

[6]杨富兴，康悦. 提高中小学中层干部执行力的对策[J]. 河北教育(综合版)，2015(Z1).

[7]毛志挺. 中层干部如何在"教学"和"管理"上做到平衡[J]. 教书育人，2008(23).

[8]余珊. 学校中层干部的领导艺术[J]. 商情(科学教育家)，2008(6).

[9]余明丽. 中层领导如何抓好农村学校教学管理[J]. 民营科技，2012(6).

[10]章立早. 完善中小学中层领导干部选拔和培养机制[J]. 教学月刊·中学版(教学管理)，2012(11).

[11]周胜权. 基于学校教学领导力建设的教学质量提升——瑞安市塘下教育学区学校干部教学领导力建设的实践与反思[J]. 教学月刊·中学版(教学管理)，2012(12).

[12]彭民工. 新任中层领导干部的角色定位[J]. 领导科学，2013(19).

[13]李雪红. 多元智能理论在学校中层领导干部培养工作中的运用[J]. 广西教育，2015(5).

[14]石军，张立伦. 学校中层干部如何兼顾教学与管理[J]. 广东教育(综合版)，2015(7).

[15]李森，张涛. 教学领导的内涵、功能及策略[J]. 西南民族大学学报(人文社科版)，2006(3).

[16]陈敏华. 高中教学领导力模型研究[D]. 上海：华东师范大学，2010.

[17]褚宏启，刘景. 校长教学领导力的提升——从"大校长"该不该进"小课堂"谈开去[J]. 中小学管理，2010，232(3).

[18]赵茜，刘景. 我国校长教学领导力模型研究[J]. 中小学管理，2010，232(3).

[19]张杰. 中小学中层干部教学领导力提升策略研究[D]. 哈尔滨：哈尔滨师范大学，2014.

[20]陈勇. 实施教学领导：困境及对策[J]. 内蒙古师范大学学报(教育科学版)，2009，(1).

[21]hallinger，P. & Murphy，J. Assessing the Instructional Management Behaviors of Principals. *The Elementary School Journal*，1985，86(2).

[22]Hallinger，p. and Murphy，J. Assessing and developing principal instructional leadership. *Educational Leadership*，1987，45(1).

[23]李家成. 学校变革视野下的中层管理者成长[J]. 人民教育，2007(24).

[24]Weber，J. R. leading the instructional Program. *ERIC Document*，1989.

[25]贺建清. 中小学校长教学领导力测评研究——以江西省为例[J]. 南昌师范学院学报，2017，38(1).

向阳中学学校文化建设研究①

北京教科院燕山向阳中学　韩玉彬

本课题在对向阳中学历史、发展现状、未来展望等方面分析、调研基础上论证了学校在办学特殊时期进行学校文化建设的必要性与可行性，以此展开学校文化建设的实践研究。围绕"办什么样的学校、培养什么样的人"两个核心问题，通过梳理向阳中学校史，分析学校发展现状，反思辩证、归纳提炼，确立了学校"向阳文化"主题和"为每个学生发展铺垫阳光之路"的办学理念，并在办学理念统领下构建出向阳文化理念体系以及实践体系部分内容，进而形成学校文化方案主体框架。本研究证明学校文化建设为实现学校文化育人、科学治理、特色办学提供平台，对营造更加良好的学校育人环境，提高整个学校的生机、活力和社会影响力有重要作用。

一、课题研究基本情况

（一）研究背景

1. 政策背景

长期以来，学校文化建设都是我国教育发展过程中的一个重要问题，是学校持续发展和改进的必由之路。2006 年 4 月，教育部发布《关于大力加强中小学校园文化建设的通知》，明确学校文化"是学校

---

① 指导教师：北京教育学院李春山教授；清华大学附属中学王殿军校长。

教育的重要组成部分，是全面育人不可或缺的重要环节"，同时指出学校文化"是展现校长教育理念、学校特色的重要平台，是规范办学的重要体现，也是德育体系中亟待加强的重要方面"。这就从国家的角度，对学校文化建设在我国教育工作中的重要性给出了清晰的定位，也为中小学开展学校文化建设提供了政策依据。2004 年、2010 年教育部发出了加强高等学校、中等职业学校校园文化建设的通知，更凸显了学校文化建设的重要性。《北京市"十二五"时期教育改革和发展规划》提出了北京教育目标，其具体目标中提出要"加强校园文化建设，评选 500 所中小学校园文化建设示范校"。北京市教委于 2013 年启动了中小学学校文化示范校建设与评估活动，委托北京师范大学学校文化研究中心主任张东娇教授主持该项目，2014 年项目组出台了《北京市中小学学校文化示范校建设与评估指标体系（试行）》，前后分三批完成示范校验收工作，并形成了学校文化建设北京经验。

"规划学校发展"与"营造育人文化"也是《义务教育学校校长专业标准（试行）》中提出的两项校长专业职责，在具体要求中提出校长要"注重学校发展的战略规划，凝聚师生智慧，建立学校发展共同目标，形成学校发展合力""精心营造人文氛围，建设优良的校风、教风、学风，设计体现学校特点和教育理念的校训、校歌、校徽、校标""尊重学校传统和学校实际，提炼学校办学理念，办出学校特色"等。

2. 时代背景

"培养什么人、怎样培养人"，是我国社会主义教育事业发展中必须解决好的根本问题。党的十八大报告提出："坚持教育为社会主义现代化建设服务、为人民服务，把立德树人作为教育的根本任务，培养德智体美全面发展的社会主义建设者和接班人。"十八大报告明确把"立德树人"写进教育方针。习近平总书记在全国教育大会上指出，要努力构建德智体美劳全面培养的教育体系，形成更高水平的人才培养体系。要把立德树人融入思想道德教育、文化知识教育、社会实践教育各个环节。学科体系、教学体系、教材体系、管理体系要围绕这个目标来设计，教师要围绕这个目标来教，学生要围绕这个目标来学。

鉴于学校文化建设在教育中的重要性，以及在当前弘扬中华优秀传统文化，落实立德树人根本任务的时代背景下加强学校文化建设的必要性，本研究从实践的角度，重点关注"向阳教育"品牌下学校文化理念体系部分的建构，兼顾理念文化引领下的学校文化实践体系框架的构建。

3. 学校背景

(1)基于我校办学历史

我校于1971年初具雏形，1972年2月正式建校，是中石化下属燕山石化公司所在地区的一所具有近50年建校史的学校，原校名为"北京市燕山向阳学校"，建校最初是"燕山石化总厂"下属向阳厂、曙光厂的子弟学校，涵盖小学、初中、高中三个学段。1981年高中部撤出重组；1986年，向阳学校小学部从学校分离出去独立办学；同时，向阳学校更名为"北京市燕山向阳中学"。20世纪80年代末，学校脱离厂办关系，划归地方政府办学。我校曾为燕山石化公司及社会培养出科技、管理、教育等各行各业众多优秀人才，先后获得过北京市各级各类各种荣誉称号，还曾被教育部授予首批"现代教育技术实验学校"，为燕山教育史书写了亮丽篇章。

进入20世纪初，"十一五"时期学校提出"以学生发展为目标，以教师发展为核心"的办学思想，但是由于有关主体参与度不高、制度形态长期遭到忽视、文化根基不深、评价监督机制尚未建立等因素，使得这一思想并未在向阳中学师生学校生活中落地生根，导致学校实质上长期缺乏文化引领。2007年起，由于连续8年教学质量滑坡，加之学校位于燕山石化工业区与商业区交会处，常住居民几乎全部搬迁，截至2017年春季学期，全校不足150名学生，教师精神状态、教学成绩都处于办学低谷期。学校师生需要精神感召、文化号召、制度改进，唤醒办学生机，振兴光荣办学史。2016年10月26日，学校整体搬迁至新址办学，2017年3月16日，经房山区燕山工委、办事处决定，学校正式与北京教育科学研究院合作办学，更名为"北京教科院燕山向阳中学"，燕山教委同时对学校领导班子做出调整，教师队伍得到壮大，这一切举措为学校梳理历史文化、寻找未来办学方向、重构学校文化做出良好的铺垫。

(2)基于我校未来发展需求

2017年3月起，学校领导班子提出"内强素质、外塑形象"学校发展策略，在全面展开学校管理、教育教学改进、加强社区合作、家校合作的同时，积极宣传学校办学新貌。经过近一年的管理改进，学校师生精神面貌、教育教学成绩呈现出正向发展势态，全校上下人心思齐。因此，明确办学理念、构建学校文化体系，以文化引领学校发展，树立品牌意识，打造优秀教育品牌既是校长管理职责也是学校发展的需要。作为学校教育的重要组成部分和全面育人不可或缺的重要环节，学校文化建设对学校发展具有长远意义，它可以提高整个学校的生机、活力和社会影响力。

4. 实践意义

本研究无论是对向阳中学，还是其他中小学校文化建设及学校发展规划都具有实践意义与参考价值。对向阳中学来说，通过本研究，可以了解影响学校文化建设的主要因素，反思并更新学校文化建设的理念，促进教师树立"文化立校"的目标意识，使学校在"向阳文化"统领下办学特色更加鲜明，教育教学质量得到迅速提升；探索以文化来管理学校，使"向阳文化"深入师生、燕山百姓心中，把学校办成"普通社区内不普通的学校"，实现文化育人。此外，通过本研究，可总结我校文化建设的途径与手段，以及一所老校在发展低谷期如何进行文化重构，实现学校振兴，为其他学校进行学校文化建设提供经验与借鉴，促进各学校通过加强文化建设改进或提升办学质量及社会影响力，具有积极的研究意义。

（二）研究综述

2006 年 4 月，教育部发出《关于大力加强中小学校园文化建设的通知》以来，引来教育教学工作者的高度重视，纷纷对中小学学校文化建设做了实践与探索。据不完全统计，全国有近千所学校取得成功经验（参考已发表于中国知网的学术论文数量）。目前，有关"学校文化建设"的论述已初具规模，这也成为中小学学校发展的动力。在中国知网"中国期刊全文数据库"中，时间跨度从 2003 年到 2018 年，以"校园文化建设"作为关键词进行检索，检索相关文献共计 21884 条。根据论文内容，可以分为以下几个方面。

1. 学校文化建设相关概念及实践理论

刘艳伟[1]在《学校教育中的理念创新与文化建设》中提出文化建设是学校凝聚力和办学活力的源泉，也是推动学校发展的无形力量。学校文化的影响力表现在：一方面，在价值、思想层面上调节师生的精神状态；另一方面，培育和激发师生的内在信念、理想、情感，使师生获得源源不断的精神力量，进而有效地参与学校管理和发展。校园是每个孩子学习生活的地方，是他们成长的摇篮，也是他们实现理想、放飞梦想的地方。

北京师范大学张东娇教授在《研讨式评建：学校文化建设北京经验》一书中具体明确了"北京市中小学学校文化示范校建设与评估指标体系"[2]，对学校文化建设途径、手段、内容等给出学术性指导以及一般范式。此外，她还在《学校文化管理》一书中对如何撰写学校文化建设方案做了详尽说明，并给出了学校文化方案优秀范例——《博雅精神，儿童世界》[3]。

清华大学石中英教授在《学校文化建设：三个基本概念》[4]一文透彻分析了学校文化建设涉及的三个基本概念，即文化、学校文化和学校文化建设。最值得借鉴的是文中给出一所老校进行文化重构的主要工作以及学校文化建设中要注意的一些问题。

2. 学校文化建设的实践探究与经验分享

张苏在《中小学校长如何理解、建构、践行学校文化——以长春市第八十七中学为例》[5]一文指出学校文化在本质上代表了学校的一切物质和精神领域。由于学校文化的复杂性和系统性，学校文化的构建过程是一个逐步积累、不断优化、回望过去、面向未来的过程。

林允修在《建设校园文化引领学校发展——校园文化建设的探索与实践》[6]一文中指出学校文化是一所学校在长期的教育实践中积淀和创造出来的，并且为其全体成员认同和遵循的价值观念体系、行为规范准则和物化环境风貌的一种融合和结晶，表现为学校的综合个性。因此校园文化建设并不是一朝一夕就能完成的，这需要长期的积累与沉淀，正如人们所说："十年靠制度，百年靠文化"。

钮小桦在《北京二中学校文化建设理念与实践解析》一文中分享了个性化学校文化建构的体会[7]。文中指出学校文化建设的核心是建设最适合师生全面发展、个性发展、可持续发展的文化。钮小桦有自己的"话语系统"，他的"空气养人"使人耳目一新。北京二中"空气养人"理念下的学校文化建设体现了实用、贴切、自然、高雅等特征。

3. 对学校文化建设的反思及建议

北京教育学院孟瑜副教授在《学校文化变革的受阻原因、实施方法及阻力应对》[8]一文中从学校文化假设面临的障碍的角度，对如何进行学校文化建设进行了分析。她认为，学校文化建设过程中，可能会由于利益冲突而面临学校领导层面意识淡漠的问题，也可能会由于对未来的不确定性和对自己利益的考虑而不被教职工理解，同时也可能面临学校教职工因习惯于原有学校文化而产生的惰性依赖心理。因此，在进行学校文化建设时，要注意移情和倾听、沟通和培训，并邀请教职工参与决策和对先进个人和团队给予支持与表彰。[8]

张东娇教授把学校文化分为精神文化、物质文化、制度文化、行为文化。精神文化是统领，制度文化和物质文化是外在表现，行为文化是精神文化的转化。诸多专家学者一致认为学校文化的核心是学校价值观念，学校核心价值观即办学理念。也有专家就新老学校各应如何进行文化建设、文化建设中应该注意避免出现哪些偏差提出了理论指导。

专家学者、校长们对学校文化建设的研究成果，既有系统理论研究又有实践成果论证，论述的角度也从整体特色研究到个案分析俱全。学校文化研究内容包括中学学校特色文化建设、校长在学校制度文化建设中的角色定位、初中校园文化建设诸多方面。

总而言之，国内学校文化建设的研究成果颇丰，对本研究都非常具有理论指导与实践借鉴作用。然而学校文化建设仍有待解决的问题：（1）部分学校的领导者还没有充分意识到校园文化建设对学校发展的重要意义和积极作用，因而相当一部分学校的校园文化建设工作基本处于无意识的被动状态。（2）对学校文化理解不全面，缺乏对学校文化内涵的深刻思考，学校文化建设只是停留在环境建设上，没有真正走进教师和学生的心中。（3）学校文化建设工作缺乏评价监督机制等。

针对上述问题，新形势下社会主义核心价值观为中小学学校文化建设提供了指导思想。此外，可以把学校章程作为载体，创建和发展学校文化。在文化建设过程中要把过程性评价和终结性评价相结合，注重评估反馈。学校文化建设中应注意充分发挥不同主体作用，共同建设学校文化。

本研究在参考前人理论、实践的基础上，本着尊重与扬弃的原则，对向阳中学学校文化进行重新构建，研究制定适应学校当下与未来发展的"向阳文化"学校文化理念框架，撰写学校文化建设方案，从而实现文化引领学校全面改进与未来发展。

（三）核心概念界定

1. 文化

在理解文化这个概念的时候，教育学界多喜欢引用英国人类学家泰勒（E. B. Tylor）对文化的定义："所谓文化或文明乃是包括知识、信仰、艺术、道德、法律、习惯以及其他人类作为社会的成员而获得的种种能力、习性在内的一种复合的整体。"[4]在泰勒之后，英国著名的文化理论家和马克思主义思想家威廉姆斯（Raymond Williams）给文化下了一个极有影响力的定义："文化是表达或控制各种社会关系的生产结构、家庭结构及制度结构，是社会成员相互之间进行交往的独特形式。"[4]

2. 学校文化

关于什么是学校文化，并没有统一的定义。根据顾明远主编的《教育大辞典》，学校文化指校内有关教学及其他一切活动的价值观念及行为形态[9]。这一定义较为简洁，是从狭义文化的概念出发。石中英在《学校文化建设：三个基本概念》一文中给学校文化下的定义为"以学校价值观念为核心的学校生活中一整套的观念体系（教育观、教学观、学生观、评价观等）、制度安排（正式的和非正式的制度）、行为方式（工作方式、交往方式等）、语言符号（标语、口头语、教学用语及一切可识别的符号）、风俗习惯（包括各种学校仪式）以及环境建设（校园自然环境、人工环境和建筑物的利用方式等）的有机体。"[4]。在对国外有关"文化"概念和研究梳理的基础上，北京师范大学教育学部张东娇教授认为，"学校文化是学校全体人员共同创造和经营的文明、和谐、美好的生活方式，是学校核心价值观及其主导下行为方式与物质形态的总和，包括学校精神文化、制度文化、行为文化和物质文化。学校文化可以概括分为理念文化体系与实践文化体系两部分。"[6]本研究采用张东娇教授对学校文化的定义与分类。

3. 学校文化建设

石中英在《学校文化建设：三个基本概念》一文中给学校文化建设定义为："学校文化形成或不断重构的过程，对于一所新的学校来说，就是形成一所学校文化的系列活动；对于一所原有的学校来说，学校文化建设是学校自主地、理性地对已有学校文化的总结概括、分析反思，在此基础上根据学校改革和发展的新目标引入新的文化要素对已有学校文化进行改造和重组，以弘扬学校优秀文化传统，创建学校的新文化的过程。"[4]我校文化建设类似第二种情况，因此在实践研究中多处参考借鉴石中英教授该篇论文中的观点、建议。

本研究在"学校文化"概念上遵从张东娇教授的观点，即"学校文化是学校全体人员共同创造和经营的文明、和谐、美好的生活方式，是学校核心价值观及其主导下行为方式与物质形态的总和，包括学校精神文化、制度文化、行为文化和物质文化。"[2]同时，在实践研究中，为保证学校文化体系内容逻辑合理、结构简洁有效，决定以"北京市中小学学校文化示范校建设与评估指标体系"做学校文化方案的结构参照，因此我们也一并依从张东娇教授的观点，把"精神文化叫作学校办学理念体系，制度、行为和物质文化构成学校的办学实践体系"。[2]

本研究认为学校文化是全体师生共同追求的学校价值观及其统领下的行为方式与物质形态总和。它包括精神文化、制度文化、行为文化和物质文化。"办什么样的学校"与"培养什么样的人"是学校文化建设的核心问题。一所学校的文化关乎全校师生的校园生活质量与办学质量，需要全校师生共同建设、经营与不断改进，学校文化建设之目的在于促进学校文化育人、科学管理，促进师生适应社会发展。

（四）研究目标与研究意义

1. 研究目标

（1）确立向阳中学学校文化品牌、学校核心价值观，即办学理念。

（2）围绕学校核心价值观设计向阳中学学校文化体系。包括学校精神文化、行为文化、制度文化、物质文化。其中，物质文化是基础，精神文化是灵魂，制度文化是纽带，行为文化是载体。

（3）撰写学校文化建设方案。

学校文化建设不是一蹴而就的，它需要在实践中探索与总结，需要长时间地去修正与积淀，需要让每一位向阳人从心底认同并产生归属感。

2. 研究意义

（1）学校文化是指以学校办学理念为灵魂、以师生为主体、以学校教育教学为主要内容、以校园为展示空间的文化形态。它建立在学校教育的基础之上，是学校办学历史和文化积淀的结晶，也是学校提升发展内涵、凝练办学特色、提高办学水平的重要形式，是学校展现个性和实现发展突破的重要平台。

"向阳文化"学校文化体系的建立是向阳中学学校历史、现实和未来的文化通道，向学校成员传递学校核心价值观、发展愿景、行为规范、课程体系、管理制度等信息，并加强学校与社会、社区、家长之间有效沟通，联合建立绿色育人空间起到纲领、指导、宣传等作用。

（2）"向阳文化"指引学校文化立校

向阳中学学校文化建设从学校校名与建校 45 年历史中提炼优秀文化基因，结合学校发展进行文化重构，以"向阳文化"命名学校文化，抓住太阳具有红色教育意义，具有真、善、美等精神象征意义，加之以趋向动词"向"，完全可以诠释"向阳"意义——引领师生求真、向善、崇美，这恰恰符合社会主义核心价值观的内涵。

"向阳文化"的构建研究与实践，有利于培养学生正确的人生观、价值观，培养德智体美劳全面发展的青少年，为学生的未来而做教育；学校文化建设最终目标是营造文化育人的软条件与校园环境，实现教育立德树人的根本任务，为祖国未来培养品学兼优的建设者。因此，我们要研究构建的"向阳文化"是提升学校办学品质的学校文化，是着眼学生未来发展的学校文化。

"向阳文化"学校文化体系建设经验能够促进学校优质发展，可以实现我校办学目标，给更多类似校以文化建设促进学校全面改进的启发，从而影响更多学校的优质发展。

(五)研究内容与研究方法

1. 主要研究内容

(1)通过校史研究与学校办学发展分析，确立学校核心价值观，即学校办学理念。学校价值观念是学校文化的核心和灵魂，支配整个学校生活。它是学校发展所秉承的价值追求，其核心聚焦在办一所什么样的学校和培养什么样的人这两个问题。学校价值观应与社会主义核心价值观一脉相承。

(2)在核心价值观的基础上进行学校理念体系(精神文化)研究。学校理念体系也是精神文化，是学校精神的高度概括，是师生创造的特定的精神环境和文化氛围，是一所学校的灵魂。它反映着全校师生的价值取向、理想追求和精神风貌，对学校制度文化、行为文化和物质文化具有统领和导向功能。其内容包括：办学理念、办学目标、育人目标、校风、校训、校歌、学校标识等。

(3)收集、归纳学校目前教育、教学行为，在学校理念文化指导下研究如何进行摒弃与改进，进而确立学校行为文化的内容。

(4)在学校理念文化基础上，结合实际条件，研究规划学校物质文化建设，包括学校物质环境、校园规模、建筑设备及校园环境布置等。

(5)在学校理念文化基础上，改进现有《向阳中学管理制度》，拟定《向阳中学学校章程》，研究设定制度文化内容。

2. 主要研究方法

(1)文献资料法：查阅学校档案室资料，提取与学校文化建设相关信息，加以分析、提炼、总结；查阅相关学校文化建设方面的论文、论著、报告、经验总结、统计资料等，结合课题需要提取有关论点、论据，为研究提供支撑与借鉴。

(2)调查研究法：通过问卷、访谈等方式，征求教师、学生对学校文化建设的意见与建议，以此为基础开展下一步的策略研究。

(3)思辨法：结合学校建设中的问题，对课题研究相关资料及研究草案，进行分析、综合、归纳、演绎。经过理性思维，得出准确、科学的研究结论。

(六)研究思路与实施路径

"向阳中学学校文化建设"课题研究主要分四步进行：第一，利用 SWOT

工具对学校文化建设进行客观分析，通过教师访谈、档案查阅等形成学校文化建设第一手资料，确定研究目标。第二，通过文献研究、史料调查与访谈等，针对研究任务与目标，做出具体研究计划。第三，利用相关研究方法，确立向阳中学学校文化理念体系，同时结合学校办学改进、研究、提炼的学校文化实践体系部分内容，最后形成学校文化建设方案草案。第四，收集各类反馈意见，合理修正，不断完善学校文化建设方案。

二、研究过程与研究成果

(一)研究过程

1. 学校文化建设背景 SWOT 分析

文化可以通过积淀与传承不断形成，也可以通过引进与创新来实现。通过对向阳中学内部与外部条件各方面内容进行综合和概括，进而得出向阳中学文化建设的优劣势、面临的机会和威胁(见表1)。

表 1　向阳中学文化建设 SWOT 分析

S(优势)：	W(劣势)：
1. 学校搬迁新址，环境文化建设处处留白 2. 学校有 45 年历史，档案室资料保存较好 3. 梳理校史、研判学校未来发展方向，形成学校核心价值观，全面改进教育教学与管理，能够唤醒教师工作热情，进而激发办学活力	1. 教师队伍涣散，多年处于教育教学研究停滞状态，缺少工作热情，学校文化建设的参与质量受影响 2. 学校生源少，学校文化建设的参与质量受影响 3. 学校文化建设从未在全校师生、家长层面共同分析、研讨、实践、反思过，缺乏参与经验
O(机遇)：	T(挑战)：
1. 教委大力扶持学校复兴，与北京教科院合作办学，鼓励学校文化建设 2. 新学校需要有统一价值观，对外宣传办学理念、目标、发展战略，进而赢得社会认可 3. 学校在未来三年将不断融入新教师，带来新鲜血液，增强学校文化生活活跃度	1. 学校多年处于发展停滞期，面临社会对新学校办学质量的考验，文化建设的作用及效果不能马上凸显 2. 学校文化建设非一朝一夕能完成的工作，需要时间、实践的打磨与验证 3. 社会、家长们更愿意看到学生学习成绩的尽早转变，因此文化建设必须要在教育教学改进上着力

辩证法告诉我们，优势和劣势、机遇与挑战都是相对的，即在一定的条件下，劣势与优势、挑战与机遇可以相互转化。学校文化建设非一朝一夕能

完成的工作，需要时间、实践的打磨与验证。让每一位向阳人从心底认同学校文化，让他们产生归属感，他们终将成为学校文化的传承者和创造者。学校文化建设永无止境。综合 SWOT 分析结果，研究决定从学校发展主要需求、迫切需求展开文化建设研究，学校文化重构与学校教育、教学以及行政管理改进同步交叉进行，不急于求成，不苛求一步到位。在此共识上商讨研究路径，明确成员任务分工，细化研究阶段安排，同时展开文化建设全校宣传动员。

2. 学校文化建设访谈及问卷调查

课题研究设计了教师访谈提纲一份、教师问卷一份、学生问卷一份。教师访谈对象包括中层干部、骨干教师、在校工作 20 年以上教师、入职 5 年内青年教师，访谈过程采取一对一方式进行。通过教师访谈收集了解到教师队伍优秀人物事迹、办学中的感人故事、学校有影响力的大事、对如今发展意见、未来期许等。为学校优秀文化传承与改进提供了基础资料。

发放教师问卷 41 份，收回 41 份，参与度为 100%，且均为有效问卷。教师问卷既是一次学校文化建设意见征求稿，同时也是对学校文化建设工作的宣传。通过教师问卷调查结果统计发现，对调查问卷中提交的"办学思想""校风""校训""发展战略"教师认可度较高，可以形成共识；对"校歌""学生培养目标"等，教师们做出较多修改。于是，归纳整理教师的意愿与建议，再次研讨草案，做出改动。

发放学生问卷 290 份，收回问卷 283 份，均为有效问卷。学生调查问卷设计意图是了解学生对问卷中各项问题的看法，从培养对象需求角度构建适宜学生发展的实践文化体系。

3. 学校文化体系建设研讨与思辨

(1)共同研习《激发学校文化力：学校文化建设北京经验》系列丛书与索引文献，做出学校文化建设 SWOT 分析。

(2)对学校档案史料进行分类整理，提取课题研究所需信息，研讨制定"向阳中学学校文化建设实施方案"。

(3)随课题研究的展开研讨研究路径，设计教师访谈提纲、师生问卷，对回收问卷归纳整理，分析讨论问卷结果。

(4)按照《北京市中小学学校文化建设示范校建设与评估指标体系(试行)》框架，反复思辨，拟出"向阳文化理念体系"初稿。

(5)经学校教代会讨论，在教代会提出的意见与建议的基础上集中研讨、修改，最终形成"向阳文化方案"总体框架。

(二)研究成果

1. 研究确立我校学校文化主题，释义"向阳文化"

(1)通过调查校史与燕山石化档案馆了解到，20 世纪 70 年代初，来自全国各地的建设大军在燕山脚下开山破土，建设对国家发展具有战略意义的石油化工总厂。这些建设者的子女们从此以燕山为第二故乡，为解决他们子女的教育问题，各大化工厂办起子弟学校。向阳中学前身"向阳学校"即为向阳化工厂、曙光化工厂的子弟校。可以说向阳中学一经诞生就是一所承载光荣时代意义的学校。

(2)《汉语大词典》第三卷 139 条目 3545 页对"向阳"的解释为"面对太阳，朝着太阳"。通过百度搜索，收集整理"太阳"的象征意义，主要归纳如下几点：太阳象征革命烈士的精神永放光芒，象征强烈的创造欲与火花，象征善的理念，象征光明和温暖，象征生命和力量。此外，太阳还是自由、光明、幸福、美、热情、杰出、高尚等的代名词。

(3)结合校名、校史、向阳词义、太阳象征意义以及新时代教育"立德树人"的根本任务，对"向阳"赋予新的教育价值理念，即：继承先烈光荣革命传统，响应新时代党的教育方针，努力培养祖国未来的优秀建设者、接班人。从而确定我校学校文化就以"向阳文化"为主题。

2. 研究确立学校核心价值观

(1)整理历届校长办学思想，主要包含"追求卓越，追求质量，创办我区一流学校""尊重他人，让每个人都得到发展""勤奋励志，开拓发展，创新教育，面向未来""依托信息技术推动学校发展""以学生发展为目标，以教师发展为核心"等。不同时期的校长在各自办学理念中都关注到学校或师生的发展，以各种途径"促进发展"是几任校长共同的办学追求，也可以看作学校历史文化的"基因"，此外，我校曾经在电化教学方面走在地区教育前列，学校早在 1998 年曾荣获教育部"电化教育实验校"，学校注重科技应用与教育的理念，这值得我们继承与发扬。在促进学生发展方面，学校的特色在于以科技教育激发学生的思维能力、创造力与科学精神。

(2)教育学和心理学把初中阶段叫作学生的"少年期"，我国九年义务教育的任务包括以下几点：引导学生掌握科学文化基础知识和基本技能；发展学生的智力、体力、创造能力和实践精神；发展学生体力，提高学生的健康水平；培养学生高尚的审美情趣。以上资料说明初中阶段学校教育主要任务是为学生在体质、智力、品德、创造力、审美等方面的发展打好基础，初中教育"宽起来"的课改精神也是强调初中学段重在为学生全面发展、个性成长做好铺垫。

结合对"向阳文化"的释义及青少年发展期学校教育任务分析，围绕"办什么样的学校""培养怎样的人"两个问题，研究认为"向阳文化就是要培养尊重生命、热爱生命、对生活充满激情的人；就是要培养专心学习、热爱科技、喜欢创新的人；就是要培养品德高尚、志趣高雅、精神富足的人"。最后，我们把学校核心价值观即办学理念概括为易于教师、学生、家长各群体理解、接受的一句话——"向阳文化，为每个学生发展铺垫阳光之路"。即向阳文化以"知行向阳"为主题展开学生德育工作，以"格物向阳"为主题构建适合学生全面发展的课程体系，以"七色向阳"为主题全面建设师生文化活动，以"爱心向阳"为主题营造社会、家庭、学校三位一体的育人空间。

3. 梳理论证，确立学校文化理念体系主要框架

梳理学校与北京教育科学研究院合作办学以来的学校文化宣传，通过对干部、师生的访谈，确认学校提出的部分观念已经潜移默化地被师生认可并且渐渐影响老师们的精神状态、工作态度或转化为教育教学行为。这主要包括："知行合一，自我超越""过理想的教育生活，培育全面发展的人""生命、科技、审美"学生三维培养目标、"办燕山人民满意的向阳教育"等。于是，我们以上述"已经人人内化于心"的文化宣传作为学校理念文化内容的"底板"，在此基础上结合学校文化历史未来发展以及《论语》、《学记》、王阳明心学中优秀的儒家教育思想，确定校风、校训及校徽、校歌等。

(1)校训——"向阳而行，择善而从"

结合向阳文化释义，校训依然从其意而衍生。向阳而行释义为师生要以正确的价值观为人生导向，以积极的人生态度工作、学习、生活；择善而从释义为师生要遵循孔子"三人行必有我师焉，择其善者而从之"的教诲，学习、采纳他人身上优秀品质、能力从而完善自我。校训中"向阳""择善"强调明辨价值取向，一"行"与一"从"则是倡导每个人在正确价值观引领下积极笃行。

(2)校风——"知行合一，自我超越"

向阳中学"知行党建"工作是北京市党建工作品牌，知行合一的理念一直指导着学校师生的行动。此次文化建设，决定继续鼓励这种风气，同时倡导每个人通过自我突破进而实现学校办学质量的整体突破。全体师生要始终如一地把校风落实在每一天的学习、生活中，自我约束、积极进取。

（3）校徽

校徽（见图1）设计结合校训、科技办学特色以及学校文化根植燕山石化历史等因素，聘请专业公司制作，多次论证修改，最终图案与释义自然吻合，主题鲜明，符合中学生审美。

图1　向阳中学校徽

学校校徽释义：LOGO上远山造型背景为燕山轮廓，寓意学校植根于深厚的地域文化中；中间三色"i"字造型近似三人向着冉冉升起的太阳奔行，体现了校训中"向阳而行"的文化内涵；同时三人行走造型又与《论语》中"三人行，必有我师焉。择其善者而从之，其不善者而改之"理念相契合，体现了向阳中学校训中"择善而从"的文化内涵；另外，三色也象征着我校的办学发展定位"生命、科技、审美"三个维度。LOGO底部造型为一个"书册"的变形设计，"书册"代表知识，寓意向阳中学的学生在这浓厚的书香氛围中积极汲取知识的营养；同时又似一双大手，象征着北京教育科学研究院，寓意学校在北京教育科学研究院的支持下快速发废；还似飞翔的翅膀，寓意学校师生向着远大的目标自由飞翔、幸福成长。

（4）校歌

向阳花木

菁菁校园四季向阳，莘莘学子慧智健朗，校有严师铸我意志。我们是生命向中阳光少年，博学健体做新民，做新民。

菁菁校园四季向阳，莘莘学子慧智健朗，校有名师育我文化。我们是科技向中阳光少年，审问慎思勇创新，勇创新。

菁菁校园四季向阳，莘莘学子慧智健朗，校有恩师养我德行。我们是崇美向中阳光少年，明辨笃行致良知，致良知。

校歌歌名取自宋代苏麟《断句》一诗中的"向阳花木易为春"。这里把学生比作正在成长中的花木，与人们对教师的"园丁"称谓相对应，而"向阳花木"既与我校校名吻合，也寄望学生们心向祖国、积极向上、胸怀远大理想。

概括研究成果而言，本研究梳理归纳了学校文化历史，确立了向阳中学核心价值观，构建了"向阳文化"学校文化理念体系，并在此基础上改进、凝练了实践文化体系部分内容，填补了学校办学中进行学校文化建设这一工作内容的空白，使"以文化引领学校科学发展"成为可能。

(三)成果主要形式

1. 课题文化成果

(1)课题组带领学校主要干部,在学校理念文化指导下,经过近两学期的完善与补充,完成《向阳中学学校制度手册》,教师教育教学、专业发展、师德师风等行为得到有效约束,对形成学校制度文化起到奠基作用。

(2)课题组与德育处、教学处合作,从学生管理、课堂文化、学生文化角度出发,设计、制定了向阳中学《学生管理手册》,已经投入使用两学期。学生日常表现、个性发展得到显性评价,受到教师、学生、家长一致好评。

(3)课题组与行政办、教代会共同在学校文化建设理论指导下,结合向阳教育理念文化,对原《向阳中学学校章程》文本进行了民主讨论、规范与修正,通过全校大会决议,投入学校管理应用,为学校走向科学发展、民主参与、法治管理奠定基础。

(4)学校标识系统(VI)初稿已经制订并部分开始应用,增加了师生的学校荣誉感,促进了学校对外宣传、交流。

(5)完成学校文化建设方案《向阳文化,立德树人》大部分内容,学校德育课程体系基本完成,并于2019年春季学期开始在学校德育工作中试行。

2. 课题衍生成果

(1)研究确立了向阳中学学校理念文化体系,即"向阳文化理念体系",并经过全校教师开会讨论、修正。在"为每个学生发展铺垫阳光之路"核心价值观下凝心聚力,对形成师生学校荣誉感、自我约束、自我成长、提升学校办学影响力发挥了良好作用,全校上下共同深化学校改进。

(2)学校于2018年被评为北京市基础教育科研先进学校;北京市首批《义务教育学校管理标准》达标校;燕山地区中小学科技示范校;学校中考成绩实现突破,生源开始稳定在四个班额。

(3)"学校文化建设途径与手段的实践研究——以向阳中学为例"获批北京市教育科学"十三五"规划2018年度一般课题。

三、研究结论与反思

(一)主要研究结论

1. 学校文化建设要采取有效途径与手段

向阳中学文化建设研究建立在对学校做出内部与外部并重的 SWOT 分析基础之上。研究中通过档案查询与老教师访谈较全面地梳理了学校办学历史,对学校文化积淀做出评估与筛选。在学校文化重构过程中又展开教师、学生层面的问卷调查，集体思辨、研讨，校会宣讲，撰写学校文化建设方案过程中反复与优秀案例相比照，不断征求意见与修改。这样的学校文化建设融入集体智慧与意识，达成共同价值追求，发挥学校文化建设作用。

2. 学校文化建设促进学校改进与发展

研究证明一所历史较长、办学在波谷中徘徊的学校通过重构学校文化可以使师生的精神面貌、工作活力在共同确认的核心价值观引领下发生较大改观。学校推动学校文化建设不能孤立地进行，一定要在教育、教学、管理、校园环境、社会关系等方面的改进中积累、沉淀或构建，学校通过文化建设的催化作用能够唤醒师生对学校生活的热爱，激发学校办学活力，迎来学校发展曙光。

(二)结论反思

1. 教师对调查问卷中提交的"办学思想""校风""校训""发展战略"认可度较高，可以形成共识；学生对"你心目中的向阳学子""向阳教师应该是什么样的""喜欢什么样的课程"等回答比较分散，说明还需要从调查结果中整理、凝练高频词，再一次让学生做出意愿选择。

2. 调查工作中发现教师主动参与学校文化建设的意识还没有形成，对问卷式调研能够接受，积极做简单的问答或浅表参与，但对需认真思考或者给出建议或表达个人看法的内容，老师们有心理顾忌，也有表达能力不足的问题。因此，课题研究中使用问卷调研就要注意把调研问题设计得更适于教师的表达习惯。

3. 学校在文化建设课题研究过程中，结合课题研究的需求，请专家对全校教师进行了如何撰写教育叙事、如何结合身边工作开展教科研的专题培训，激发了部分教师对教科研工作的兴趣，学校教师近两年参与各级各类征文、评优课大赛等活动的热情明显高于过去。说明一个课题研究的深入开展可以带动更多人的参与热情。

4. 目前，学校文化建设已初步完成显性的"学校文化方案"，但学校文化内涵还需要学校领导不断地在教师、学生、家长中宣传，需要通过真实的校园活动来渲染，同时要努力把实践体系文化渗透到学校教育教学实际工作中，真正发挥文化的育人与治校作用。

参考文献

[1]刘艳伟.学校教育中的理念创新与文化建设[C]//《素质教育》教科研成果，2018.

[2]张东娇.学校文化建设北京经验[M].北京：北京师范大学出版社，2016.

[3]张东娇.学校文化管理[M].北京：教育科学出版社，2013.

[4]石中英.学校文化建设：三个基本概念[J].中小学校长，2009(6).

[5]张苏，曲艺.中小学校长如何理解、建构、践行学校文化——以长春市第八十七中学为例[J].吉林省教育学院学报，2017(11).

[6]林允修.建设校园文化引领学校发展——校园文化建设的探索与实践[C]//国家教师科研基金管理办公室.国家教师科研专项基金科研成果(神州教育卷4)，2014.

[7]钮小桦.北京二中学校文化建设理念与实践解析[C]//中国教育学会教育管理分会.学校文化建设与策划，2010.

[8]孟瑜.学校文化变革的受阻原因、实施方法及阻力应对[J].教学与管理，2016(16).

[9]顾明远.教育大词典[M].上海：上海教育出版社，1992.

教师教学反思现状与对策研究[①]

——以首都师范大学附属房山中学为个案

首都师范大学附属房山中学　景文忠

随着时代的发展与进步，教育的改革与创新，对教师的教育与教学提出了更高的要求与挑战。不可否认的是，我们想要教育变得更有成效和创造性，就需要比任何时候都更加关注教师教育和教师学习。反思能够促进教师的自我完善、自主发展，保持有效学习与深度思考，通过反思教师能够重新改造自身经验，促进专业成长。教学反思则是教师对教学实践及其背后的理论进行主动的、持续的审视、探究、分析与重构，并将思维加工过程从无意识变成有意识，并在对教学实践的"解读"与"重构"中提高教学实践的合理性。实践证明，教学反思能够推动教师的专业知识、能力、信念、意识等专业素质结构不断更新与完善，丰富教师的教学理论与实践知识，并促成教师由知识传授者向反思者、研究者转变，教学反思是促进教师专业发展的有效途径。本研究以我校一线教师为研究对象，采用文献研究与问卷调查相结合的研究方法，在梳理与分析教学反思的相关理论、探讨教学反思对于教师专业发展价值体现的基础上，对我校一线教师教学反思的实际状态进行调研，从基于教师自身的主观因素和外部

[①] 指导教师：北京教育学院刘维良教授；北京育英学校于会祥校长。

环境的客观因素等方面揭示出影响教师教学反思的因素，提出以促进教师专业发展为指向性的教学反思的三大策略，即基于"自我提升"的内部策略、基于"实践操作"的行动策略和基于"环境支持"的外部策略。

一、课题研究基本情况

(一)研究背景

1. 教学反思之于教学改进、教师专业发展富有价值

教学反思在教育教学过程中起到了不可忽视的作用，它贯穿于教师整个职业生涯，教师的成长与进步离不开教学反思。教师作为教学环境中的重要组成者，都要经历从不成熟到胜任并成熟的过程。在教师成长的过程中，教师专业能够获得成长就在于教师对于自身进行的反思，从而影响教师对于自身进行的评价并指导教师的行为。

教学反思还能够令教师收获实践性知识。实践性知识与教师具体教学实践密不可分，是教师教学经验的积累，但却不完全等同于教师的教学经验。如果教师仅仅局限于教学经验的累积，而不对经验进行进一步的反思与加工，那么尽管是多年的教学经验，也是原地踏步，不会带来进步。因此，教师需要借助反思来改善自己的教学行为，丰富并不断更新自己的教学经验，在反思中弥补自身的局限，在反思中更新自身的知识并提高教学能力。

2. 当前教师教学反思能力亟待提升

教学反思对于教师而言尤为重要，那么该采取怎样的方式进行有效的反思呢？目前我国大部分教师已经能够意识到教学反思在教育教学过程中的重要作用，对待教学反思教师的态度也是十分积极的。但据调查反映，教师教学反思能力以及反思的效果却不理想，对教学促进作用的发挥也不尽如人意，需要教师进一步改善教学反思方式，提高反思质量。我国著名心理学家林崇德提出"优秀教师＝教学过程＋反思"的成长模式。叶澜教授认为，"一个教师写一辈子教案难以成为名师，但如果写三年反思则有可能成为名师。"因此，本研究从教学反思的视角，引导一线教师反思在教育教学中的优点和不足，互相取长补短，促进自身专业发展，提升自身教育教学水平，进而提高学生的学习积极性，培养学生良好的行为习惯，促进教育教学质量的进一步提升。

(二)研究现状

"教师专业发展"研究一直是基础教育研究者关注的重点领域之一，它涉及的研究范围非常广泛。"思之不慎，行而失当"，其中普遍认为反思是促进

教师专业发展的有效策略和途径，甚至是最有效的。教师的专业发展对学校的发展具有重要的意义，人类一直注重反思对自身发展的重要性。人们通常将反思等同于"内省"。儒家弟子往往以反省作为自我要求，曾子曰："吾日三省吾身"（《论语·学而》），即强调通过反思来促进自我的发展。

1. 教学反思被认为是促进教师专业发展的有效途径

河南省驻马店市基础教学研究室的李瑞在《也谈教学反思与教师的专业成长》一文中指出，"反思是促进教师专业发展的有效策略和途径，通过反思以往教育事件、反思教学过程、集体反思等方式，写成教学反思的文字资料可以有效地促进教师的专业成长，提高教师专业素质。教学反思也使教师在复杂的教育情境中评价自己行为的后果，形成工作的主动性、能动性和自觉性。"他还强调，"教学反思不能只停留于脑际，教学反思必须写出来，必须以文字的形式呈现出来才对于教育者本人更具有实际意义。教师只有积极开展反思性教学，使自己的教学实践日趋合理，以符合课程改革的目标要求，开辟提高教学质量的新途径，拓展教师专业化知识的新领域，经过实践—反思—更新—实践的循环，其教学智慧才能得以提升，才能实现教师的专业成长。"笔者非常认同他的观点。

2. 教学反思的基本原则、内容、类型、方法

山东省青岛市黄岛区教育发展研究中心的王瑛在《论新课改背景下的教学反思》一文中也提到，在新课改背景下，教学反思是促进广大教师提升业务水平的有效方式，是促进教师专业发展的核心要素。还提到了教学反思的基本原则（即整体反思与局部反思的有机结合，把教学反思贯穿在教学的全过程，用教学反思改进教学实践等），教学反思的主要内容（反思教学理念、反思教学设计、反思教学组织能力、反思教学评价、反思教学效果等），教学反思的主要类型（课后思、周后思、单元思、月后思、专题思及学段思等），教学反思的常用方法（行动研究法、比较法及叙事法），教学反思的形式（反思随笔、反思教案）。这可以说是对教学反思比较全面的概括。

3. 教学反思的水平：由于认识的限制和自身知识水平的局限，教师会处于不同的教学反思水平

刘键智、谢辉在《关于教学反思的探讨》一文中，从反思主体能动性、反思内容进行划分，把教学反思划分为四个水平层次：消极孤立性水平、积极孤立性水平、消极综合性水平、积极综合性水平。当然，最高水平的反思是积极综合性的。教师要想达到最高水平，就要进行积极反思，要综合运用反

思方式，反思的内容要综合各个方面等。

理论和实践的研究表明，教学反思对教师的成长具有重要意义。波斯纳（Posner，1989）将教师的成长与其对自己经验的反思结合起来，并提出了一个教师成长的公式：经验＋反思＝成长。这意味着，从某种意义上讲，教师光有经验的积累是不够的，还须对自己的经验进行剖析和研究。

(三)核心概念界定

1. 教学反思

目前国内外有关教学反思的概念尚无定论，但笔者对王应学和赵兴奎于2006年提出的教学反思定义比较认可："教学反思是教师对于教什么与如何教的问题进行理性和有伦理性的选择，并对其选择负责任；同时，教学反思也是指教师在教学过程中通过教学监控、教学体验等方式，辩证地否定（即扬弃）主体的教学观念、教学经验、教学行为的一种积极的认知加工过程。"这个定义告诉我们，教学反思一定会带来教师教学行为的改进，并且在这一过程中，教师还会伴有一些积极的体验过程。

2. 对策

对策是指为了实现某一具体目标，根据形势的变化和发展而制定的方案、方式和方法。本研究中的"对策"可以理解为解决问题的方法、途径和措施，而提升教师教学反思能力的对策是指为了达到教师专业发展的目标，在调查了解教师教学反思现状的基础上，在提升教师教学反思能力方面所采取的基本方法和有效措施。

(四)研究目标与研究意义

1. 研究目标

了解首都师范大学附属房山中学一线教师的教学反思现状，发现教师在教学反思能力方面存在的问题，并提出相应对策。

2. 研究意义

本课题研究的意义主要体现在理论意义和实践意义两个方面。

(1)理论意义：通过分析不同取向下教师专业发展的不同内容及途径，揭示出"教学反思"是教师专业发展的有效途径，并在梳理与分析国内外教学反思理论的基础上阐明教学反思之于教师专业发展的价值体现；丰富教学反思的内涵与方式，能够为一线教师开展教学反思实践提供一定的理论支撑。

(2)实践意义：通过对我校一线教师教学反思的现状调查，考察教师教学反思的实际状态，分析影响教师教学反思的因素，进而提出促进教师专业发展的教学反思策略，这将有助于教师认清并克服反思的障碍，养成反思意识、提高反思能力，并为教师进行有效教学反思提供新的视角，以期为教师专业成长提供一定的指导和借鉴。

(五)研究内容与研究方法

1. 研究内容

首先，阐述教学反思的价值所在。通过教学改进和教师专业发展两大方面论述教师教学反思的价值及必要性。

其次，调查并分析当前教师教学反思现状。尽管教学反思的价值得到了教师的一致认可，但是研究表明一线教师在进行教学反思时，还存在诸多问题。本研究以我校一线教师为研究对象，通过问卷调查的方式了解当前教师教学反思的现状，发现问题，为提出对策奠定基础。

最后，根据问卷调研结果，提出相应的对策。

2. 研究方法

课题研究过程中综合运用以下研究方法。

(1)文献研究法：通过查阅教育类工具书、教育杂志、教育专著、网络等文献资料对相关领域的研究进行较为翔实的梳理、分析、筛选、比较，深入研究国内外教学反思与教师专业发展的相关理论发展的线索和现状，并以此作为开展本研究的理论基础。

(2)问卷调查法：根据研究目的，围绕教学反思意识和反思实际状态编制"教师教学反思状况"调查问卷，旨在了解当前一线教师教学反思的实际状态，并综合分析影响其教学反思的内外部因素，为提出相应的对策奠定基础。

二、研究成果

(一)教师教学反思现状调查与分析

教学反思是教师专业发展的有效途径，那么一线教师对教学反思的认识如何？反思的实际状态如何？存在哪些问题？哪些因素影响着教学的反思？为了更好地了解教师教学反思的现状，本研究采用了问卷法对这些问题进行了深入的调查与分析，以便更加直观、全面、真实地呈现教学反思的现状及存在的问题，并揭示影响教师教学反思的因素。下面，具体介绍本次调查结果与分析内容。

1. 调查对象的基本情况

在 87 名调查对象中，男教师 19 人，占总体的 21.84%；女教师 68 人，占总体的 78.16％，如表 1 所示。

表 1 调查对象性别分布

选项	小计	比例
A. 男	19	21.84％
B. 女	68	78.16％
本题有效填写人次	87	

调查对象中，20—30 岁的教师 2 人，占总体的 2.30％；31—40 岁的教师 51 人，占总体的 58.62％；41—50 岁的教师 28 人，占总体的 32.18％；50 岁以上的教师 6 人，占总体的 6.90％，如表 2 所示。

表 2 调查对象的年龄分布

选项	小计	比例
A. 20—30 岁	2	2.30％
B. 31—40 岁	51	58.62％
C. 41—50 岁	28	32.18％
D. 51 岁及以上	6	6.90％
本题有效填写人次	87	

调查对象中，教龄年限在 5 年以下的 2 人，占总体的 2.30％；教龄年限在 6—10 年的 6 人，占总体的 6.90％；教龄年限在 11—15 年的 32 人，占总体的 36.78％；教龄年限在 16—20 年的 24 人，占总体的 27.59％；教龄年限在 20 年以上的 23 人，占总体的 26.44％，如表 3 所示。

表 3 调查对象的教龄结构

选项	小计	比例
A. 5 年以下	2	2.30％
B. 6—10 年	6	6.90％
C. 11—15 年	32	36.78％
D. 16—20 年	24	27.58％
E. 20 年以上	23	26.44％
本题有效填写人次	87	

2. 调查对象的教学反思现状及分析

(1)教学反思意识

①对教学反思的认识

教学反思是教师对教学实践及其背后的理论进行主动的、持续的审视、探究分析与重构，是教师改进自身教学行为的一种教学和生活方式。对教学反思的认识和态度会影响到教学反思的行为。因此，本研究设计了以下题目来了解我校一线教师教学反思认识现状，调查结果如表4—6所示。

表4 "您是否了解教学反思"调查结果统计

选项	小计	比例
A. 很了解	21	24.14%
B. 比较了解	50	57.47%
C. 一般了解	16	18.39%
D. 不了解	0	0
E. 说不清	0	0
本题有效填写人次	87	

表5 "您认为教学反思是否有必要"调查结果统计

选项	小计	比例
A. 非常有必要	45	51.72%
B. 有必要	42	48.28%
C. 没有必要	0	0
D. 根本没必要	0	0
E. 说不清	0	0
本题有效填写人次	87	

表6 "教师对'经验＋反思＝成长'这个公式的了解状况"调查结果统计

选项	小计	比例
A. 很了解	26	29.89%
B. 比较了解	39	44.83%
C. 一般了解	19	21.83%

选项	小计	比例
D. 不了解	3	3.45％
本题有效填写人次	87	

通过调查发现，大部分教师比较了解教学反思，并对教学反思的必要性做出了肯定。其中，24.14％的教师非常了解教学反思，51.72％的教师认为教学反思非常有必要。然而，教师对于教师的成长是经验与反思相互结合的认识处于模糊状态，其中21.83％的教师不是很了解"经验＋反思＝教师成长"这一专业发展公式。

②教学反思的作用

实践证明，教学反思被认为是促进教师专业发展的有效途径，教学反思能够推动教师专业知识、专业能力、专业信念及专业发展意识不断更新、演进与提升。因此，本调查设计了以下题目了解我校一线教师对于教学反思之于专业发展作用的认识，调查结果如表7—9所示。

表7　"教学反思被认为是促进教师专业发展的有效途径"调查结果统计

选项	小计	比例
A. 很了解	20	22.99％
B. 比较了解	58	66.67％
C. 一般了解	9	10.34％
D. 不了解	0	0
本题有效填写人次	87	

表8　"教学反思对于教师专业成长起到的作用的重要性"调查结果统计

选项	小计	比例
A. 十分重要	42	48.28％
B. 比较重要	44	50.57％
C. 不重要	1	1.15％
D. 根本不重要	0	0
E. 说不清	0	0
本题有效填写人次	87	

表 9 "教学反思能够促进教师专业发展的哪些内容"调查结果统计(多选)

选项	小计	比例
A. 专业信念	47	54.02%
B. 专业知识	71	81.61%
C. 专业能力	82	94.25%
D. 专业发展意识	69	79.31%
本题有效填写人次	87	

通过调查发现,几乎全部教师都认为教学反思对其专业成长起到重要的作用。本文主要从教师专业发展结构这一维度来揭示教学反思与教师专业发展的内在关联,通过"您认为教学反思能够促进教师专业发展的哪些内容"这一问题的调查发现,八成以上的教师认为教学反思能够促进其专业发展中专业能力和专业知识,其中,94.25%的教师认为教学反思能够促进其"专业能力",81.61%的教师认为反思能够促进其"专业知识"。这表明绝大多数教师有着强烈的专业发展忧患意识,更加关注专业发展结构中的基本要求——专业活动的"生存技能"和"知识基础",他们认为通过反思可以促进其专业能力和专业知识不断丰富与提升,从而在学校教师群体发展中"生存"下去。同时,有 69 名教师认为反思能够促进其自身的专业发展意识,占总体的 79.31%。因此,可以推断出也有相当数量教师善于将自身的发展当作自己认识的对象和自觉实践的对象,通过反思使自己的专业发展保持一种自觉的状态,使专业发展成为自觉的行为,并及时调整自己的专业发展行为和活动方式。

③教学反思的动因

本研究设计了以下题目来了解促使教师教学反思活动的动因以及引起教学反思的直接因素,调查结果如表 10—11 所示。

表 10 "促进您进行教学反思的原因"调查结果统计(多选)

选项	小计	比例
A. 总结经验教训	68	78.16%
B. 解决实践中的问题	81	93.10%
C. 提高学生成绩	74	85.06%
D. 学校规定	13	14.94%
本题有效填写人次	87	

表 11 "何种情况下您会主动反思自身的教学实践"调查结果统计(多选)

选项	小计	比例
A. 教学效果不理想	76	87.36%
B. 学生的反馈信息	63	72.41%
C. 教学过程中出现困惑	79	90.80%
D. 课堂教学中的不当行为	41	47.13%
E. 对教学活动极其满意	38	43.68%
本题有效填写人次	87	

通过调查发现,促使教师进行教学反思的动因是多方面的,八成以上的教师认为"提高学生成绩"和"解决实践中的问题"是促使其进行教学反思的动因。其中,有 78.16% 的教师把总结经验教训视为教学反思活动的动因之一,93.10% 的教师把解决问题作为教学反思的动因之一,85.06% 的教师将提高学生成绩作为教学反思活动的动因之一。相比之下,认为"学校规定"是促使教学反思动因的只有 14.94%。而在对"何种情况下您会主动反思自身的教学实践"这一问题的调查中发现,直接引起教师教学反思的因素很多,七成以上的教师认为"教学效果不理想","学生的反馈信息"以及"教学过程中出现困惑"是引起教学反思的主要因素,而只有 43.68% 的教师认为引起教学反思的因素是"对教学活动极其满意"。由此可见,大多数教师的反思根植于教学实践,指向教学实践,并以"问题导向"作为教学反思的出发点,如果教学实践中没有疑惑或者问题出现的话,教师就不会进行反思,缺乏问题的敏感意识,不能将貌似正常的情境"问题化",去主动地批判与探究其背后的理论依据。

(2)教学反思实际状态

①教学反思行为

教学反思从本质上而言既是一种思维方式,更是一种教学与生活方式。反思并不等于静坐冥想式地回顾教学实践,而是需要教师将带有批判性质的思维方式落实到具体的教学实践中去。因此,不仅仅需要思想层面的认同,还需要后续行为的跟进。那么目前的一线教师教学反思的频次如何、在教学过程中是否会感到困惑,当遇到困惑的现象时会采取相应的反思行为吗?为此,本研究设计了以下题目来了解当前一线教师的教学反思行为,调查结果如表 12—15 所示。

表 12 "您是否经常进行教学反思"调查结果统计

选项	小计	比例
A. 经常	59	67.82%
B. 偶尔	28	32.18%
C. 从不	0	0
本题有效填写人次	87	

表 13 "您是否会对自己的教学活动感到困惑"调查结果统计

选项	小计	比例
A. 经常	22	25.29%
B. 偶尔	64	73.56%
C. 基本不	1	1.15%
D. 从不	0	0
本题有效填写人次	87	

表 14 "当您对教学感到困惑时，您会怎么做"调查结果统计

选项	小计	比例
A. 置之不理	0	0
B. 想想而已	1	1.15%
C. 请同事帮忙	9	10.34%
D. 分析原因，试图解决	77	88.51%
本题有效填写人次	87	

表 15 "您是否经常结合反思改进行为"调查结果统计

选项	小计	比例
A. 经常	60	68.97%
B. 偶尔	26	29.89%
C. 基本不	1	1.14%
D. 从不	0	0
本题有效填写人次	87	

通过调查发现，在具体的教学实践中，大多数教师会对自己的教学活动感到困惑，其中25.29％的教师经常会遇到困惑，73.56％的教师偶尔会遇到困惑，只有一名教师在教学活动中未感到困惑。当教师面对困惑时可能会产生三种反应，一是采取逃避的策略，不理会这些问题而去做其他的事情；二是会出现一些想法在头脑中匆匆掠过；三是下定决心去真诚地面对遇到的困惑，寻求帮助或者自己解决。按照杜威对于反省思维的描述，只有在第三种情况下才真正开始了反省思维。在被调查对象中，当在教学中遇到困惑时，1.15％的教师只是通过"想想而已"的方式，并没有对其进行深入的分析并试图解决，这表明该教师还是以一种"意识流"式的思考方式来看待在教学中遇到的各种困惑，属于"无意识"的准反思，并没有探究、批判的成分。但没有教师采取逃避的策略，对出现的问题置之不理。在被调查对象中，近九成的教师开始了"反省思维"，并试图来解决问题。在对"您是否经常进行教学反思"这一问题的调查发现，大部分教师已经将教学反思纳入日常的教学活动中，67.82％的教师经常进行反思，32.18％的教师偶尔进行反思，但大多数教师的反思属于较低层面的"无意识"思考。在对"您是否经常结合反思改进行为"这一问题的调查中发现，68.97％的教师经常结合反思改进行为，29.89％的教师偶尔将反思落实到行为层面，也就是说绝大多数教师已经有意识地结合反思改进自己的教学行为，通过反思付诸行动来解决教学实践中的具体问题。

②教学反思时间

教学反思可以在不同的时间内进行，从时间维度上可以将教学反思分为教学前反思、教学中反思和教学后反思三类。为此笔者设计了如下题目来了解我校一线教师教学反思时间情况，调查结果如表16所示。

表16 "您通常在什么时候反思自己的教学"调查结果统计

选项	小计	比例
A. 上课前	2	2.30％
B. 上课中	1	1.15％
C. 上课后	30	34.48％
D. 课前和课中	0	0
E. 课中和课后	13	14.94％
F. 课前和课后	18	20.69％
G. 课前、课中和课后	23	26.44％
本题有效填写人次	87	

通过以上表可以看出，教师进行教学反思的时间比较分散，大多集中在下课后，占调查总体的34.48%。而只有26.44%的被调查者将反思贯穿于整个教学实践活动。课堂教学是一个持续的、动态的、不断生成的过程。因此，教学反思作为教师自我完善、自主发展的一种教学与生活方式，应该贯穿于整个教学实践，而不仅仅是在课后对教学过程和教学结果进行追溯性思考。不同时间维度的反思都有其特定的作用，教学前反思具有前瞻性，可以使教师根据以往通过反思建构的理论与经验去自觉地设计与计划即将发生的教学活动；教学中反思具有监控性，可以使教师及时地修正教学过程中出现的问题，不断地丰富个人实践知识；教学后反思具有追溯性，可以使教师在对教学经验理论化、系统化的"解读"与"重构"中提高与加强教学总结能力和评价能力。因此，"时时是反思，处处有反思"是教师的一种教学方式，同时也是一种教学体验。在访谈中了解到，教师之所以选择在课后进行反思，主要是由于能够自我支配的时间有限，教师每天都有大量的教学任务，很少有时间真正静下心来进行反思。

③教学反思方式

教学反思作为一个发现问题、解决问题的过程，应该采取相应的方式作为反思者操作的载体。为了了解教师如何进行教学反思，笔者对教师教学反思的方式进行了调查，调查结果如表17—18所示。

表17 "您通常使用什么方式进行教学反思"调查结果统计(多选)

选项	小计	比例
A. 写反思日记	26	29.89%
B. 与同事讨论	76	87.36%
C. 教育叙事	25	28.74%
D. 观摩教学	32	36.78%
E. 课例研讨	32	36.78%
F. 集体备课	50	57.47%
G. 课题研究	26	29.89%
本题有效填写人次	87	

表 18 "您认为反思是个人独自进行还是集体研讨更好"调查结果统计

选项	小计	比例
A. 自我反思	37	42.53%
B. 集体研讨	45	51.72%
C. 其他(请说明)	5	5.75%
本题有效填写人次	87	

从调查的结果可以看出,"与同事讨论""集体备课""课例研讨""观摩教学"是教师较常用的教学反思方式。其中教师普遍选择"与同事讨论"和"集体备课"的方式来反思教学,分别占到了 87.36% 和 57.47%。通过访谈了解到,由于教学实践的特殊性,教师更喜欢在平等、自由的条件下与同事讨论和分享在教学中的得与失,在"自我"与"他人"的对话中反观自身的教学行为和教学实践,相互启发,共同成长。29.89% 的教师选择了"写反思日记"作为反思的方式,这样可以随时记录教学过程中的"瞬间火花"。而以校本教研为载体的"观摩教学"和"课例研讨"的教学反思形式也占有一定的比例,均为 36.78%。在对"您认为反思是个人独自进行还是集体研讨更好"这一问题的调查中发现,51.72% 的被调查教师支持集体研讨的合作反思,而支持自我反思的占 42.53%,这说明大多数教师支持并使用交流研讨的集体反思形式来审视教学实践。

通过调查笔者还发现,选择"教育叙事"及"课题研究"的方式进行教学反思的教师比例还不太高。另外,通过访谈了解到,当教师在教学中遇到困惑时,请求同事帮忙和自己解决是最有效的途径,这说明绝大多数的教师仍然以"技术熟练者"的身份审视教学实践,更多的采用教学回顾、经验总结、同伴互助的方式探讨与解决"怎么教"的问题,还没有以"研究者"的角色将教学实践置于系统的理论知识和教学研究中来检验和改进教学。而教育叙事及课题研究的教学反思方式,恰恰使教师从日常复杂的教学工作中脱离出来,摆脱了被动的"教书匠"的角色,使批判、反思、意义建构成为教师教育生活的基本姿态,回归最原始的教学生活状态,从而实现个人价值。

④教学反思内容

为了了解教师教学反思内容的指向性,笔者对教师教学反思的内容进行了调查,调查结果如表 19 所示。

表 19 "您通常从哪方面对教学进行反思"调查结果统计(多选)

选项	小计	比例
A. 教学内容	67	77.01％
B. 教学目标	44	50.57％
C. 教学方法	57	65.52％
D. 教学过程	69	79.31％
E. 教学评价	44	50.57％
F. 教学理念	38	43.68％
本题有效填写人次	87	

通过调查发现，79.31％的教师反思都指向"教学过程"。这说明，教师对于反思的理解多数停留在"技术层面"上，关注的是解决显性的"实施过程"问题。77.01％的教师反思的内容是"教学内容"，关注的是对教学内容的解读与开发。而对于教学目标、评价及教学理念的反思分布较平均，所占比重也小。究其原因，主要是因为多数教师仍旧是以"知识传授者"的角色看待教学实践，没有开放性、批判性地看待自身的专业发展及教学本质，没有深入挖掘教学实践背后的依据和理论。任何教育教学实践都是多种因素作用的过程和结果，教学反思的内容不可避免地承载着教师对于一定情境中的主体、对象、条件、目标、手段等多种因素及其关系的理解。因此，教师要主动地、持续地反思"我为什么这么做""我这样做的效果如何""我所做的是否合乎公正与平等的原则""实现教学目标的路径是否合理有效"的关键问题，从而寻求教学实践的合理性和有效性。

⑤教学反思视角

许多优秀教师正是通过学生在课堂中的反馈信息和学习效果如何来调控自己的教学进程和教学行为，并把学生的学习效果作为自己教学成效的日常反思尺度，邀请同事观察自己的教学实践，并与他们一同交流、批判，教师就可以注意到实践中那些在正常情况下隐藏起来的一些东西。本研究主要从学生和同事这两个方面对教师教学反思的视角进行了调查，调查结果如表20—28所示(其中表20—23从教师自己的视角进行调查，表24—28从同事的视角进行调查)。

视角一：教师自己的视角

表 20　"备课时，您是否会根据学生的学习水平选择教学策略"调查结果统计

选项	小计	比例
A. 经常	78	89.66％
B. 偶尔	8	9.19％
C. 基本不	1	1.15％
D. 从不	0	0
本题有效填写人次	87	

表 21　"在教学过程中，您是否会根据学生在课堂上的反应及时调整教学活动"调查结果统计

选项	小计	比例
A. 经常	78	89.66％
B. 偶尔	9	10.34％
C. 基本不	0	0
D. 从不	0	0
本题有效填写人次	87	

表 22　"您是否通过学生的作业来了解自己的教学效果"调查结果统计

选项	小计	比例
A. 经常	77	88.51％
B. 偶尔	9	10.34％
C. 基本不	1	1.15％
D. 从不	0	0
本题有效填写人次	87	

表 23　"教学结束后，您是否会主动与学生交流来了解他们对课堂教学的真实想法"调查结果统计

选项	小计	比例
A. 经常	64	73.56％
B. 偶尔	21	24.14％
C. 基本不	2	2.30％
D. 从不	0	0
本题有效填写人次	87	

从调查结果来看，大多数教师都能够从学生的角度反思自身的教学实践，其中89.66％的教师经常在备课时根据学生的学习水平选择教学策略，88.51％的教师经常通过学生的作业来了解自己的教学效果。但是，我们也看到还存在一部分教师不能完全以学生的视角反观自身的教学实践。例如，10.34％的教师偶尔会根据学生的反馈信息及时地调整教学活动，这表明教师在教学中对于课堂出现的无法预料的情境的瞬间反思与决策能力还比较匮乏。在对"教学结束后，您是否会主动与学生交流来了解他们对课堂教学的真实想法"中的调查发现，2.3％的被调查教师选择"基本不"与学生交流。从解释学的视角来看，可以将课堂教学对话分为教师的"官方世界"和学生的"非官方世界"两类，而在师生交往过程中，这两类"世界"之间的对话并不平等，教师始终处于主动的地位，以管理者和权威者的姿态出现，还不能真正地作为学生的"倾听者"来了解他们对教学过程最真实的想法。

视角二：同事视角

表24 "您会主动邀请同事来听自己的课吗"调查结果统计

选项	小计	比例
A. 经常	14	16.09％
B. 偶尔	61	70.12％
C. 基本不	11	12.64％
D. 从不	1	1.15％
本题有效填写人次	87	

表25 "同事听课后是否主动请他们谈谈对自己课堂教学的看法"调查结果统计

选项	小计	比例
A. 经常	59	67.82％
B. 偶尔	25	28.73％
C. 基本不	3	3.45％
D. 从不	0	0
本题有效填写人次	87	

表 26 "您是否会关注并采用同事对自己教学的建议"调查结果统计

选项	小计	比例
A. 关注并采用	83	95.40%
B. 关注不采用	4	4.60%
C. 既不关注也不采用	0	0
本题有效填写人次	87	

表 27 "您是否定期与同事讨论教学活动"调查结果统计

选项	小计	比例
A. 经常	77	88.51%
B. 偶尔	8	9.19%
C. 基本不	2	2.30%
D. 从不	0	0
本题有效填写人次	87	

表 28 "对于教学过程中遇到的困难您是否会向同事请求帮助"调查结果统计

选项	小计	比例
A. 经常	70	80.46%
B. 偶尔	17	19.54%
C. 基本不	0	0
D. 从不	0	0
本题有效填写人次	87	

通过调查发现，教师通过与同事交流、讨论、互助的方式对自身的教学实践进行反思不够充分，部分教师还不能够与同事进行自由、开放的沟通与交流。其中12.64%的教师基本不会主动邀请同事听自己的课，9.19%的教师偶尔会与同事讨论教学活动。究其原因，应试教育的升学压力，教师之间的竞争可能在一定程度上限制了教师之间的合作与交流。教学反思不完全是教师个人的一种对其实践活动内省的历程，而是在学校文化的环境中，在与同事交流合作、思考共鸣的场域内进行的。从同事的视角反思自身的教学实践，通过"个人"与"他人"的集体反思获得新的认识过程，从而实现"已有的我"和

"现在的我"的反思性对话。

（3）教学反思的环境支持

无论是内省式的自我反思，还是交流式的集体反思都需要在一定的学校环境中进行。本研究主要围绕着我校一线教师参与校本教研的情况展开调查，结果如表29—31所示。

表 29 "您是否经常积极主动参与校本研修"调查结果统计

选项	小计	比例
A. 经常	76	87.36％
B. 偶尔	10	11.49％
C. 基本不	1	1.15％
D. 从不	0	0
本题有效填写人次	87	

表 30 "您参与教研活动的根本动因"调查结果统计（多选）

选项	小计	比例
A. 学校规定	34	39.08％
B. 丰富教学生活	55	63.22％
C. 改进教学	78	89.66％
D. 促进专业成长	69	79.31％
本题有效填写人次	87	

表 31 "您认为有利于教师专业发展的校本研修形式"调查结果统计（多选）

选项	小计	比例
A. 集体备课	84	96.55％
B. 课例研讨	71	81.61％
C. 同课异构	63	72.41％
D. 专题研讨	62	71.26％
E. 教育理论学习	51	58.62％
本题有效填写人次	87	

通过调查发现，大多数教师都能积极主动地参与校本教研活动中，只有

一人基本不参与校本教研，这说明校本教研已经成为教师教学生活的一部分。而在对"参与校本教研的动因"这一问题的调查发现，89.66％的教师是把"改进教学"作为参与校本教研活动的动因之一，只有39.08％的教师参与校本教研是为了服从学校的规定。由此可以看出，当前广大一线教师参与校本教研活动主要是为了追求教学实践合理性。在问到"您认为有利于教师专业发展的校本教研形式"时，绝大部分的教师认为"课例研讨"和"集体备课"有利于其专业发展，少数的教师认为"教育理论学习"利于专业成长。这说明，大部分教师还是以"问题导向"作为专业发展的出发点，认为通过参与课例研讨、集体备课的教研形式，能够更有针对性地改进教学，提高教学实践的合理性。

(二)教师教学反思的对策研究

本研究通过对教学反思理论的解读与建构以及对我校一线教师教学反思现状的调查与分析发现，教学反思并不是纯粹的个人的内省活动，而是在学校环境、个人思考、集体研讨三个层面相互作用的结果。本文从教师自我塑造的"内在策略"、实践操作的"载体策略"和环境支持的"外部策略"三方面提出以促进教师专业发展为指向性的教学反思策略。不同维度的反思策略对于教师专业发展方面的效力不同，三项合力共同指向于教师专业发展。

1. 基于"自我提升"的内部策略

(1)增强反思意识

对于一线教师而言，有意识地开展教学活动并不难，但要深入地反思自身经历的教学实践及其背后的理论意义，就不那么容易了。《论语》言："吾日三省吾身"，可见教学反思对教师成长极为重要。只有对教学反思有明晰而正确的认识，才能在情感上真正接受反思思想，使这种带有批判、探究成分的思维活动从无意识的变为有意识的，并将其付诸实践。这就需要教师从自身的角度出发，提升自我反思意识。反思意识强的教师善于将教学活动和教学情境"问题化"，在发现问题与解决问题的过程中对教学实践进行更为深入的理解和分析。这样，在长期的教学反思实践过程中，反思意识就会逐步养成并强化。需要注意的是，提高教学反思意识，不能仅仅将对反思的理解停留在教育教学技术层面上，要站在更多元的社会、经济、文化的视角来分析教育教学实践，才能够真正"知其然"，还能"知其所以然"，实现"知、行、思"的统一结合。

(2)提高反思能力

教学反思为教师提供了无限的发展路径，有着不可忽视的意义与价值。

那么，教师究竟该采取怎样的方式提升自身的反思能力呢？首先，教师要在理论上不断地充实自己，系统的理论学习有助于培养教师科学的反省思维，而反省思维是反思能力得以提升的前提。其次，教师还要在"发现问题—描述问题—诠释与分析问题—解决问题"的循环往复的反思过程中建构个人教育理论，丰富教学经验，这种实践经验的积累能够提高教学反思能力。最后，教师在以"研究者"的身份开发课程、诊断教学情境的过程中，自身的反思能力也会随之提高。

2. 基于"实践操作"的行动策略

教学反思是一个"发现问题—描述问题—诠释与分析问题—解决问题"的思维过程。作为一个系统的思维过程，应立足于教师真实的教育教学实践，制定具体的行动策略，以发挥教学反思对教育教学以及教师专业能力提升的促进作用。

(1)以"回忆"为主要方式的行动策略

对自身的教育教学实践进行积极、合理的反思能够帮助教师的专业成长。教师通过"回忆"进行自我反思，随时将平时对教学实践的认识与感受用文本的形式予以记录和表达，是提高反思能力积极有效的手段。教师可以通过反思日记、教育叙事、建立反思档案、协同反思等记录反思文本的形式将反思活动外显化，从而使教学实践"再现化"、教学理论"批判化"、教学实践"合理化"。本研究对首都师范大学附属房山中学一线教师开展了问卷调查研究，通过具体的调查研究分析一线教师的反思现状。研究表明，教师的教学反思通常是在教案后进行课堂反思记录或者利用空闲时间撰写教学反思日记。笔者在访谈中也发现撰写教学日记与教案反思是最为普遍应用的方式。A 老师："学校一直对于教师教学反思非常重视，要求每一位老师都有自己的反思记录。教师也需要每学期上交自己的教案与反思记录。"除此之外，每所学校与年级的教研组发挥着重要的作用。B 老师："教学反思对教师确实很重要，在我刚刚入职第一年时，学校一直保持着听评课的习惯。因为我是新教师，几乎每节课都会有老师来听我的课，课后进行评课。"

综合以上反思方式，无论是撰写教学日记、教案反思或是教师间听评课皆属于"回忆式"教学反思。即教师在教育教学实践结束后，根据自身对教学情境的回忆进行的思考与讨论活动，根据回忆追寻自己在教学过程中的优点与不足继而针对性地予以提升。然而，我们也不可否认的是，回忆并不能准确无误地回放过去发生的每件事情、每个场景，我们重构记忆的过程受到了很多因素的影响。教师仅仅根据回忆进行反思则缺乏对自身实践进行回顾的准确性，而对于自身教育教学实践的回顾恰恰是教师反思的关键条件。因此，"回忆式"教学反思就存在着不可回避的缺陷，影响教师对自身的教学实践进行分析与判断，有所偏失，不够全面、系统、具体。

（2）以"回放"为主要方式的行动策略

由于回忆存在难以避免的局限性，"回忆式"教学反思难以客观、全面反映真实课堂情况。因此，教学反思要从"回忆"到"回放"。"回放"与"回忆"仅有一字之差，功效却有着天壤之别。在"回放"的过程中，教师可以通过视频深度观察自身的教学行为，对自身教学行为进行深度反思，并促进教师教学实践的改进。教师能够通过视频回放对自身教学实践进行深度思考，不仅仅是教学行为，甚至是教学理念、教学风格等内在探究。除此之外，相较于回忆，"回放式"教学反思还具有以下优势。

①能够减少课后反思盲区

"回忆式"的教学反思会受注意力的限制，在复杂的课堂情境中，教师很难注意到所有"教"和"学"的情况，单靠回忆去分析课堂教学活动会令教学反思存在一定的盲区，会丢失很多课堂中的重要细节，甚至会产生错误分析。视频以最为准确的形式再现了复杂的课堂环境，教师可以观察到在教学过程中未曾注意到的地方，视频再现教师行为，能够使教师关注范围更广泛。通过观察教学视频，教师还能了解自己的教态、动作、语言等各方面的真实情况，视频回放使教学反思的视野更宽广、更直观，使教学反思或课堂教学研究有一个客观的基础，也更易生成更具有针对性的改进措施。

②延伸教师反思的时间与空间

教学反思往往在课程之后进行，然而由于时间推移、教师的记忆力有限，一些细节性问题常常被疏忽，有时听过就忘记了。教师间的听课、评课必须要亲临现场，错过时间就无法观察，这就需要教师协调上课与反思时间。而"回放式"反思可以打破时间与空间的限制，无须教师亲临现场，教师可以利用自己的业余或空闲时间随时进行反思。与此同时，视频也是教师成长历程的记录。借助视频，教师既可以自己独立进行反思，也可以邀请他人指点迷津，灵活地安排时间，请同事、专家共同分析课堂教学，得到他人反馈意见，在一定程度上延伸了反思的时间与空间。

③挖掘课堂隐性价值

"回放式"教学反思能够监控教师课堂中的每一个细节，既能支持教师从课程目标设置、课堂环节设置等宏观层面进行反思，也能够根据视频支持教师在教学语言、肢体动作、表情等微观层面上进行反思，同时也支持教师间进行同课异构、活动型课程等专题课程模式进行反思，反思内容、形式丰富多样。教师能够通过视频观察自身课程目标与具体教学实践之间存在的差距，并且通过对整个课堂宏观、微观层面的分析挖掘课堂中教学未发现的隐性价值。教师观看自己的视频，就像一面反射教学的镜子。教师在反复观察自身教学视频时能够做到对课堂过程的真实回顾，课堂中学生的回答、学生之间的讨论转瞬即逝，若不留心观察定会被忽视，在教师独立观看视频反思过程中能够通过暂停、回放等功能深度观察上课过程，例如，在一节课中教师连续提问的次数、问题选择的恰当程度、学生的回答态度、教师给予学生的反馈等，这在一定程度上能够增强教师的研究与思考深度。通过视频可以挖掘出课堂中很难发现的问题，例如，教师能够根据视频观察学生小组讨论情况、发言情况，了解学生掌握知识的程度、接受能力的差异，并以此进行针对性的教学，调整自身教学节奏，挖掘课堂中教师未注意到的隐性价值。

④支持教师进行循环反思

教学反思不仅仅意味着对过去教学实践的一种回顾与再现，其重要性在于能够发现问题并解决问题。在此过程中，教师能够形成自己的反思模式，总结自己反思的原因，组成自己反思的内容，改善教学实践。在反思过程中，教师逐渐形成一种探究式发现问题并解决问题的过程，因而教学反思也是一种循环上升的过程。

教师在反思过程中都会对视频进行反复观看，从而能够根据不同的关注重点有针对性地进行反思。教师可以通过视频进行反复观察与落实实践，还可以对其他教师的视频进行多次观察与学习，直到达到理想效果。然而学无止境，教师也会在不同的成长阶段反观自身原来的视频，再重新发现问题，实现自身的纵向发展。教师在不断的"教学实践—教学反思—教学再实践"的循环过程中，严格落实并贴近学生身心需求，寻找最为适合的教学方式，最终实现自身的发展与进步。

(3)以"教研"为主要方式的行动策略

自我"回忆""回放"式的反思可能会受到其思维方式和认识水平的局限，有时会使教师陷入自己的思维模式中不能自拔。因此，教学反思不完全是教师对其实践活动内省的过程，而是在与同事交流合作、集体研讨的过程中进行的。通过教师之间的交流、批判、思考与共鸣，能够形成一个持续的、多元的"教研共同体"，帮助教师克服独自思考的局限性，使教师的教学反思从"各自为政"走向"协作研究"。校本教研是将教学实践、教学研究融为一体，以课堂教学的实际问题出发，用具体的教学理念、丰富多样的集体研讨，有针对性地对本校的教师进行有目的、有计划的研讨与培训，可以使教师站在另一个视角重新审视自身的教学实践并探究其背后的理论依据。

①课例研讨

课例研讨就是以观摩、评课、议课的方式将教学中大家共同面对的教学问题作为研究对象展开的交流活动。这种交流既可以是优质课的观摩学习，也可以是"听课—说课—评课"，还可以是"同课异构"。无论以何种方式进行课例研讨，都会将教师共同面对的教学问题呈现出来，借此可以引发更多教师主动地分享、探讨、批判与课堂教学有关的问题。

②教学论坛

教学论坛是以教师为群体，从改进教育教学实践的需要出发，围绕教育教学的某一特定主题、一个真实的案例，进行系统的研究与讨论，求得对问题的理性认识，找到解决问题的办法。它能将理论与实践有机联系起来，并直接指向问题的解决和实践的提升。教学论坛之所以有效，在于它是一种"问题导向"和"对话导向"相融合的一种新的学习交流形式，并以"研究"的方式去解决问题。教师在与同事讨论问题、解决问题、分享经验的过程中丰富个人实践理论。如我校先后举办了围绕"新课改，新理念"开展的课改论坛、围绕"让学生学起来"举办的校本教研活动等。

3. 基于"环境支持"的外部策略

环境支持的外部策略，主要是指学校通过建立反思相关制度及营造反思文化氛围，优化学校环境下影响教师反思的诸要素，创设更有利于教师反思的外部环境支持，从而促使教师进入"时时在反思，处处有反思"的良性循环状态。

(1)建立健全教学反思相关制度

没有一定的制度作为外部管理手段来约束教师，教师的反思有可能会流于形式，浮于表面，不能付诸行动来解决问题。因此，建立健全教学反思相关制度能够使其外在的规范转化为内在的行为依据，让反思真正成为教师专业生活的一部分。

①确立专家引领制度

专家引领主要是指学校邀请学术专家参与学校教研活动，为教师提供学习交流的机会。专家引领的实质是理论、经验对实践的指导与重建。教师们在听课、评课、切磋中，通过与专家之间平等、互动的对话，从而使教师自身专业发展中遇到的迷茫与困惑及时地得到反应，问题与困难及时得到解决。由于各种因素的限制，教师往往无法认知隐含于自己日常教学行为背后的理论。因此，教师教学反思需要专家的引领，学校要确立专家引领制度。我校充分依托首都师范大学的支持建设，挖掘首师大的专家资源，定期邀请学术专家、优秀教师参与学校教研和教学实践，如举行科研讲座、学术报告。通过专家的引领与指导，可以避免教师在教学反思中的盲目性，使得专家的作用得以发挥，教师的发展得到深化和提升。

②教学反思评价制度

教师教学行为的改变需要客观的、公正的、科学的评价，因为教学活动是一种有意识、有目的地培养人的自觉活动，将教学反思评价纳入日常教学评价范围，会对教学活动产生制约和促进的双重效果。这样一来，会促进反思氛围的形成，也会调动教师的教学工作积极性。用评价制度来确保教师对经历过的教学实践进行反思，并以号召、监督、表扬和奖励的方式来维持和加强制度的执行力，可以增强教师的反思意识和反思动机，如在奖励、评优、晋级中，反思意识和反思能力占一定比重；学年或学期结束时，要求教师提交日常的反思记录(如教学日志、反思小组谈话实录、心得体会等)，并作为考评教师的一种依据。

(2)营造良好的反思氛围

学校氛围是一所学校内部所形成的，对其成员的价值观念、态度、信念、道德规范和行为产生潜移默化式影响的心理环境。学校氛围作为一种无形的、看不见的观念形态和精神力量，能够深刻影响着教师的发展与成长。要想促进教师专业的良好发展，必须要让教师养成反思习惯，形成反思品质，那么营造良好的教学反思氛围才是关键。

①校长专业引领

一所学校拥有何种反思氛围，与学校管理者的行为密切相关，离不开校长的专业引领。校长专业引领教师反思是指校长在学校办学理念的统领下，遵循教师专业发展的规律，通过自身的专业素养或协调校内外的资源，搭建教师教学反思和专业发展的平台，营造教师教学反思的良好氛围，提升教师反思水平，促进教师专业发展。校长专业引领包含三方面的内涵：第一，校长对教师教学反思的引领首先是思想和行动的引领，通过自己的专业素养和自身专业发展的行动，唤醒教师教学反思的意识，提高教师教学反思的能力，是校长通过非权力因素实现对教师专业发展的引领。第二，校长凭借自己在学校中的地位，通过制定相应的教师教学反思的制度、营造反思文化或者协调校内外的资源，搭建教师教学反思和专业发展的平台，创造教师教学反思和专业发展的条件，是校长通过权力因素实现对教师专业发展的引领。第三，校长对教师教学反思的引领基于教师专业发展规律，尊重教师专业发展的差异性，基于学校教师的发展水平和实际发展需要，提供相应的帮助或创造相应的发展条件，最终的目标是在校长引领下实现学校教师群体的自发的教学反思与专业发展文化氛围。

②营造宽松民主的群体氛围

教学反思不完全是教师个人的一种对其实践活动内省的历程，而是在学校的整体环境中，在与同事交流、合作、思考的群体交往中进行的。从同事的视角来反观自身的教学实践，通过"自我"与"他人"的集体反思获得新的认识，并结合"已有的我"和"现在的我"的反思，实现"理想的我"。因此，学校应该营造宽松、民主的群体氛围，通过"交流"来增进反思意识的主观愿望，使反思成为一种客观需求。就学校层面来说，教师之间的交往活动既包括以教学观摩、教学论坛、课例研讨为代表的正式交流，也包括教师利用课后时间闲聊教学中发生的事情、遇到的问题等非正式的交流活动。教师通过不同形式的交流活动相互观摩，提供反馈信息，共同反思类似的专业教学经验，并相互激发不同的思考角度，从而使教师能够开阔眼界，相互学习、相互碰撞，共同成长。

三、研究结论与反思

(一)研究结论

当前，教师的专业发展在教育改革与发展中占有极其重要的地位，教师的专业发展对教育而言是保持其持久生命力的关键。而教学反思作为教师专业发展的有效途径，能够促成教师角色的转变，并使其专业发展终身化。正是基于以上考虑，对促进教师专业发展的教学反思策略进行研究是具有重要意义的。

本文在梳理与分析教学反思的相关理论、探讨教学反思之于专业发展价值体现的基础上，对我校一线教师教学反思的实际状态进行考察，从基于教师自身的主观因素和学校环境的客观因素两方面揭示出影响教师教学反思的因素。因此，在以促进教师专业发展为前提的背景下，我们应当积极采取有效措施来提升教师教学反思意识和反思能力，并为其创设良好的反思环境支持。首先，教师要从增强自我反思意识及反思能力的"自我提升"做起；其次，要在实践中掌握与运用具体的反思方法，如以"回忆""回放"为主要方式的自我反思和以"教研"为主要方式的集体反思；最后，学校也要从建立反思制度和营造反思氛围两方面来提供更有利于教师反思的环境支持，从而促使教师自我提升的"内部策略"不断地完善，以及实践操作的"行动策略"更好地实施。因此，本文所提出的教学反思三大策略对于教师专业发展的效力不同，但三大策略具有内在统一性，共同指向于教师专业发展，并结合教学实践中优秀教师具体的反思案例来诠释教学反思之于专业发展的价值体现。

(二)研究反思

人类的认识是无限的，但个人的认识却是有限的。由于研究水平有限，笔者也认识到还存在着很多的不足。如样本的选取过少，涉及面较窄，结论有一定的局限性。

本文提出的教学反思影响因素及其反思策略主要停留在教师自身和学校两方面，并未更多地涉及社会政治、经济、文化等层面的因素，尤其是教育行政管理部门对于教师教学反思的支持，这也是笔者日后需要深入研究的问题。

参考文献

一、著作类

[1]王海燕. 技术支持的教师教学反思[M]. 杭州：浙江大学出版社，2016.

[2]赵明仁. 教学反思与教师专业发展——新课程改革中的案例研究[M]. 北京：北京师范大学出版社，2014.

[3]吕洪波. 教师反思的方法[M]. 北京：教育科学出版社，2006.

[4]熊川武. 反思性教学[M]. 上海：华东师范大学出版社，1999.

[5]叶澜. 教师角色与教师发展新探[M]. 北京：教育科学出版社，2001.

[6]王策三. 教学论稿[M]. 北京：人民教育出版社，1995.

[7]李秉德. 教学论[M]. 北京：人民教育出版社，1991.

[8]李定仁，徐继存. 教学论研究二十年[M]. 北京：人民教育出版社，2001.

[9]李定仁，徐继存. 课程论研究二十年[M]. 北京：人民教育出版社，2004.

[10]陈英和. 认知发展心理学[M]. 杭州：浙江人民出版社，1996.

[11]林崇德. 发展心理学[M]. 北京：人民教育出版社，1995.

[12]皮连生. 学与教的心理学[M]. 上海：华东师范大学出版社，1997.

[13]石中英. 知识转型与教育改革[M]. 北京：教育科学出版社，2001.

［14］鲁洁．教育社会学［M］．北京：人民教育出版社，1990．

［15］钟启泉．现代课程论［M］．上海：上海教育出版社，1989．

［16］李方．现代教育研究方法［M］．广州：广东高等教育出版社，2007．

［17］杜威．民主主义与教育［M］．王承绪，译．北京：人民教育出版社，1990．

［18］裴娣娜．教育研究方法导论［M］．合肥．安徽教育出版社，1995．

［19］华国栋．教育研究方法［M］．南京：南京大学出版社，2005．

［20］陈向明．教师如何做质的研究［M］．北京：教育科学出版社，2001．

［21］吴康宁．课堂教学社会学［M］．南京：南京师范大学出版社，1999．

［22］丛立新．课程论问题［M］．北京：教育科学出版社，2000．

［23］柯蒂斯•杰邦克．世界是开放的：网络技术如何变革教育［M］．焦建利，译．上海：华东师范大学出版社，2011．

［24］阿兰•柯林斯，理查德•哈尔弗森．技术时代重新思考教育［M］．陈家刚，程佳铭，译．上海：华东师范大学出版社，2013．

二、中文期刊类

［1］赵永芳．新课程背景下政治教师的教学反思［J］．思想政治课教学，2005(4)．

［2］李昌明．解构与重塑：课堂智慧转型的路径探究［J］．思想政治课教学，2018(10)．

［3］顾彩红．新教师反思重建教学的路径探析［J］．上海教育科研，2018(10)．

［4］卢丽华．核心素养视野下教师角色的定位［J］．中学政治教学参考，2018(28)．

［5］王淑宁．反思，教师成长的必经之路［J］．中学物理教学参考，2018，47(18)．

［6］杜良云．政治教师专业发展的三重境界［J］．中学政治教学参考，2018(25)．

［7］徐帅，赵斌．从外塑到内修：教师专业发展的内驱力生成［J］．教育理论与实践，2018，38(25)．

［8］李明军．中小学教师教学反思的现实困境及其解决策略［J］．教学与管理，2018(18)．

［9］朱飞．中小学教师专业化发展的内涵审视与实现路径［J］．教学与管理，2018(18)．

［10］欧柔．视频图像分析让教学反思更精准［J］．中小学管理，2018(6)．

［11］余宪泽，赵枫．视频云服务支持的"同课同构"教研模式构建［J］．中小学教师培训，2018(4)．

［12］张彩云．基于素养教育的有效教学反思［J］．思想政治课教学，2018(2)．

［13］李昌明．寻找逻辑支撑：教学反思的重要使命［J］．思想政治课教学，2018(1)．

［14］周逸先，吴娟．寻找青年教师专业自主发展的路径——基于北京市六位青年教师的案例研究［J］．中小学管理，2018(1)．

［15］曾拓，李运华．中学教师教学反思指向与积极性调查分析［J］．教育研究与实验，2017(6)．

［16］孙月圣，高洪涛，刘震．优秀中小学教师专业发展的现状及提升路径研究——以"齐鲁名师"工程人选为例［J］．当代教育科学，2017(11)．

［17］石华灵．教学反思概述、影响因素与策略［J］．教学与管理，2017(33)．

[18]穆洪华，胡咏梅，刘红云，等．教师专业发展对其课堂教学策略有影响吗？——来自中国基础教育质量监测的证据[J]．教师教育研究，2017，29(6)．

[19]刘悦森，王倩．通过有效教学反思模式促进专业发展现状的调查分析[J]．外语学刊，2017(5)．

[20]杨鑫，尹弘飚．促进教师成为反思性教学决策者[J]．全球教育展望，2017，46(5)．

[21]魏本亚．正确认识并切实做好教学反思[J]．语文建设，2017(13)．

[22]肖培东．教学反思：桥梁而非终点[J]．语文建设，2017(13)．

[23]编辑部．新技术应用：反思与展望[J]．开放教育研究，2017，23(1)．

[24]王丽霞．教后记：教师专业发展的催化剂[J]．中学政治教学参考，2016(36)．

[25]季晓华．教师专业化视域下实践智慧的生成[J]．教育评论，2016(9)．

[26]李清臣，李春华．教师专业发展的路径探寻——以一位农村小学教师 L 为例[J]．当代教育科学，2016(16)．

[27]黄予，石亚冰，覃翠华．利用视频标注系统培养师范生教学反思能力的实证研究[J]．教育理论与实践，2016，36(23)．

[28]卜彩丽，孔素真．现状与反思：国内翻转课堂研究评述[J]．中国远程教育，2016(2)．

[29]王宁，王雪松．互动性教学反思对教师专业素养影响效果的研究[J]．基础教育，2016，13(1)．

[30]黄予．泛视频标注法促进师范生教学反思的新探索[J]．现代教育技术，2015，25(12)．

三、学位论文

[1]张敏敏．高中思想政治教师教学素养提升研究[D]．徐州：江苏师范大学，2018．

[2]朱艳俊．高中思想政治课教学反思研究[D]．上海：上海师范大学，2018．

[3]曾云．高中思想政治课反思性教学中存在的问题及对策研究[D]．湘潭：湖南科技大学，2017．

[4]艾玲．思想政治课教师教学反思存在的问题与对策[D]．石家庄：河北师范大学，2017．

[5]谢海燕．数学师范生反思能力培养的设计研究[D]．上海：华东师范大学，2016．

[6]师丽娟．思想政治课案例反思法的应用研究[D]．石家庄：河北师范大学，2016．

[7]蒋丹．新课改背景下中学政治教师专业发展研究[D]．镇江：江苏大学，2016．

[8]张艳斐．微信支持的教师教学反思研究[D]．兰州：西北师范大学，2015．

[9]刘倩倩．高中思想政治课中反思性教学存在的问题及其对策研究[D]．武汉：华中师范大学，2015．

[10]孟琦．化学教师基于视频分析的反思性发展研究[D]．临汾：山西师范大学，2015．

[11]牛通达．视频在教育教学中的应用研究[D]．石家庄：河北师范大学，2015．

[12]赵珣嫡．中学思想政治课反思性教学研究[D]．锦州：渤海大学，2014．

[13]姚萍．高中思想政治听评课存在的问题及对策研究[D]．南京：南京师范大学，2014．

[14]刘杰．视频资源在高中思想政治教学中的应用研究[D]．上海：上海师范大学，2014．

[15]党帅．职前教师课堂教学能力培养研究[D]．西安：陕西师范大学，2013．

学校中层干部执行力问题与对策研究[①]

——以首都师范大学大兴附属中学为例

首都师范大学大兴附属中学　马东宝

　　本研究以学校中层干部执行力为切入点，以首都师范大学大兴附属中学为例，通过调查、访谈等方法，找出了学校中层干部在执行力层面围绕着领会力、理解力、沟通力以及创新力等方面出现的问题，在总结研讨的基础上，给出了学校中层个体执行力提升对策"五三工作法"，以及学校整体提升中层干部执行力的对策。

一、课题研究基本情况

（一）研究背景

1. 选题缘由

　　本课题名称为"学校中层干部执行力问题与对策研究"，之所以选择此课题是基于以下考虑。

　　（1）学校提升管理效能需要提高学校中层干部执行力

　　绝大多数的校长都是从中层成长起来的，无论是过去以中层的身份去做，还是今天以校长的身份希望中层去达成目标，都会聚焦在"执行力"这个层面，这是一个最关键的层面。再好的理论也是为实践服务的，想和做的辩证统一并非是简单的逻辑循

---

①　指导教师：北京教育学院杨雪梅教授；清华大学附属中学王殿军校长。

环，它的论证最终还是有方向的，这也是大家认可的"行胜于言"的道理。

学校管理效能是指各个中层所负责的部门在实现管理目标、达成办学目标和育人目标所显示的能力和所获得的管理效率、效果、效益的综合反映。学校的中层干部的执行力直接影响着管理效能的实现。正如比尔·盖茨所说：没有执行力就没有竞争力，微软在未来十年所面临的挑战就是执行力。被尊称为"现代管理学之父"的彼得·德鲁克也说过：确定目标不是主要问题，如何实现目标和如何坚持执行计划才是决定性问题。执行力决定着企业的成败，也决定着一所学校办学愿景的达成。而在学校整体执行力的范畴内，"中层执行力"起着举足轻重的作用。

学校教育办学的成功更需要中层干部的执行力。中层干部是学校办学理念的最核心的执行层。这个群体的执行力直接决定着校长办学的成败，更为关键的是，教育是关乎于人的成长培养的特殊领域，它成为整个社会发展的基点，教育的失败是毁灭性的。因此，对于教育的主要生成地——学校而言，校长的办学理念与优秀的中层执行，就显得极为关键了，而中层的执行力几乎可以说是学校教育成功之链上最重要的一环。这就犹如一支部队的中间各级指挥军官一样，必须做到"一切行动听指挥"，才能发挥部队最大的战斗力。

（2）学校中层干部自身发展需要提升执行力

学校中层干部是一个特殊而关键的群体，他们因为自身对教育理解的深入、对专业把握的优秀以及良好的品行与修养，成为教师群体中的优秀者，进而被选拔任用，在任用过程中，执行力高的干部能得到校长及直接领导的进一步肯定和认可，这样在干部进一步提拔时就可能被提拔到更高的工作岗位，在新的岗位又有新的执行力的要求，其必须不断提高自己的执行力水平，可见，执行力影响到中层干部的自身发展。

（3）学校中层干部队伍执行力亟待提高

笔者通过对不同学校的中层干部进行观察和一起工作，通过查阅文献，发现学校中层干部普遍存在以下问题：对学校决策领会不足，执行不到位，全局意识差，主动性不够，缺乏具体执行的方法等。首都师范大学大兴附中是一所完全中学，学校的中层干部执行力方面有上述普遍问题，也有自身特殊问题。这制约了学校管理质量和办学水平的提升。因此，弄清楚学校中层干部执行力问题及原因，寻找提升中层干部执行力对策是非常重要的课题。通过对学校中层领导的问卷调研，我们对学校中层领导队伍有如下的结论：目前，学校中层干部年龄主要集中在 30～40 岁区间，他们处于事业的成长期，已经有了自己独到的教育见解，有活力，肯付出，对学校充满热爱，但在实际工作中，却还存在一些问题。

2. 研究目的和研究意义

（1）研究目的

通过访谈、问卷调查，分析、总结出影响我校中层干部执行力的原因，找出提升我校中层干部执行力的对策。为学校实施提升中层干部执行力的措施提供相关理论基础。

（2）研究意义

①理论意义：学校中层干部执行力的问题，在学校中具有普遍性。目前在相关文献中，针对企业干部执行力的研究很多，对于学校中层干部执行力的研究并不充分，学校管理与企业管理既相通又不同，本研究以"学校中层干部执行力"为切入点，力求在这个问题点上丰富学校管理的理论研究。

②实践意义：本研究就是想通过对执行力的探讨，运用系统的眼光，提出科学合理、便于实践、行之有效的改善意见，从而推动学校工作，促进干部成长，让每位中层干部发挥最大能量，把工作做细，把细节做精，要把学校办学理念、发展规划转化为学校发展、教师专业成长、学生理想放飞的具体行为。同时，通过理论与实践相结合的课题研究，为后继相关研究者的研究提供有益的参考资料。

（二）文献综述

1. 关于"执行力"的研究

（1）国外研究概况

①"执行力"一词源于美国人保罗·托马斯和大卫·伯恩于2003年合著的《执行力》一书，他们首先指出，"所谓执行力，指的就是组织执行战略，以此来实现组织的经营管理等战略目标的能力"。用中国文化来解读，就是贯彻实施计划的能力，它不是单一的素质，而是多种素质、能力结合的体现。

②拉里·博西迪（Larry Bossidy）和拉姆·查兰（Ram Charan）在《执行——如何完成任务的学问》中指出：当今时代，每个人都在讨论变革。不断有一些变革主义者在鼓吹革命，彻底改造，突破性思维，大胆的目标，量化变革、学习型组织等之类的理念。我们并不是要反对这些人，但如果无法将想法变为现实的话，再宏伟的理念也是无济于事的。如果不能够得到切实的执行，突破性的思维将只是胡思乱想，再多的学习也无法带来实际的价值，人们无法实现自己的目标，所谓革命性的变革也最终只能胎死腹中，你的组织最终

只能向着更糟糕的方向发展，因为失败会吸干组织中每个人的能量，而不断地失败则会毁了整个组织。有意义的变革只能来自实际的执行工作。

执行力应该成为一家公司战略和目标的重要组成部分，它是目标和结果之间的桥梁。从这个意义上说，它是一名企业领导者的主要工作，作为一名领导者，如果不知道如何去执行，你的所有工作都将无法取得预期的成果。

③吉恩·海登在《执行力是训练出来的》一书中指出：何谓"执行力"是能让你坚持梦想、贯彻始终、不达目的绝不休止的力量。信念实际就是你和自己达成的一种关系。任何一个良好的关系都是建立在信任和信心的基础之上的。从执行力角度来讲，信念就是你和自己之间的一种联系。你相信自己正在做的事情是正确的，你相信自己有能力实现自己的目标，因为这对你来说很重要。所以，"我的信念是否理由充足"这个问题实际上是促使你思考对你来说什么是重要的。在追求目标的过程中，你是否体现了真实的自我？

采访任何一个获得了某种成就的人，他们都会不约而同地表示：你必须真正渴望实现自己的目标。也就是说，获得成功的动力不是需求，而是渴望。如果你追求目标的信念不是出于义务，不会让你感到恐惧，而是让你有一种充电的感觉，那么你一秒钟都不会耽误，马上就会投入行动。你非常渴望看到自己目标的实现。当你拥有了这种感受，你就有了信念。一旦你拥有了信念，你就会非常相信自己的执行能力。

(2)国内研究概况

2002年之前，执行力的定义多出现在法学领域。谢传海认为，法律的执行力是由执法行为的确定力、约束力和导向力所构成的一种合力。许继棠指出，"行政处罚的执行力是指行政处罚一经依法做出，便立即产生相应的法律后果，被处罚的相对人必须在规定的期限内实际地履行行政处罚所规定的法定义务"。叶必丰认为，"行政行为的执行力是指对该行为内容的自行执行或强制实现的法律效力"。自2003年开始，"执行力"的概念迅速扩展到企业管理、公共行政管理等领域。

联想总裁柳传志说过：如何将战略、人员与运营流程这三个要素有效地结合起来，是很多企业经营者面临的最大困难。而只有将战略、人员与运营有效地结合，才能决定企业最终的成功，结合的关键则在执行。

国家发展和改革委员会节能信息传播中心处长时希杰认为执行力从不同的角度有不同的定义：从整体的角度看，执行力是企业将高层决策加以实施以取得预期效果的能力；从个体的角度来看，执行力是个体保质保量按时完成自己的工作和任务的能力。

有学者指出：执行力就是实施发展战略、实现发展目标的能力，就是将思想转化为行动、把理想变成现实、把计划变为成果的能力，也就是我们平时说的最多的"贯彻落实"的能力；还有学者认为，所谓的执行力，是在战略目标的指引下，在有利的组织条件基础上，依靠人员的努力而有效地实现目标的能力。

从以上论述可以看出：虽然国内外对"执行力"的表述在不同领域各有不同，在同一领域如在教育部门，不同研究者的表述也有差异。但一般领域的研究都将"执行力"视为一种能力，或是"人"的一种能力，或是"组织"的一种能力，而一个组织的能力根本上是由组织成员的能力决定的。

2. 关于"中层干部"概念的研究

关于中层干部的研究可以追溯到 20 世纪 80 年代，但只有少数研究对"中层干部"这一概念有明确的界定。最早提出"中层管理者"这一概念的当属亨利·明茨伯格（Henry Mintzberg），他将其定义为"处在组织的战略最高点和操作核心层之间的位置的人员"。之后，陆续有研究提出"中层管理者"的定义，较为有代表性的如斯蒂芬·P. 罗宾斯和戴维·A. 德森佐（Stephen P. Robbins & David A. De Cenzo）所提出的，"中层管理者"介于高层管理者和一线管理者之间，负责将高层管理者所确定的组织目标转化为一线管理者可以执行的明确作业活动；他们实际处理组织的活动与部门运作，落实组织目标和决策，遵从高层主管的指示和指导，对高层主管负责。

关于"学校中层干部"的界定，主要以杨向东和王学军的研究为代表。杨向东指出：中层干部是校级干部的助手、高层决策的执行者，在各自管辖的职权范围内，掌握着本部门的决策性问题，影响所在部门的下属人员，并推动着他们去完成本部门的目标，以实现学校的总目标。王学军认为，"学校中层干部就是在学校校长与师生员工之间起着承上启下作用的部门负责人，包括教务处、政教处、总务处等部门的正副职主任（科长）等"。

3. 关于"学校中层干部执行力"概念的研究

（1）广州猎德小学校长潘国洪认为："学校中层干部执行力"是指学校中层干部理解学校领导正确的决策目标并组织实施，运用职位权力和个人权力把工作做成功的能力。它包括贯彻正确的校级领导意图并使教职工执行的能力。学校中层领导干部的主要工作就是上传下达，在学校中起到一个桥梁的作用。作为校级层的下级，他们应该正确理解决策层所做决策的意图和目的并使自己与其达成一致；而作为基层的上级，他们又必须将学校的有效资源充分利用起来实施上级做出的决策。所以小学中层干部的执行力定义就可以表述为理解并组织实施上级正确的决策的能力。

(2)华南师范大学张俊洪教授认为，所谓学校中层干部的执行力，就是指中层干部贯彻校长(学校)的办学战略意图，达成校长(学校)的预定办学目标，实现校长(学校)的办学宗旨的办事(操作)能力，就是让校长(学校)的办学理念、计划、决策、发展规划等能够有助于学校健康发展、教师专业化发展、学生全面发展的能力。学校要发展，校长(学校)的办学理念、办学决策、发展规划等要得以顺利贯彻落实，关键在中层干部及各部门的执行力。

通过文献可以看出：国内外对"中层干部执行力"的研究主要集中在企业管理领域和公共行政管理领域，相应成果也非常丰富，但在中小学校里的研究较少。

4. 关于"学校中层执行力的内涵"的研究

(1)《如何当好一名学校的中层》一书中提到提高学校中层执行力的四个核心要素。

可能有成百上千的因素导致我们学校取得成功，或者遭遇失败。差异化、学习评估、专业学习共同体、指导和引导、标准化分级和报告、标准化的单元设计，这些只是最近教育流行词的一部分，这些词恰好被一致认为是提升我们学校教育水平的有效方法。更宏观地讲，沟通、观察、人际关系和期望这四个核心原则对学校成功更为关键。因为如果上述学校项目想要获得成功的话，这些原则都是必要的，必须有的放矢、坚持不懈地贯彻实施。学校教育者只有遵循这四个关键原则，提升学校的项目才会取得成功。

(2)潘国洪校长指出：学校中层干部执行力的好坏就体现在中层干部领会校级干部的意图和贯彻落实学校正确决策的水平。

①领会校级领导意图

中层干部要摆正自己的位置，服从校级领导指挥，中层干部有良好的思维能力和理解判断力，对校级干部的意图能很好地领会；与校级领导有密切的沟通，从而认同校级领导制订的计划、措施，并在做事过程中不折不扣地贯彻校级领导意图。相反，如中层干部不能很好地领会校级干部的意图，主要表现在中层干部未能摆正自己的位置，擅自对应该由校级领导负责的范围做出决策，而造成角色错位；或由于中层干部的思维能力、判断能力欠佳，导致不能很好地理解校级领导意图或有偏差或与校级干部沟通不够，从而与校级领导的期望不一致,导致执行的偏差,影响执行效果。

②贯彻落实学校正确的决策

中层干部能很好地贯彻落实学校正确的决策,主要体现在:第一,中层干部的角色定位清晰,职责分明,不去做基层教师的分内事;第二,中层干部在检查教育教学环节能够对目标进行价值判断,分解任务,科学安排工作,及时发现问题,高水平指导工作;第三,工作过程能雷厉风行,有较快的速度和力度;第四,工作过程中能灵活变通,创造性地解决问题;第五,中层干部善于与基层教师沟通,使学校的意图和做法得到教师的理解和支持;第六,中层干部善于激励基层教师,运用正面和负面的激励,充分调动基层教师的积极性。

(3)湖南师范大学附中梅溪湖中学钟慧莉书记认为,学校中层执行力应包含以下几方面。

①岗位认知能力

作为中层干部,处于承上启下的位置,角色定位要准。每一个中层干部就像足球场上的运动员一样,要十分明白自己所处的位置,是"后卫",还是"前锋"?自己这个位置活动范围有多大?自己在这个活动范围内要完成哪些任务?什么时候不能"越位"?什么时候需要"补位"?什么时候加入"助攻"?这些,都要求运动员保持清醒的头脑。一个足球运动员,心中装着集体的目标,真正进入竞技状态,场上跑动积极,注意用"大脑"踢球,讲究和同伴相互配合,整个球队才能赢得胜利。

②政策领悟能力

作为中层干部,既对校长、副校长负责,又要主持处、室的工作,既是执行者,又是领导者,具有双重身份。一方面,中层干部要认真学习国家有关教育教学方面的政策法规,掌握其精神实质,做到执行时以法治教。另一方面,要吃透校长的思想决策,真正领悟校长的决策意图、决策过程、决策内容、决策效果,并以此作为目标来把握做事的方向,做到执行时不片面、不偏向、不走样。草率行事不仅不会达到目的,有时还会适得其反。

③计划条理能力

作为中层干部,能够科学地理解校长的决策意图,具体体现在制订工作计划和工作方案中。每学期,各个部门、处室都要根据学校整体工作计划制订详细的部门计划,围绕学校的总体思路,结合部门特点,落实可行的措施。遇重大活动、重点工作,要有具体的实施方案,分清事情的轻重缓急,拿出时间表。要保证部门与学校工作的整体性、一致性、连贯性。在制订计划、方案的过程，多请教师参与，多听取采纳教师的意见、建议，把部门的要求变成教师的自觉认同。

④组织协调能力

作为中层领导干部，这是最重要的能力，是把"可能"变成现实、"蓝图"变成行动的过程。其核心是指挥得当、调控有力、激励有方。事物总是在矛盾中发展起来的。作为学校中层干部，起的是桥梁、纽带作用，从这个意义上讲，协调就是沟通，就是及时上传下达，倾听"民心"，反映"民意"，解读校长之声，是共识协调；学校中层干部直面教职员工，碰到的现实问题要多一些，协调就是创设人与人、人与事、部门与部门之间的交往环境。同时要克服本位主义，要以全局为重，最好的协调原则就是实现共赢。在检查、激励、反馈的过程中，完成组织目标、任务。

⑤深刻的洞察能力

这是一种判断思维能力。作为中层干部，虽然不是学校的决策者，但是应该义不容辞地为校长决策提供事实依据。要善于透过现象看本质，认真分析事情的来龙去脉和因果关系，提炼出真实的信息，供校长决策参考。对教职员工中出现的苗头性问题或改革中的一丝曙光，能洞察先机，未雨绸缪，是有洞察力的表现。

⑥创新能力

作为中层干部，不可能所有事情都亲力亲为，要明确自己的职责就是培养下属共同成长，成就下属就是成就自己。因此，无论是管教学的，还是抓后勤的，都应该最大限度地赋予助手及下属责、权、利，全体教师才有成就感和责任感。同时，中层干部要勇于为教职员工承担工作中的失误，不把属于自己的责任推给学校领导。另外，中层干部应该时时、事事都有强烈的创新意识。执行不是简单复制领导的命令，不是机械地照搬教条，应该是一种创造性的劳动。在制订计划、实施方案的过程中，中层干部要有自己的智慧，不断地在工作中发现问题、研究问题、解决问题。解决问题的过程，也就是向创新迈进的过程。这样，校长的决策在执行的过程中，就能不断完善。

在国内有限的关于"中小学中层干部执行力内涵"的研究文献中，可以看出研究者的表述差异很大，但也有相似点，如领会能力和创新能力是大家认可的。

5.关于"解决执行力问题的对策"的研究

(1)《高效能人士的执行4原则》指出：为什么有些人忙忙碌碌看似干了好

多事情累得要死又焦虑，实际上却什么都没干？为什么有的人云淡风轻的还可以"指点江山"？我们假设一下，在人的智商都相差无几的情况下，懂得做计划规划自己生活学习的人占了70%，认真执行计划的人占了70%中的40%，懂得执行后反馈总结的占40%中的10%，在总结中取得教训反思反复实践的人占了10%中的5%。这5%中的人将会是某行业的佼佼者。这是大家都懂的道理，那么，关键在于哪一环呢？执行力。

计划谁都会写，主要就是怎么执行并坚持下去。执行力的四原则就是：永远聚焦最重要的那个目标；关注实现最重要目标的最有效行为；坚持做"激励性积分表"，而不是"计划表"；针对团队建立问责制。

（2）郑杰在《忠告中层》一书中指出：完成任务的能力，也叫执行力。能否有效地完成任务，是一个中层干部胜任管理工作的第一大能力。如何衡量你这项能力强不强呢？主要有"三看"：一是看工作目标，能向教师清晰明了地描述具体目标，能预见到可能出现的反对意见，并妥善解决；二是看工作过程监控，在布置完工作以后，能跟踪教师工作进展情况，在跟踪过程中能主动地发现问题和解决问题，而不是被动地等问题出现；三是看工作质量和效率，设法以最小的资源消耗来完成某项工作；能够快速、高效地适应环境变化，并且不断改进自己的观念、行为和方法；注意细节，重视工作品质，尽善尽美，不放过任何缺陷。

（3）华南师范大学张俊洪教授认为，从中层干部自身的角度，可以从以下方面进行提高。

①加强对执行力理论和案例的学习。

②更好地与校长进行沟通，更准确、全面地了解校长的办学理念、意图、对策等。

③在执行前对每一项任务做充分、认真的准备。

④加强自己的计划能力和执行任务的创新能力。

⑤让本部门成员清楚自己的执行计划和对策。

⑥按照计划对执行情况进行自我监控或对下一层执行情况进行监控。

⑦根据监控情况调整进度和方法直至任务完成。

⑧对这个执行过程进行反思和总结。

（4）潘国洪校长认为，提高学校中层干部执行力应采用如下手段。

①实行科学的考核评价、激励机制，促其上进。

②发挥学校中层干部的表率作用，有效激励教师。

③重视沟通，让信息有效而准确地传递。

④提高学校中层干部的影响力，不断培植追随者。

⑤鼓励教师提合理化建议，让民主管理成为学校发展的翅膀。

综合国内外相关文献，得到以下启示：国内外对企业执行力的概念、内涵及提高执行力对策的研究较多，相对来说，在对学校特别是中学的中层领导执行力的内涵和提高的研究还不多，针对不同的中学有不同的发展历程、办学理念、中层领导构成等因素，其必然在执行力上有着差异，针对中层领导在执行力上表现出的差异，就应找出针对性的对策，加以实施，提高中层领导的执行力水平，这正是本课题研究的价值所在。

通过文献研究发现，目前，已有研究对中小学中层干部执行力的关注还是不够的。

2003 年，随着美国学者保罗·托马斯和大卫·伯恩（Paul Thomas Anderson & David Byrne）编著的《执行力》一书的问世，"执行力"这一概念才被明确提出来，"执行力"一词被大家认同之后，相关的研究也渐渐多起来。到目前为止，关于执行力的研究在企业管理领域和公共行政管理领域内的关注最高，也相应地取得更丰硕的成果。其他关于执行力的研究，只是零星散布于企业执行力和政府执行力的研究之中。其中，在关于学校执行力的研究中，我国高校管理执行力的研究已取得了较大的成果，涉及的内容较为广泛，包括高校各个层面管理者执行力的研究、教学管理中执行力的研究和学校政策执行力的研究等。但是，综观国内外的有关研究成果，关于中小学校管理中执行力的研究内容少而分散，而国内的研究中，仅有少量研究包括如何提升学校体育政策执行力和如何提升中层执行力等方面，几乎没有关于中小学中层干部执行力较全面的个案研究。

正是基于上述缘由，选择以学校中层干部执行力问题与对策研究为课题，力求通过对中层干部执行力的研究，分析、总结出我校中层领导执行力表现出的问题及原因，并针对存在的问题提出解决的对策，进而不断提升我校中层领导的执行力水平，打造一支水平高、素质好、能打硬仗的中层干部队伍，从而真正有效地推动学校的管理工作，提升学校整体管理水平，促进学校高效地向前发展。

(三)核心概念界定

1. 执行力就是把想法变为计划，把计划变为行动，把行动变为结果的能力。执行力是一种工作态度、精神状态，是一种思想作风、工作作风，执行力是一所学校竞争力的核心，学校有效运行的保证。

2. 学校中层干部：包含学校各处室主任、副主任以及年级主任。

如图1所示，中小学中层干部指的是在学校处于中间层的学校管理者，在我国一般为学校各职能部门的主任和副主任等。在某些中小学校，中层干部不仅包括职能部门主任及副主任等行政中层，还包括级部主任这一业务中层，本课题研究将这种"级部主任"视为学校的"中层干部"。

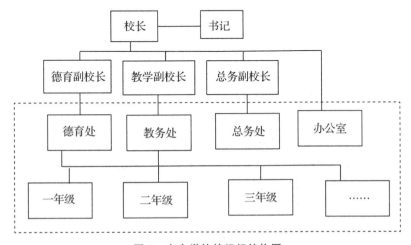

图1　中小学校的组织结构图

综上所述，本研究的"中层干部"指的是中小学行政管理系统中，介于校长、副校长等校级干部与基层教职员工之间的部门管理人员。他们是学校各个职能部门的带头人，负有执行和落实上级决策的重要职责。

3. 中层干部的执行力是指学校中层干部履行自己职能，把校领导所交代的任务做成功的能力，是贯彻实施学校办学理念，将学校长期发展战略一步步落到实处的能力。学校中层干部执行力的内涵主要包括以下几方面。

（1）领会力：作为中层干部，必须明确自身的角色定位，中层干部是领导者更是执行者，首先一定要能很好地领会校级的意图，深入理解学校的办学理念和学校的发展规划。

（2）分解力：即对校级提出的目标要求进行有效分解，使之成为具体可行的实践行为，包含规划、制定、实施、反馈等。

（3）沟通力：指中层干部与行政上级和业务上级的沟通，中层领导之间的沟通以及与下属的沟通等，沟通能力是影响执行效能的非常重要的因素，中层干部提升自己的沟通能力，更多的教师理解、支持是执行的有效保障。

(4)创新力：这种创新力表现的是一种活力，是执行力的高层阶段。既要充分解读上层意图，又能够很好地使用突破性手段高效达成，体现为挑战困难、主动作为、精彩达成。

(四)研究设计

1. 研究目标

(1)通过调查，发现并分析学校中层干部在执行力方面存在的问题和原因。

(2)通过研究，发现中层干部在执行力方面存在的问题并找出解决对策。

2. 研究内容

(1)充分研究国内外关于"中层执行力"的相关文献，厘清概念，确定研究角度，明确学校中层干部执行力的内涵。

(2)针对"执行"层面的问题，完成对每一名中层干部的访谈，明晰他们的困难与思考，并对全体中层干部做关于中层"执行力"情况的调查问卷，收集大家的看法，分类归纳中层"执行力"方面出现的问题。

(3)结合文献梳理、经验总结等方式探索提升中层执行力的解决对策，加强执行力引领、建立评价激励执行力机制，推进有效提高执行力的办法，比如，沟通能力训练、计划能力训练等。

3. 研究方法

本研究综合运用文献分析、访谈、问卷调查等方法，对学校中层干部执行力所涉及的问题以及对策进行探讨。

(1)文献研究法：通过查找、收集相关文献，并对文献进行比较性阅读，结合国内外的研究成果，结合我校中层干部的实际情况形成执行力的概念，进一步完善、形成我校中层干部执行力的内涵，并归纳整理出提高我校中层干部执行力的对策。

(2)访谈调查法：前期设计的访谈提纲从态度、情感、思想观念、主观感受等多方面进行问题设计，在对每一位干部访谈时，不断追问，深入交谈，充分了解干部个体执行力方面的问题，以及干部在执行力方面的需求问题。

(3)问卷调查法：设计问卷，在基本情况、对执行力含义及内涵的了解情况、中层干部执行力表现出的问题、解决这些问题的建议等维度设置问题，通过问卷对我校全体中层干部(21位)进行调查，掌握中层干部对执行力的理解、干部在执行时的影响因素、执行学校政策方面出现的最棘手的问题及干部们的不同建议。

二、研究成果

(一)调查框架

(1)中层干部的基本任职情况。(1~3选项)

(2)中层干部对执行力的理解。(4、5选项)

(3)侧重中层干部领会力的调查。(6~8选项)

(4)侧重中层干部分解力的调查。(9、10选项)

(5)侧重中层干部沟通力的调查。(11、12选项)

(6)侧重中层干部创造力的调查。(13、14选项)

(7)综合调查中层干部对执行力内涵的理解及现状,重点指向领会力、分解力、沟通力和创造力。(15~20选项)

(8)调查中层干部对执行力提升的需求。(21、22选项)

(二)调查结果分析

1. 关于学校中层干部任职基本情况

在问卷中,有三个问题是关于被调查者(中层干部)基本情况的,从调查数据结果可看出我校中层干部的基本现状:从男女性别比例来看,女性占71.43%,中层干部队伍中女性明显占优势,这与教育部门中女性比例高一致;从年龄段来看,我校中层干部主要集中在30~40岁和40~50岁之间,各有9人,分布比较均衡。50岁以上的,只有3名男性。可见在中层干部年龄组成中,男性年龄偏大,女性相对年轻,学校应培养较年青的男教师进入中层领导队伍中,使队伍的年龄结构和性别比例更加合理。一项关于担任中层时间的调查数据显示:男性担任中层领导1~5年占比50%(3人),10年以上占比34%(2人)。女性担任中层领导10年以下占比93%(14人)。从担任中层领导的时长上可以看出,男性在5~10年处出现断档现象,女性在各时长则相对均衡。在女性中有20%的比例任职在一年以内,这个比例较大,也进一步说明中层干部的流动性较大,学校应及时关注这部分群体的发展,为他们提供更多的学习机会,促使他们更快成长,从而带领更多的基层教师更加积极地工作。

2. 我校中层干部对执行力的理解情况

通过调查,学校多数中层干部对"执行力"概念较为清晰,但还是有一部分干部对概念不是很了解。其中,入职5年以内中层领导的自我满意度最高。说明年轻的中层干部对工作更充满热烈的达成愿望,而任职时间长的一些中层领导可能因为惯性与倦怠降低了"执行力"的标准(见表1)。

表1 对"执行力"概念的了解

A. 完全了解	B. 比较了解	C. 一般了解	小计
6人(28.57%)	10人(47.62%)	5人(23.81%)	21人

而在干部问卷与访谈中,多数干部对执行力也有自己的理解,表2是21位中层领导关于问卷"你认为执行力应包含哪些要素"的答案。

表2 学校中层领导认为执行力所包含的要素

序号	要素
1	决策力、领导力、控制力、个人修养
2	在已有规划的基础上利用一切可用资源进行设计,并通过一定的途径和方法完成设计的能力
3	按时保质保量完成上级领导交给的工作
4	保质保量完成上级交给的各项工作的能力
5	根据上级要求,整合本部门或者协同同级部门完成任务和要求的能力,包括沟通能力、协调能力、理解力、创造力、领导力、预见力等
6	理念、动力、责任心、态度等,团队意识、热情
7	能很好地遵守学校的各级制度
8	能完成学校规定的任务
9	计划、沟通、实施、反馈、改进
10	计划、沟通、实施、反馈
11	目标、计划、能力、毅力、意愿、沟通
12	任务完成的效率与质量
13	执行一件事情的效率就是按质按量地完成工作任务的能力;能够贯彻上级意图,完成预定目标的操作能力
14	理解、落实
15	计划、沟通、落实
16	领会能力、沟通能力、落实能力
17	目标、计划、能力、毅力、沟通
18	明确目标、认真领会、踏实落实、做好沟通
19	态度、信念、方式、身份、过程

序号	要素
20	对政策文件以及领导的决策认真正确领会；在工作中落实并及时反馈，做到上下沟通、左右协调，高质量完成工作；不断总结反思
21	理解领导意图，把意图变成现实

统计分析词频得到，大家认为"执行力"要素中，"能力""计划""目标""沟通"等比较重要，这些词语更多地指向了个人的教育理解与修为，我们可以在这些方面进行适当干预，给中层干部搭建更多的学习平台，让他们开阔视野。给干部们更多的学习机会比整天要求他们扎根于校内，会更好地提升他们执行力的品质（见图2）。

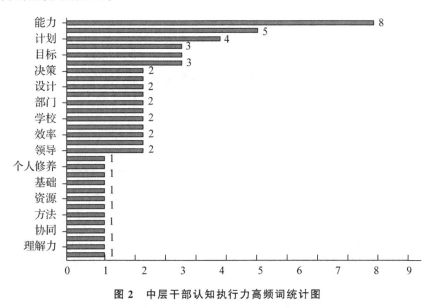

图2　中层干部认知执行力高频词统计图

3. 我校中层干部在执行力方面的表现情况分析

在角色定位上，通过调查，参与者一致认为，作为中层干部，要有服务意识，要做一名"服务者"；然后才是"被管理者""管理者"。数据显示，学校中层干部的工作积极性较高，对自身定位较客观，符合学校发展需求。但部分中层干部还没有认识到领导者和管理者的角色定位。

中层干部将自己定位为"服务者"的占比为100%；"被管理者"的占比为61.90%（见表3）。

表 3 中层干部对自己的角色定位

选项	小计	比例
A. 被管理者	13	61.90%
B. 领导者	9	42.86%
C. 教育者	12	57.14%
D. 服务者	21	100%
E. 管理者	15	71.43%
F. 其他	1	4.76%

在职责理解方面，大部分本校中层领导干部（总计 21 人）对自己的职责理解比较到位，能够从学校的发展着眼，领会、遵循学校的办学理念体系并加以创造性地实施。但从数据显示，"创造性"执行没有得到普遍认同（见表 4）。

表 4 中层干部对自己职责的理解

选项	小计	比例
A. 深刻领会学校的办学理念体系并加以创造性地实施	12	57.14%
B. 基本理解学校的办学理念，完成校长下派的任务	8	38.10%
C. 按照自己的理解，完成学校任务	0	0
D. 上传下达，完成任务	1	4.76%
E. 其他	0	0

通过调查，在和老师们交流沟通的问题上，中层干部选择"经常，喜欢交流"的占比 76.19%（16 人）；选择"一般，不擅长但努力交流"的占比 19.05%（4 人）；无人选择不交流。绝大多数干部都喜欢或者很愿意努力和老师们交流沟通，认为沟通有助于带好团队。沟通协调，往往是人与人相处最容易去做到、做好的，可是在工作中却又偏偏被忽略掉，被认为是不重要的因素。这种失误在平级之间以及上下级之间都真实存在。数据显现，部分干部需要提升沟通技能（见表 5）。

表 5 中层干部和团队中的老师们交流的状况

选项	小计	比例
A. 经常，喜欢交流	16	76.19%
B. 一般，不擅长但努力交流	4	19.05%
C. 偶尔交流，遇事的时候	1	4.76%
D. 不交流	0	0

通过调查，在工作中遇到困难时，多数人选择"和自己的团队共同面对"。数据显示，参与者在工作中遇到困难时，基本上都信任团队，选择和团队共同面对、化解危机；基本上不会找领导帮忙解决。半数人左右选择独自面对和向家人朋友倾诉。其实，对于解决问题，沟通是极其必要的也是多方面的，需要上级、平级、下级立体化沟通（见表6）。

表6　中层干部在工作中遇到困难时的处理方式

选项	小计	比例
A. 独自面对	11	52.4％
B. 找领导帮助	2	9.5％
C. 和自己的团队共同面对	18	85.7％
D. 和家人朋友倾诉	10	47.6％

通过调查分析，在工作的达成上，中层干部对所负责的工作，选择"守规矩，按流程，遵制度"的占比52.38％（11人）；选择"尊重规律，创造达成"的占比38.10％；无人选择"不拘常规，标新立异"。参与者在处理工作时，基本上都会按照流程、遵守规章制度，尊重规律办事，做事不会想当然。但数据显示，多数干部在创新力方面重视不足（见表7）。

表7　中层干部对所负责的工作的执行原则

选项	小计	比例
A. 守规矩，按流程，遵制度	11	52.38％
B. 遵从上级要求	2	9.52％
C. 尊重规律，创造达成	8	38.10％
D. 不拘常规，标新立异	0	0

在中层干部管理优势方面，中层干部认为自己带好团队的优势中，"分解力"占比71.43％，然后是"沟通力"和"领会力"。大家普遍认为，领会力、分解力、沟通力对于带好一支团队都很重要。但是，其中创新力明显表现不足（见表8）。

表 8   中层干部带好团队的优势

选项	小计	比例
A. 领会力	12	57.14%
B. 分解力	15	71.43%
C. 沟通力	14	66.67%
D. 创新力	4	19.05%

通过调查，参与者选择"规划、实施、检查、反馈"的占比 52.38%（11人）；选择"规划、定制、实施、反馈"的占比 14.29%（3人）；选择："定制、实施、检查、反馈"的占比 28.57%（6人）。相当多的干部认可了分解任务时规划的作用，也有部分干部认为定制很关键，从分析来看，干部们对规划的理解还有差异，部分干部在分解时主动作为的意识不足，依赖性较强（见表9）。

表 9   中层干部对分解任务实施步骤的理解

选项	小计	比例
A. 规划、实施、检查、反馈	11	52.38%
B. 规划、定制、实施、反馈	3	14.29%
C. 定制、实施、检查、反馈	6	28.57%
D. 定制、规划、实施、检查	1	4.76%
E. 其他（请写出来）		

通过调查分析：在理解影响执行力的关键因素中，选择"制度规范"的最多，说明参与者都认可在影响执行力的诸多因素中制度规范的重要性，数据显示中层干部更多地希望学校加强制度建设以解决自身的执行问题，这一点，有积极的层面，希望推动学校制度建设，但也显现出部分干部主动解决问题的意识尚有不足（见表10、表11）。

表 10   中层干部认为影响执行力的关键因素

选项	小计	比例
A. 学校文化	6	28.57%
B. 制度规范	17	80.95%
C. 沟通协调	16	76.19%
D. 创新能力	11	52.38%
E. 态度问题，不想干	7	33.33%
F. 不清楚上边的意图	3	14.29%

表 11　中层干部认为当前影响执行力提高的因素

选项	小计	比例
A. 理解领会不清晰	7	33.33％
B. 制度不健全	17	80.95％
C. 沟通能力弱	3	14.29％
D. 创新意识不足	7	33.33％
E. 事情太多, 疲于应付	16	76.19％

通过调查分析, 提高沟通能力是大多数人所选, 占比 66.76％。可见, 多数中层干部认为提升协调沟通能力有助于自己执行力的提高, 希望自己在倾听能力和表达能力上能够获得训练(见表 12)。

表 12　中层干部认为自己还需要在哪些方面提升协调沟通能力

选项	小计	比例
A. 学习有关协调沟通的知识	10	47.62％
B. 训练沟通协调能力, 如倾听能力、表达能力等	14	66.67％
C. 提升自身的同理心	8	38.10％
D. 提升政策水平	8	38.10％

4. 我校中层干部在执行力方面存在的主要问题

①领会力: 主要表现在有些中层干部对办学理念记得很熟, 却不深入理解体会, 在自己负责的工作中依然按照自己旧有的观念行事, 严苛有余, 温暖不足, 工作生硬、缺少尊重, 对办学理念内涵的理解与学校所倡导的相去甚远, 虽然也很努力, 但因为不能很好地贯彻学校的理念, 使老师们很有意见。同时, 由于自身角色定位不清晰, 过多地强调自己服务者、被管理者的角色, 而对自己管理者、领导者的角色认知不足。

②分解力: 主要表现在有些中层干部不能将学校提出的目标、要求进行有效分解, 使之成为科学、合理、具体可行的实践行为。主动规划的意识不足, 对制度有依赖。这些干部每天工作都很繁忙, 都是在完成"任务", 可是仔细观察会发现, 没有条理, 散乱无状, 效率很低。在分解力的理解上, 对如何有效分解还不清晰。

③沟通力: 表现在有些中层干部工作非常有热情, 也敢于承担重担, 但

是缺乏对老师的了解和理解，一到和老师们沟通的时候就出问题，在语言表述、思维习惯上让老师们很不舒服，导致往往在关键的时刻，老师们却不支持。这部分中层干部不但工作没做好，还弄得自己非常焦虑。表现出缺乏沟通技巧，对促进良好的人际关系执行力认识不足。

④创新力：表现为有些中层干部仅满足于上传下达、机械执行，缺乏主动作为、创新思考，工作干得"死"，所带团队就缺少"活力"。表现出对创新力理解不够，不敢想、不敢做，循规蹈矩。

学校中层领导在执行力层面所表现出的种种现象，必然影响到学校工作的落实，影响到整个学校的管理效率。

总之，从访谈和问卷调查分析看，学校中层干部普遍有较高的工作积极性和热情，对自身的工作也较自信和认可，但不同程度地反映出：中层干部在执行力层面的倦怠、规划力与沟通力的不足；多数干部都认为自己的领会力没有问题，但从校级干部以及个案反馈看，一些干部又存在着领会不清、分解力不足的问题，有相当多的干部把制度建设归为改善执行力的有效途径，在自我反思上还有欠缺。

(三)学校中层干部执行力提升的对策

1. 提升中层干部个体执行力的工作对策："五三工作法"——五个层面，三项要求

①对所负责工作的领会要三问：清不清楚是什么？懂不懂为什么？知不知道干什么？

对所负责工作要三问，指向了执行力的首要环节——领会，很多干部在问卷与访谈中都认为自己在这个方面没有问题，但事实表现，从校级干部的反馈来看还是存在不小的问题。我校的办学理念是"做有生命的教育"，干部们记得很熟，却很少深入地思考什么是"有生命的教育"，讲话僵硬、做事刻板，不顾及教师们的感受，不保护教师对学校、事业的感情，言必称"拿事说话"等，都严重地制约了中层干部的执行力。因此，我们提出要对负责的工作三问，先问表，清不清楚是什么；再问里，懂不懂为什么；然后再问行程，知不知道干什么。只有真正懂得了为什么，才会对自己的言行做出相应的改变，才会更加懂得体察、体谅和担当。

②对所负责工作的分解必做三件事：制定规划、分步实施、检查反馈

从问卷中可以看到，部分中层干部规划力不足，这严重地制约了其执行的效果。通过对中层干部访谈了解到，有些干部很热爱自己的工作，但是喜

欢做具体的、上级交代好的、可以费力但不用费心的工作，这表明其规划意识不强，规划力不足，主动作为的意识不强。作为中层，大家都认可自己服务者的角色，但还是有部分人没有认识到自己管理者的角色，针对这种情况，我们提出中层干部对负责的工作，必做三件事：先制定规划，提升大家的规划意识；明确实施步骤；加强检查反馈。

③对所负责工作的沟通做到三个角度：与上级领导沟通、与协同部门沟通、与团队教师沟通

从调研、问卷与访谈中都能看出，大家都意识到沟通对于执行的重要作用，但也显现了中层干部沟通能力的薄弱与乏力，尤其其主动意识不强，对沟通应该产生的效果的认识不够。有些干部更是空有一腔热情，却不知怎么沟通。为此我们提出了相应的提升对策。沟通直接影响着执行的达成，上级、协同部门、下级，是三位一体的立体化沟通空间，我们希望中层干部时时有沟通的意识，事事有沟通的行为。

④对所负责工作中的创新要做好三个层级反思："完成没完成、遗憾不遗憾、精彩不精彩"

从问卷中反映出来，部分中层干部更习惯于按规律做事，习惯于执行而不是出色地执行，这其中有倦怠疲惫、有认识不足等因素，但也显现出其创新力不够的问题，对于执行力而言，创新力指向的是执行的效率和效果。为此，我们给出了中层干部要做好三个层级反思："完成没完成、遗憾不遗憾、精彩不精彩"。在不断的反思遗憾与精彩中，加强自己对效率与效果的认知，主动提升自己的创新能力，以更好地执行。

⑤提升自己的执行力还要带领团队每个学期完成3项规定内容：做一次精彩的演讲；做一次动情的沟通（每人）；做一次美好的团建。

表达力、亲和力和影响力是影响沟通的3个因素。不能做演讲的领导，不能做精彩演讲的领导，其影响力必然不足，其所获得的支持就会不足，一名优秀的管理者必须能够出色地阐述自己的见解，以得到大家的支持，这是广义的沟通。提高沟通能力又必须重视个体的沟通，对下级每人做一次动情的沟通是十分有必要的，情感的疏离会直接影响执行的达成，"亲其，信其"是非常有道理的，所以，增进感情、加强互动对提升其执行力非常有益。因此，我们还提出必须至少做一次美好的团建。

2. 提升中层干部整体执行力工作对策

结合我校实际情况，针对中层干部整体存在的共性问题，制定出合理的解决对策，以提升我校中层干部的整体执行力。学校可采取的具体对策如下。

①建立有执行力的中层管理团队

管理团队的建立是产生有执行力的中层管理团队的基础。校长可以考察校内有管理经验、有一定影响力、专业水平较高的教师，从中筛选出几位候选人，通过其与主管领导、校长的面谈，了解该老师本人的真实想法，特别是教师自身的职业规划，可提拔综合素质较高的候选人到相应的中层岗位。在工作中，主管领导应从管理业务上对其多加指导，有外出学习的机会，应及时安排其参加外派学习，不断培养中层干部，提高中层干部的管理水平。

②强化执行角色意识

中层干部应摆正自己在学校的位置，中层干部是校级领导（校长、书记、副校长）与基层教师间的桥梁和纽带。

首先，中层干部在校长、书记和主管副校长之下，中层干部作为被管理者，应该认真领会学校的政策，把握学校发展的动态，不懂的方面及时请教上级领导，只有领会了，才能更好更高效地执行，也才能在执行过程中创新地完成工作，但又不会与学校的方针政策相对。

其次，中层干部是领导者也是服务者。中层干部是基层教职员工的领导者，需要将学校政策演变为自己部门的工作规划或是计划，带领下级教职工完成计划中的任务或工作。在这个过程中，还要为基层教职工提供更好的工作环境，包括办公环境、教学环境、交流研讨环境、学习提升的环境等，有问题要及时反映到学校，协助学校解决问题，为老师们提供更优质的服务。

最后，中层干部大多是教育者。他们在管理岗位上有条不紊地工作的同时，还肩负着一定的教育教学工作，这时他们的身份是基层教师，更能体会和理解中层干部的工作内容要求以及中层干部工作的重要性。

③完善学校执行机制

哈佛大学荣誉校长陆登庭曾说："哈佛的成功主要是形成了一种明确的办学理念，一套系统的制度和机制，所以即使现在没有校长，哈佛一样可以正常运转。"利用管理机制是提升中层干部的整体执行力的前提。学校校长应牵头制定出科学的管理制度，完善管理机制，在管理过程中要适时地对执行情况进行督查，把督查结果及时反馈给相应的部门，对不足之处限时整改。学校及时复查整改结果，每位中层干部应当了解并熟悉管理流程。为了更公平地评价学校中层干部的管理效果，应将相应的管理工作纳入绩效评估中，目的是激励先进，督促其他中层干部在管理上下功夫，不断提高管理水平，包括不断提升自己的执行力水平，以便更高效地完成中层干部的职责。

④建立有效的激励机制

实际上，学校的中层干部队伍特别是年级主任等人员的更换很快，新人需要对工作认同、熟悉过程等。学校应建立"能者上，庸者下"的机制，对在岗的中层领导一方面进行集中培训，使大家觉得学有所得，工作常做常新，激发中层干部的热情，使其创新性地完成本职工作。另外，也可以发放管理方面的书籍，让有意不断提升管理水平的中层干部在书中学到更多的管理方法，从而应用到自己的管理工作中，提高管理效率。学校还可利用不同的外出学习机会，让相关部门的中层干部特别是迫切需要提高的中层去学习，提升学校中层执行力的整体水平。

⑤建立良好的绩效评估机制

创建绩效评估机制是提升学校执行力的关键之处，更是提升学校综合力的必要机制。中层干部一定要研究本学校的实际情况，辅助校长对绩效评估对象以及目标做出科学的标准决策，同时一定要权责明晰，奖惩分明且有度。使每位执行人员都能积极主动承担自身职责，提高学校整体执行力度。具体操作时，实行动态管理，加强对中层干部德、能、勤、绩、廉等方面的考核，以考核促能力提高，以考核促工作提高。客观、公正地评价中层干部的工作。对于"搞搞形式走走过场、摆摆样子"的华而不实的形式主义，决策层坚决制止，并追究直接责任人的责任；对于"真抓实干、率先垂范、身先士卒、无私奉献"的中层干部，决策层对其大力表彰、奖励。通过表彰"实干家"和"奉献者"，督促中层干部在日常管理工作中求真务实。

⑥努力建设优秀的干部文化

营造有利于学校发展的主客观环境，是中层干部义不容辞的责任。这就要求中层干部必须按照一定的标准来要求自己，杜绝腐败，改善学校的教学设备，构筑和谐美好的校园环境、人文环境，真正为学校政策执行的畅通做出自身应有的努力。

要使中层干部做好这些，建设好干部文化也很重要。干部文化也是学校文化的重要组成部分，干部文化建设中要为干部们重点搭好几个平台。

一是学习平台。中层干部的理论素养和管理视野的提升不能靠闭门造车，干部们要经常"走出去、请进来"，增大吸纳量，多与高手接触，多见识优秀学校及教育者，多增加交流体验的机会。

二是交流平台。要创造更多的利于干部们自身交流与展示的机会，使他们能够碰撞观点，相互切磋，取长补短，进而更好地促进他们执行力的提升。

三是悟道平台。要增强干部们工作中反思求进的意识，就要给他们空间进行思考，就要给他们"卸包袱"，使他们有时间去感受，当前多数干部都在疲于应付工作，忙着做事，无暇思考，身心俱疲，效率低下，为干部们"减负"，就为他们"悟道"搭好台。

四是聚力平台。要为中层干部创设更多的利于其团建的机会，使其在凝聚团队方面得到更好的支持，使其能更好地与团队其他成员交流思想、增进感情，为其工作助力。

五是"比武"平台。创设机会，让中层干部接受来自教师们的挑战，使他们发现问题、解决问题，使干部们有"能者上，庸者下"的意识。

三、研究结论与反思

(一)研究结论

1. 在个案访谈中，绝大多数中层干部希望得到有效的提升执行力的对策，与问卷调查结果相似。说明我校中层干部有很强烈的学习欲望，想不断学习，提高自己的执行力水平，以便更好地完成工作任务，为学校发展助力。

2. 学校多数中层干部对"执行力"概念较为清晰。任职较短的中层干部对其理解更深刻，这与他们工作热情高、接受能力强有关，有利于他们开展工作，提高工作效率，为学校的可持续发展助力。

3. 通过文献查找、访谈、问卷调研等方式，归纳整理出以下我校中层干部执行力不足的原因：部分中层干部还没有认识到其领导者和管理者的角色定位；"创造性"地工作没有得到普遍认同和理解；部分干部规划力与沟通力还有不足；部分干部需要提升沟通技能；多数干部在完成工作时不够重视创新力；中层干部更多的希望学校加强制度建设以解决自身执行力不足的问题，这体现出中层干部希望推动学校制度建设，但也显示出部分中层干部对自己主动解决问题的意识不足；中层干部希望自己在倾听能力和表达能力上能够获得锻炼；部分中层干部精力有限，难于应付繁重的工作，因为大多数中层干部同时还兼伴一定的教育教学任务。对中层干部的教育教学任务可适当减少，让中层干部有时间和精力进行一定的理论学习和反思。大多数中层干部是从具有丰富教育教学经验和水平的基层老师群体中筛选出来的，他们能够较好地将自己较丰富的教学实践经验与学习的理论结合，不断提高自己的教学水平和执行力水平。

4. 通过文献查找、访谈、问卷调研等方式，探索出提升我校中层干部执行力的对策：对中层干部个体的执行力问题可采取"五三工作法"对策，即对工作要"三问""三做""三沟通"，对所带团队要"三动作""三反思"；建立有执行力的中层管理团队，强化执行角色意识，完善学校执行机制，建立有效的激励机制，建立良好的绩效评估机制，建设优秀的干部文化，从而真正提升中层干部的执行力水平，为学校的持续发展建设一支高执行力的干部队伍。

在访谈中，我校的一名主任在谈起自己的工作时特别苦恼，觉得大家都不理解他，工作推进非常艰难。意识到问题的严重性，我们走访了他所在团队的部分老师，大家普遍认为，这名中层干部遇到事情喜欢独断，很少与大家商量，做事缺乏条理。从调研的结果看，该团队上下级之间有严重的对立情绪，工作明显低效。但主管校级领导反映，这名干部工作很勤奋，做事很认真。通过诊断，我们发现这名干部在执行力层面主要显现的问题是分解力和沟通力的问题，结合"五三工作法"，我们对这名干部提出了如下的建议：一是对所负责工作要制定完整的工作链，和大家一起制定规划，明确执行步骤，落实检查反馈。二是一定和团队里每一名教师开诚布公地聊聊天，增进彼此的理解，分别在学期初和学期末做一次暖心的团建增进感情，另外，要在团队中多做意见征询。这名干部非常努力地做出改变，半个学期下来，团队氛围得到了明显的改善，这名干部也在工作中逐渐有了自信并且也不再总诉说自己的烦恼了。期末干部考评，他的群众满意度有了明显的提升。学校通过推进"五三工作法"，中层干部的整体活力得到了明显的提升，群众的满意度也大幅度提高。

5.干部的情商影响着执行力。在个案访谈中，我还接触了一名在教师中有较多反馈的中层干部，大家反映这名中层干部做事生硬，有官气；主管的校级干部却说这个同事肯卖力气，从不偷懒，干事雷厉风行。在我和他的交流中，我发现他特想把工作干好，也知道群众对他的态度，但就是不知怎么改。他说他很热爱自己的工作，可老师们的态度让他很没有自信。我发现他缺乏对下级的关爱、耐心和体察，他的眼中更多的是事而缺少人。做教师的工作，仅依靠制度与流程是不行的，仅依靠命令与要求是不行的，还需要细致入微的交流，善解人意的体察，以"情"为带，增加凝聚力。基于这名干部的实际情况，我们还是给出了以下解决对策：做一次精彩的演讲、做一次动情的沟通（每人）、做一次美好的团建。同时，帮助他更深入地理解一名中层干部不仅是领导者、管理者，还应该是服务者、教育者，作为团队的引领者，获得团队的支持对改善其执行状况非常关键。这名干部接受了我们的建议，开始努力地改变自己，在接下来的工作中，干群关系得到了改善，但信任与支持的恢复还需要一个较长的时期。调查分析显现，情商的提高因人的性格与特质而定，绝不是短期可为，因此，我们不但要提出干部们提升执行力的对策，而且在提拔选用干部上，情商也应该作为重要的考量因素。

(二)研究反思

1. 本课题研究中涉及的理论研究深度不够，有待深入研究理论，达到理论与实践相结合的效果。

2. 在研究提升中层执行力的过程中，我们以首都师范大学大兴附中的 21 名中层干部为研究对象，我们分析得出的影响中层干部执行力的因素，以及中层干部执行力表现出的问题仅代表我校的实际情况。

3. 本文论述利用访谈法、问卷法和文献法对执行力含义、中层干部执行力的问题及相应对策进行了归纳、整理，最终形成了解决我校中层干部执行力问题的对策，是否真正有效、效果如何，有待下一阶段利用这些对策对中层干部进行干预，以做检验。还应不断补充和完善相应的对策，在本校验证的同时，还可以在别的中小学进行可行性验证。但校情不同、中层干部的情况不同等因素也必然影响实验结果，还需要因地制宜地进行调整，以达到应用对策的效率的最大化。

4. 通过本次课题研究，我们发现了我校中层干部在执行力方面存在的问题，通过研讨，也给出了提升执行力的一些对策，但影响学校中层干部执行力的因素非常复杂，有待大家进一步的研究。

参考文献

[1]拉姆·查兰，拉里·博西迪，查尔斯·伯克. 执行：如何完成任务的学问[M]. 刘祥亚，等译. 北京：机械工业出版社，2016.

[2]克里斯·麦克切斯尼(Chris McChesney)，肖恩·柯维(Sean Covey)，吉姆·霍林(Jim Huling). 高效能人士的执行 4 原则[M]. 张尧然，杨颖玥，译. 北京：中国青年出版社，2013.

[3]吉恩·海登. 执行力是训练出来的[M]. 刘海青，译. 长沙：湖南文艺出版社，2012.

[4]托德·威特克尔，杰弗里·佐尔. 如何当好一名学校中层[M]. 刘媛儒，黄晓玉，译. 北京：中国青年出版社，2017.

[5]郑杰. 忠告中层[M]. 上海：华东师范大学出版社，2012.

[6]张俊洪. 学校中层干部执行力现状及提升对策[EB/OL]. https：//wenku. baidu. com/view/fb8d067db7360b4c2e3f64de. html.

[7]潘国洪. 学校中层干部执行力标准研究与提高策略[EB/OL]. http：//www. 360doc. com/content/12/0304/22/1121404_191704707. shtml.

[8]钟慧莉. 提高中层干部执行力 促进学校科学发展[J]. 教育科学管理研究，2011(10).